U0461792

竞争与垄断

中国微观经济分析

胡汝银 - 著

COMPETITION AND MONOPOLY
A MICROECONOMIC ANALYSIS OF CHINA

（校订本）

知识产权出版社
全国百佳图书出版单位
—北京—

图书在版编目（CIP）数据

竞争与垄断：中国微观经济分析：校订本 / 胡汝银著 . —北京：知识产权出版社，2020.5
ISBN 978-7-5130-6863-5

Ⅰ.①竞…　Ⅱ.①胡…　Ⅲ.①社会主义经济—研究　Ⅳ.① F04

中国版本图书馆 CIP 数据核字 (2020) 第 059107 号

内容提要

本书是第一本系统地研究中国经济中竞争与垄断问题的专著。本书直面实际，聚焦于制度分析、动态分析和结构分析，创新性地基于动力与能力双因素模型，通过"制度与能力→行为→市场竞争绩效"理论框架，系统研究了特定背景下的部门内竞争、部门间竞争、空间竞争、国际竞争，以及各种制度性、技术性因素引发的资源错配、市场失灵、政府失灵、计划失灵问题，极具洞察力地揭示了能力发展、制度发展以及适宜的制度变革、结构政策和发展政策在社会经济运行与发展过程中的关键作用。

总　策　划：王润贵　　　　　　　项目负责：蔡　虹
套书责编：蔡　虹　石红华　　　　责任校对：谷　洋
本书责编：程足芬　　　　　　　　责任印制：刘译文

竞争与垄断：中国微观经济分析（校订本）
胡汝银　著

出版发行	知识产权出版社有限责任公司	网　址：	http://www.ipph.cn
社　址：	北京市海淀区气象路 50 号院	邮　编：	100081
责编电话：	010-82000860 转 8324	责编邮箱：	caihongbj@163.com
发行电话：	010-82000860 转 8101/8102	发行传真：	010-82000893/82005070/82000270
印　刷：	三河市国英印务有限公司	经　销：	各大网上书店、新华书店及相关专业书店
开　本：	787mm×1092mm　1/32	印　张：	9
版　次：	2020 年 5 月第 1 版	印　次：	2020 年 5 月第 1 次印刷
字　数：	235 千字	定　价：	48.00 元

ISBN 978-7-5130-6863-5

出版说明

知识产权出版社自 1980 年成立以来，一直坚持以传播优秀文化、服务国家发展为己任，不断发展壮大，影响力和竞争力不断提升。近年来，我们大力支持经济类图书尤其是经济学名家大家的著作出版，先后编辑出版了《孙冶方文集》《于光远经济论著全集》《刘国光经济论著全集》和《苏星经济论著全集》等一批经济学精品力作，产生了广泛的社会影响。受此激励和鼓舞，我们和孙冶方基金会携手于 2018 年 1 月出版《孙冶方文集》之后，又精选再版孙冶方经济科学奖获奖作品。

"孙冶方经济科学奖" 是中国经济学界的最高奖，每两年评选一次，每届评选的著作奖和论文奖都有若干个，评选的对象是 1979 年以来的所有公开发表的经济学论著。其获奖成果基本反映了中国经济科学发展前沿的最新成果，代表了中国经济学研究各领域的最高水平。这次再版的孙冶方经济科学奖获奖作品，是我们从孙冶方经济科学奖于 1984 年首届评选到 2017 年第十七届共评选出的获奖著作中精选的 20 多部作品。这次再版，一方面是为了缅怀和纪念中国卓越的马克思主义经济学家和中国经济改革的理论先驱孙冶方同志；另一方面有助于系统回顾和梳理我国经济理论创新发展历程，对经济学同人深入研究当代中国经济学思想史，在继承基础上继续推动我国经济学理论创新、更好构建中国特色社会主义政治经济学都具有重要意义。

在编辑整理"孙冶方经济科学奖获奖作品选"时，有几点说明如下。

第一，由于这20多部作品第一版时是由不同出版社出版的，所以开本、版式、封面和体例不太一致，这次再版都进行了统一。

第二，再版的这20多部作品中，有一部分作品这次再版时作者进行了修订和校订，因此与第一版内容不完全一致。

第三，大部分作品由于第一版时出现很多类似"近几年""目前"等时间词，再版时已不适用了。但为了保持原貌，我们没有进行修改。

在这20多部作品编辑出版过程中，孙冶方经济科学基金会的领导和同事对本套图书的出版提供了大力支持和帮助；86岁高龄的著名经济学家张卓元老师亲自为本套图书作了思想深刻、内涵丰富的序言；这20多部作品的作者也在百忙之中给予了积极的配合和帮助。可以说，正是他们的无私奉献和鼎力相助，才使本套图书的出版工作得以顺利进行。在此，一并表示衷心感谢！

知识产权出版社

2019年6月

竞争与垄断：中国微观经济分析（校订本）

总　序

张卓元

　　知识产权出版社领导和编辑提出要统一装帧再版从 1984 年起荣获孙冶方经济科学奖著作奖的几十本著作，他们最终精选了 20 多部作品再版。他们要我为这套再版著作写序，我答应了。

　　趁此机会，我想首先简要介绍一下孙冶方经济科学基金会。孙冶方经济科学基金会是为纪念卓越的马克思主义经济学家孙冶方等老一辈经济学家的杰出贡献而于 1983 年设立的，是中国在改革开放初期最早设立的基金会。基金会成立 36 年来，紧跟时代步伐，遵循孙冶方等老一辈经济学家毕生追求真理、严谨治学的精神，在经济学学术研究、政策研究、学术新人发掘培养等方面不断探索，为繁荣我国经济科学事业做出了积极贡献。

　　由孙冶方经济科学基金会主办的"孙冶方经济科学奖"（著作奖、论文奖）是我国经济学界的最高荣誉，是经济学界最具权威地位、最受关注的奖项。评奖对象是改革开放以来经济理论工作者和实际工作者在国内外公开发表的论文和出版的专著。评选范围包括：经济学的基础理论研究、国民经济现实问题的理论研究，特别是改革开放与经济发展实践中热点问题的理论研究。强调注重发现中青年的优秀作品，为全面深化改革和经济建设，为繁荣和发展中国的经济学做出贡献。自 1984 年评奖活动启动以来，每两年评选一次，累计已评奖 17 届，共评出获奖著作 55 部，获奖论文 175 篇。由于孙冶方经济科学奖的评奖过程一直是开放、公开、公平、公正的，在作者申报和专家推荐的基础上，由全国著名综合性与财经类大学经济院系和中国社会科学院经济学科领域研究所各推荐一名教授组成的初评小组，进行独立评审，提出建议入围的论著。然后由基金会评奖委员会以公开讨论和无记名投票方式，以简单多数选定获奖作品。最近几届的票决结果还要进行公示后报基金会理事会最终批准。因此，所有获奖论著，都是经过权威专家几轮认真的公平公正的评审筛选后确定的，因此这些论著可以说代表着当时中国经济学研究成果的最高水平。

作为 17 届评奖活动的参与者和具体操作者，我不敢说我们评出的获奖作品百分之百代表着当时经济学研究的最高水平，但我们的确是尽力而为，只是限于我们的水平，肯定有疏漏和不足之处。总体来说，从各方面反映来看，获奖作品还是当时最具代表性和最高质量的，反映了改革开放后中国经济学研究的重大进展。也正因为如此，我认为知识产权出版社重新成套再版获奖专著，是很有意义和价值的。

首先，有助于人们很好地回顾改革开放 40 年来经济改革及其带来的经济腾飞和人民生活水平的快速提高。改革开放 40 年使中国社会经济发生了翻天覆地的变化。贫穷落后的中国经过改革开放 30 年的艰苦奋斗于 2009 年即成为世界第二大经济体，创造了世界经济发展历史的新奇迹。翻阅再版的获奖专著，我们可以清晰地看到 40 年经济奇迹是怎样创造出来的。这里有对整个农村改革的理论阐述，有中国走上社会主义市场经济发展道路的理论解释，有关于财政、金融、发展第三产业、消费、社会保障、扶贫等重大现实问题的应用性研究并提出切实可行的建议，有对经济飞速发展过程中经济结构、产业组织变动的深刻分析，有对中国新型工业化进程和中长期发展的深入研讨，等等。阅读这些从理论上讲好中国故事的著作，有助于我们了解中国经济巨变的内在原因和客观必然性。

其次，有助于我们掌握改革开放以来中国特色社会主义经济理论发展的进程和走向。中国的经济改革和发展是在由邓小平开创的中国特色社会主义及其经济理论指导下顺利推进的。中国特色社会主义理论体系也是在伟大的改革开放进程中不断丰富和发展的。由于获奖著作均系经济理论力作，我们可以从各个时段获奖著作中，了解中国特色社会主义经济理论是怎样随着中国经济市场化改革的深化而不断丰富发展的。因此，再版获奖著作，对研究中国经济思想史和中国经济史的理论工作者是大有裨益的。

最后，有助于年轻的经济理论工作者学习怎样写学术专著。获奖著作除少数应用性、政策性强的以外，都是规范的学术著作，大家可以从中学到怎样撰写学术专著。获奖著作中有几套经济史、经济思想史作品，都是多卷本的，都是作者几十年研究的结晶。我们在评奖过程中，争议最少的就是颁奖给那些经过几十年研究的上乘成果。过去苏星教授写过经济学研究要"积之十年"，而获奖的属于经济史和经济思想史的专著，更是积之几十年结出的硕果。

是为序。

2019 年 5 月

再版前言

本书初版于 1988 年出版，是国内外第一部以中国经济改革、发展和开放实践为背景，系统、严谨地研究处于转轨阶段社会经济中的竞争与垄断的学术著作，也是 20 世纪 90 年代前后国内经济学科大学生、研究生的必读书和现代竞争市场理论与政策实践的启蒙著作。它也是本人作为改革开放后复旦大学培养出来的第一位经济学博士，在复旦园十年寒窗苦读，"板凳要坐十年冷"，自由探索，融会贯通名家经济理论和深入体察社会经济实践后呕心沥血、深思熟虑、精雕细刻之作。

尽管这部著作完稿于 1987 年，那时候我国仅有"社会主义商品经济"而无"社会主义市场经济"或"现代市场经济体制"的正式提法，但是，本书中大量具有开拓意义和归纳综合、问题导向、植根于实践的基本分析架构、思路观点与政策建议，并未随着时间的流逝而失去理论与实践价值，同时，也并未因为以当时的中国经济现实为背景而失去普适意义。

一、制度、能力与结构变革是经济运行和发展的三大关键变量

依循本书的动态分析逻辑和其中借鉴发展起来的动力与能力双因素模型（参见本书第 4.2 节和第 8.2 节等），在微观、中观（产业及区域）与宏观经济运行、发展和社会经济政策的理论研究与实践中，第一，经济行为主体（个人及其各种层次、各种组织形式的集合）的动力和相应的制度安排至关重要；第二，经济

行为主体的能力（存量与增量，多个维度、多个层面的体系或集合）和相应的制度安排至关重要；第三，动态结构变革和相应的制度安排至关重要。概言之，制度、能力和结构变革三者皆至关重要，三者皆应当成为微观经济、中观经济、宏观经济和社会经济增长与发展的理论分析和政策实践的核心问题。在社会经济实践中，三者都不是"维持不变的常量"，而是持续演化的关键性动态变量。经济理论分析和政策研究，不能只有静态分析（包括比较静态分析）而无动态分析，不能置活生生的社会经济现实于不顾，不能围绕着所谓"制度给定不变""技术（能力）给定不变"这样的静态假定条件展开并结束，不能止步于这种静态的短期分析和长期分析——这种止步于制度、技术和结构给定不变的静态分析，是国内外时下流行的微观经济学教科书的共同特征和最为失败、自甘愚昧之处。

如同一个自然人一生都在不断变化一样，经济行为主体的行为及其能力、制度环境、经济结构也在不断地变化。这是社会经济实践的常态和自然之道。在这里，"唯一不变的是变化"这一时下广为流行的说法同样适用。正是这些具有关键意义的变量的动态变化，才会有现代经济增长和经济发展，并决定了一个企业、一个地区、一个社会经济体的发展路径和兴衰成败。"给定不变"的静态镜头只是一帧快照、一个特例。不能将一个人特定时点即时间横截面的一张照片，当作对其终身生命变化轨迹的纵向时间系列的全程视频记录——令人遗憾的是，国内外时下流行的微观经济学教科书恰恰是这样！用这种远离现实、脱离实际、违背常识、以不变应万变的微观经济理论教材，作为大学生专业学习的教科书和研究基础，作为制定社会经济政策和企业发展战略的理论本源，岂不是误国、误民、误人子弟？！而大量经济学家和大学象牙塔中的经济学教授们自得其乐、闭目塞听地固守并陶醉于这种空想的经济理论乌托邦而放弃自己直面现实、独立思考的理性，岂不是将无用废物当珍宝，自甘偏狭愚昧和群体性地陷入歧途？！这种经济理论思维亟须由封闭走向开放，由守成走向创新，由假想走向现实。

二、制度集合的同质、异质及其持续变化

依循动力与能力双因素模型，就单个企业运行于其中的社会经济体的制度维度而言，这些制度集合（不同层面制度安排组合，涵盖社会经济体不同层面的制度、体制、机制、政府政策和文化等诸方面）是因时、因地而异的。世界上没有完全相同的两片树叶，也没有完全相同的两个制度集合。制度集合的同质和异质之处，共同决定了社会经济体的静态与动态运行和发展绩效（包括面临的主要任务、特定问题和挑战），决定了不同社会经济体的运行和发展绩效差异，也决定了不同社会经济体的大致类型。

古希腊哲学家赫拉克利特所说的"人不能两次踏进同一条河流"，也同样适用于社会经济体的制度集合——一个社会经济体的制度集合其实就是一条独特的制度"河流"。历史是不对称的，未来不是过去的简单重复。今日非昨日。尽管都被称为资本主义经济体或"混合经济"，但在制度集合上，今天的美国与日本、德国、北欧、大洋洲等国家和地区无疑有着或大或小的差异，也与百年之前的美国自身有着或大或小的差异，今日之美国绝非昨日之美国。改革开放以来的中国和其他社会经济体的制度集合亦概莫能外。差异性的制度集合不仅存在于不同时点的社会经济体之间，也往往存在于同一时点社会经济体的内部，包括不同产业、不同地区之间。这一点尤其适用于当下的中国。

制度集合因地、因时而异，且因地、因时而变。

制度集合的变化、调整和改善，是具有不同偏好和诉求、不同影响力、不同习惯和传统、不同群体结构和力量对比关系的所有利益相关者不断博弈互动的结果，也是具有不同历史禀赋、

不同历史发展路径的所有社会经济体的共同特征和共同主题。不同经济体各具特色、丰富多彩的社会博弈互动结构和互动结果，引致不同经济体各具特色、丰富多彩的制度集合及其变革图景，引致不同经济体各色各样的经济发展绩效、社会约束条件、特定问题与难以摆脱的"困境"，引致不同经济体特有的竞争优势和劣势。

三、力所能及原则的普适意义

基于本书的分析，在引入能力约束这一重大经济因素后，经济行为主体的行为取向和选择决策，包括劳动力就业与再就业范围的选择，企业投资的产业定位、产品定位、技术定位、市场定位、供应链定位与产业转移范围的选择，社会就业结构（以及非自愿失业结构）、投资结构、产品结构、创新结构、产业结构和经济结构的实际演进，社会资源的配置和再配置等，将不再遵循传统经济学所说的最高收益率导向的最大化原则，也不遵循诺贝尔经济学奖获得者赫·A.西蒙所说的令人满意原则，而是遵循力所能及的原则，受制于已有能力存量（包括结构）和未来能力增量（包括结构）。

根据本书对力所能及原则的分析，如果用 C 表示经济行为主体的能力约束，那么，$C \in [0, 1]$，其中，$C=1$ 即能力约束为 1，表示经济行为主体的能力完全受到约束而不得不维持原有状态；$C=0$ 即能力约束为 0，则恰好相反，表示经济行为主体的能力是完全的，未受到任何约束，任何改变原有状态的选择，包括全社会范围内最高收益率导向的选择，都是力所能及的。在社会经济实践中，所有经济行为主体可行的选择范围，介于闭区间 [0, 1] 之中，即介于上述两个极端之间（包括两个极端在内）。这是力所能及原则的基本含义。透过以上分析可知，传统经济学中的最大化原则，只是在经济行为主体拥有完全的能力即能力约束为 0

时的一个极端的特例。而在 $C=1$ 的另一个时常可见的极端情况下，将出现维持原状的非瓦尔拉均衡，并满足静态性质的帕累托效率标准和帕累托最优的条件。但这时行为主体完全有可能缺乏满意感。因此，在这里，"力所能及"的标准明显地取代了"最优的"（新古典意义上的）标准和"令人满意的"（西蒙意义上的）标准（见本书第4章尾注12）。

显然，在理论上和在社会实际经济生活中，缺乏经济行为主体的能力匹配，包括静态与动态的匹配，就不可能实现社会充分就业（包括劳动力的充分就业和产能的充分利用），不可能实现传统微观经济学所说的瓦尔拉一般均衡和社会资源配置最优化。

同时，就单个经济行为主体而言，一个企业、一个组织、一个经济体健全的发展规模、质量、边界，与其能力成正比。能力发展水平是衡量一个企业全球竞争力的标志，也是衡量一个社会发达程度的标志。

与最大化原则和令人满意原则相比，力所能及原则更加契合社会经济实际，能够更加生动、更加动态、更加精准、更加全面、更加深刻、更具针对性地在理论上刻画单个经济行为主体、单个企业、单个产业、单个竞争市场、单个区域和社会经济整体的实际演进过程及其面临的挑战与有效的问题解决方案，从而，在经济理论分析和社会经济实践中更加普适，具有更加广泛的理论意义和社会经济政策含义。

依循力所能及的原则，经济行为主体（个人及其各种层次、各种组织形式的集合）的能力构建、能力支持、能力发展和与时俱进的能力迭代升级，显而易见地成为所有个人、所有企业、所有经济组织、社会所有经济层面运行和发展的关键任务与决定性因素。一部经济行为主体的成长史，一部现代成功企业发展史，一部现代经济发展史，即是一部发展能力不断突破、不断拓展、不断积累、不断迭代升级的历史。

没有能力升级，不着力消除和弥补能力发展短板，不能因时而变、持续实现动态能力匹配，何来产业升级、结构优化和社会经济高质量发展？没有能力开发、能力匹配和相应的赋能（使能，Enabling）机制，何以有机会均等和社会经济包容性增长？

正如本书大量分析和考察所揭示的那样，改革开放以来，我国持续出现的严重的行业内同质竞争和割喉式的价格战，普遍的重复投资、重复建设，设备与技术、关键零部件的大规模长期性的重复引进，大量产业"散、乱、差"，技术和产业转移升级不充分、不到位，经济结构不合理等，这些持续迭代膨胀、一直未能消除的"老大难"问题背后存在着两大重要原因，其中一大原因是一系列制度或体制因素，另一大原因即是静态能力不足和动态能力建设与能力发展不足。其基本经济机理在于，由于能力升级缺位，自主研发能力开发不足和能力短板的普遍存在，在企业财务与政府财政预算约束软化条件下各地一哄而起，导致进入门槛较低、能力易及、无须自有关键技术的低端产业过度进入，大量制造行业沦为典型的依赖国外进口技术、设备和核心基础零部件、元器件、基础材料的全球"组装车间"。

而今天的美国，之所以在底特律等昔日经济繁华之地出现老旧产业萧条的"铁锈地带"，亦是因为在传统制造业缺乏就地具有国际竞争力地进行生产要素重新组合的能力的背景下，这些地带的大量劳动力存量无法自力更生或在企业和政府等外部机构的帮助扶持下实现就业能力调整和升级，不能广泛地进行创新和二次创业，难以成功地实现产业升级或进入新兴产业。

无论是中国还是美国，要想真正解决自己面临的上述经济问题，都必须在劳动力和产业的能力发展上下足功夫，舍此别无它途。依靠传统的总量性质的宏观经济政策（尤其是扩张性的货币政策和财政政策）刺激或求助于国家间的"贸易战"，虽能快速博取世人的眼球，但结果只会南辕北辙，无法取得实效。

再版前言

四、双因素模型、结构变革和动态发展

在理论层面上，本书特别强调竞争的动态性质和动力与能力双因素对竞争绩效、微观经济主体决策选择空间与产业组织演进过程的决定性作用，将社会经济结构变革和与之涵盖的产业结构、劳动力结构的变革，产品竞争、技术竞争、技术创新与技术进步，企业制度、体制环境和制度变革，贯穿于理论分析的全过程，贯穿于部门内竞争、部门间竞争、空间竞争和国际竞争的分析逻辑和政策建议之中。

双因素分析模型，在微观经济学、宏观经济学、发展经济学、比较经济学、经济史研究、企业管理与组织治理等领域，皆具有广泛的适用性，能够实现重要的理论突破和形成卓有成效的战略行动方案。

大道至简。简洁而论，任何企业、组织、社会和社会经济体的发展，涵盖制度发展和能力发展两个维度。能力发展和制度发展二者相互支持、相互促进，没有能力发展和动态能力匹配，制度发展或者只能是一纸空谈，仅仅只是难以达到彼岸、无法企及的"伟大梦想"，或者只能行之不远，无法取得实质性突破，最后的结果必定是失败。进一步说，能力发展亦是制度发展的出发点和归宿点，是检验制度发展有效与否、成败与否的标志。在一定的历史时点上，一种所谓最优的制度或最成功的制度发展，即是最大限度实现能力发展的制度。例如，从社会资源配置的视角来看，一种最优的制度安排，即是具有在静态和动态上能够实现资源错配最小化或资源产出绩效最大化的能力的制度组合。严重缺乏这种能力的制度，怎么说也不是"最优的"。要实现制度最优，就必须通过系统变革，全面发展能够实现产出绩效最大化的能力。

基于以上分析逻辑，当我们聚焦于企业发展时，呈现在我们

面前至简且最为基本的问题，便是企业发展的内涵是什么，企业在市场竞争中胜出的根本之道何在。

根据能力和动力双因素模型，企业发展的内涵和在市场竞争中胜出的根本，主要涉及两个关键的方面：一是制度发展，以人为本，通过企业内外部相关制度的不断变革和与时俱进地持续优化，构建完善的市场制度环境，打造卓越的企业内外部组织机制，包括企业决策机制和动力机制（激励与约束机制）；二是能力发展，构建出色的技术能力、研发能力、生产与服务系统，最大限度地创造用户价值、企业价值和社会价值。只有打造出卓越的企业制度、企业组织和综合能力，才会有出类拔萃的企业；而不去构建出色的企业组织和关键性的企业制度、企业能力，就永远不会产生基业长青的企业。长期而言，企业的规模和发展空间，最终取决于企业的制度发展和能力发展。企业的规模及其生命力与企业的能力成正比。这是现代竞争市场上企业胜出的根本之道。改革开放以来，我国很多名噪一时的企业之所以成为公众眼中来去匆匆的短命过客，其兴也勃，其亡也忽，"眼看他起朱楼，眼看他宴宾客，眼看他楼塌了"，是因为企业的控制人和管理人舍本逐末，疏于企业的制度发展和能力发展。他们的身上严重缺乏现代企业家精神和企业家特质。

而当我们将研究的视野转向发展经济学领域时，呈现在我们面前至简且最为基本的问题，便是发展中国家"发展不足"或"欠发达"的内涵是什么，出路何在。

根据能力和动力双因素模型，这一内涵主要涉及两个维度：一是能力落后，能力发展不足；二是制度落后，制度发展不足。相应地，要卓有成效地解决发展中国家的"发展不足"问题，就必须从能力发展和制度发展两个方面着手行动，着力弥补能力短板和制度短板，着力消除"不能"和"不为"双重困境。

而当我们直面当前中国经济发展领域，呈现在我们面前至简且最为基本的问题，便是中国经济转型升级的内涵是什么，如何推进转型升级。

根据能力和动力双因素模型，中国经济转型升级的内涵主要涉及两个维度：一是制度升级和制度发展；二是能力升级和能力发展。中国经济增长要转入高质量轨道，要转向创新驱动和倚重投入要素的产出效率提升，就必须在社会系统的各个领域、各个层面，包括政治、文化、法律、政府、科教、企业等，构建相应的制度组合和能力组合。有了不断演进的合适的制度组合和能力组合的持续动态匹配，经济转型升级和高质量增长便自然而然，水到渠成。全面深化改革，扩大高水平的对外开放，推进制造强国建设和产业与社会网络化、数字化、智能化，构造现代化的国家治理体系，皆是这方面的具体努力方向。

以制造强国建设着力聚焦的智能制造为例，单纯从技术的角度看，智能制造是以智能技术为代表的新一代信息技术在制造全生命周期和供应链全链路的广泛应用。通过全面的自动化、网络化、数字化和数据驱动，实现设计、制造、服务与管理全过程的智能化、一体化。亦即借助数字化、集成化控制系统、制造装备和业务流程，采用生产线重构与在线实时智能调度、生产装备智能物联与云化数据采集、多维人机物协同与互操作等技术，建立工厂大数据系统、网络化分布式生产设施等，实现生产设备网络化、生产加工精密化、生产数据可视化、生产过程透明化、生产现场无人化和用户需求驱动精益柔性生产与敏捷供给，打通企业前台、中台、后台，实现供应链所有环节互联互通、协同制造、协同服务和用户体验的实时化。

借助能力和动力双因素模型的分析逻辑，从根本上看，智能制造不仅是一场重大的技术变革，同时也会彻底再造我国的微观经济基础，彻底再造我国的经济与社会系统，引发广泛的社会生产方式、生活方式、组织方式、制度安排的深刻变革。

竞争与垄断：中国微观经济分析（校订本）

具体而言，智能制造在推动中国经济与社会的能力和制度协同升级过程中，具有以下五个方面的基础战略功能：

一是再造企业，助力提升中国制造企业的管理力、产品力、品牌力、创新力、服务力、营利力和柔性生产、量身定制、敏捷制造、快速响应客户需求的能力，推动企业践行以客户为本、价值、品质与创新驱动的现代商业文化，实质性地实现组织升级、管理升级、创新升级、技术升级、产品升级、品牌升级、服务升级、盈利升级，使中国产品和服务优质化、精品化、高端化，并普遍进入全球领先行列，而中国产品和服务优质化、精品化、高端化则是中国制造升级的根本和核心所在。

二是再造产业组织和生产要素组合，通过信息化、网络化、自动化、智能化和技术与平台赋能，在实现广泛而又充分的技术扩散、技术进步和商业与社会运行模式、组织方式的全面跃升，大幅度降低社会经济系统的组织成本（包括交易成本），显著提高组织效率的同时，消除社会劳动力和专业资源短缺瓶颈。

三是再造核心技术能力，推动中国制造由全球产品链、产业链、供应链、价值链的低端进入高端，不断突破和掌握越来越多的关键技术，在国际贸易摩擦频发的条件下，避免对外部核心技术的过度依赖和受制于技术封锁，更好、更主动地管控相关的风险和不确定性，为中国经济与社会长期稳定、安全、可持续地健康发展提供坚实的战略保障，并有力地推动全球经济的持续繁荣。

四是再造经济发展模式，借助中国制造布局全球高端创新链、技术链，全面支持中国技术升级、产业升级、消费升级、生活方式升级和系统的结构变革，拓展中国经济发展和人均 GDP 增长空间，突破"中等收入陷阱"，实现包容性增长，并进入高收入国家。

五是再造整个社会，通过各行各业、各个系统、各个层面广泛的自动化、网络化、数字化、智能化，建设全球领先的现代智能社会和智能国家。

在经济与社会发展过程中，能力发展和制度发展的持续推进过程，同时也是一个持续的结构变革和动态发展过程，也是一个持续实施涵盖"周密协调的产业政策、技术政策和人力开发政策"（本书第4.1节）等在内的结构政策和发展政策的过程。在这里，基于能力发展且至为关键的制度变革、结构政策和发展政策，皆超出传统的总量性质的宏观经济政策工具箱（如就业与产能利用不足前提下增加社会有效总需求的刺激政策）的范围和传统的宏观经济理论分析的范围，也超出了时下流行的微观经济学教科书的范围。

五、行政壁垒、多重经济分隔与市场发育不完全

本书特别强调，市场竞争"实质上是一个具有时间和空间维度的动态过程，是技术、经济结构、经济组织形式和经济行为型式不断变更和演进的过程"（本书前言）。

为了充分探寻在中国构建极具操作性的全国一体化竞争市场体系的具体方案，本书坚持理论研究的"问题导向"和直面实际。基于我国转轨经济演进的历史路径，本书首次系统地考察分析了以等级制行政组织和行政指令为基础、具有鲜明的统制型行政化色彩的社会经济运作实践对市场竞争和市场发育的显著影响。

本书首次在学术探讨中提出了行政垄断、行政壁垒等概念并对其展开了深入的历史分析和理论分析。

在社会主义国家，社会经济系统中的垄断在历史上首先是以国家垄断或行政垄断的形式出现的。"这种大一统的经济垄断构成了集权型社会主义经济体制的重要特征，并且在社会主义经济系统由集权型体制向分权型体制过渡时期，甚或在过渡之后，又同市场垄断交织在一起，对社会经济运行过程发生着或大或小的影响"（本书第2章），书中30年前作出的这一判断今天看来依

竞争与垄断：中国微观经济分析（校订本）

然深刻而有效，今天的中国经济在或大或小范围内依然具有浓厚的、难以摆脱的行政统制特色和明显的历史路径依赖。

本书在研究部门内竞争、部门间竞争的同时，首次开拓性地系统考察了空间竞争，并提出了一系列重要的理论观点和改革建议。

根据本书的分析，行政垄断以及以各级政府行政辖区为基础的多层次网状行政分割，各种行政性统制和层层行政性进入壁垒，加之较大范围内的能力发展不足，诸种因素的共同作用造成多重经济分隔，产生多层次大大小小相对封闭的"条条经济"和"块块经济"，使得生产要素在全社会范围内无法高效地自由配置和自由流动，难以形成全国统一的竞争市场，难以形成最优的市场结构、产业结构与空间布局，严重地限制了部门内竞争、部门间竞争和空间竞争，导致竞争不足和市场发育不全，阻碍社会经济的结构变革和迭代升级，阻碍规模经济、聚集经济、专业化经济的充分形成和持续发展。

如何实质性地解决这些问题，充分推进"国家内部的经济开放"（本书第 2.4 节），构建一个全国统一、协同、健全、高效、发达、结构优化、能出色地实现高质量、包容性、可持续增长的现代市场经济体系，当是未来中国深度改革开放的重点任务之一。

六、动态比较优势及其政策含义

西方传统国际贸易理论基础，主要是英国古典经济学家李嘉图的比较优势理论。无论是李嘉图的比较优势理论，还是之前亚当·斯密的绝对优势理论，都是一种固化原有要素禀赋和国际分工格局的静态观点。在斯密和李嘉图所处的时代，最先完成"工业革命"的英国是全球工业最发达之国，在国际市场上碾压一切工业竞争对手。他们的贸易理论，反映了当时英国极力扩展海外市场，成为"世界工厂"，维持并强化作为先发经济强国的国际竞争优势地位的强烈欲望。

　　本书基于落后国家的工业化发展与全球经济进步、规模经济、需求弹性、增长弹性、要素禀赋和贸易条件的可变性等一系列严谨的分析明确地指出，上述静态和比较静态性质的、旨在持续维持和强化既有国际分工体系的贸易理论，无疑是一种保守的、带有反发展色彩的理论。长期维持既有的国际分工格局和比较优势，并不能最大限度地增加每个国家的国民收入水平和世界收入水平，而只会使经济暂时落后的国家的处境相对地变得更糟，从而会遏制世界经济整体的发展，阻碍后起国家的经济结构和世界经济结构的改造。一个国家的国际贸易优势和竞争优势不是固定凝止的，而是不断变化的。一个后起国家的经济发展过程在很大程度上是一个工业产品生产从无到有、产品种类从少到多的过程，是一个不断创造新的比较优势和竞争优势的过程。后起国家经济发展面临的主要任务之一，"是怎样打破传统的生产与分工格局，改变自己的比较优势和竞争优势，以便最好地利用国际贸易机会来促进本国的经济发展"。我国"应当通过与经济的动态发展相一致的贸易型式来参与国际分工和国际贸易，借以获得动态的国际贸易优势和国际竞争优势"（本书第6.1节）；应当"逐步建立自己的自主研究与开发体系，培养和增强自己的创新能力"（本书第6.2节）；必须建立良好的对外竞争的组织与协调机制，不断促进社会经济结构的变革，并制定和实行一种能够实现企业自主性与国家调节相结合的政策。这种政策的实质是，在改善微观企业经营机制的同时，不断改善产业结构和产业组织；在改善产业结构方面，大力发展对整个经济来说极为重要的部门和增长弹性较高与发展前景较好的部门；在改善产业组织方面，努力利用规模经济，在规模效益比较明显的部门形成一些以骨干企业为支柱、足以逐渐与国外实力雄厚的竞争对手相抗衡的企业集团，并通过各种经济技术手段来扶持这些集团的成长。必须更深入地进行经济体制改革，并实现政府经济管理重心的转轨，即由原来的对短期经济活动的管理（短期平衡的控制）转到对整个国民经济长期发展的管理，以改善产业组织和促进国民经济结构的变革（本书第6.3节）。

在我国经济转向创新驱动的高质量发展阶段和美国行政当局对我国发动贸易战、高技术战的历史背景下，本书的以上研究结论和操作建议，具有现实意义，并富有长期性的理论价值和应用价值。

七、广泛的不确定性、信息不全与集中计划失灵

本书的附录在紧接着正文第8章考察市场失灵问题之后，从信息经济学、激励理论等视角集中分析了传统计划经济体制下的集中计划失灵问题。

附录明确指出，在传统计划经济体制下存在着一个明显的计划悖论，即旨在进行直接控制的集中性指令性计划越是无所不包，实际经济运行过程要么越是僵化低效，要么越是偏离集中计划而混乱无序。这种经济运行格局不仅难以避免"官僚集权制偏差"，出现屡见不鲜的"瞎指挥"和重大决策失误，而且也难以避免"集团偏差"，出现偏离社会整体利益的"部门主义"和"地方主义"。

之所以如此，从根本上说，是因为中央计划者和顶层决策者并非全知全能，社会经济运行过程中存在着广泛的变化、不确定性、随机性和未知因素，导致广泛的信息不足和信息不完全，从而导致难以制订事前性质的无所不包的中央指令性计划。即使借助计算机技术（一如兰格曾经力荐的"计算社会主义"）或现在的大数据、人工智能、物联网等新一代信息技术（如马云一再强调的以这些技术为支撑的"计划经济"），作为一种社会经济运行模式的集中的计划经济，依然会是低效的，"不仅包括配置低

效、组织低效和动态技术低效，而且包括计划低效和信息低效"（本书附录）。

例如，供给侧的技术创新是一个"从 0 到 1，从无到有"的过程，充满了未知和不确定性。从比例上说，绝大部分创新尝试是失败的。在这里，根本无法事前制订并实施精准详细、无所不包的一揽子指令性计划，并据此配置资源和形成对参与创新的人员的具体奖惩方案。现代经济本质上是一种创新经济，创新无时无处不在，创新能力和相应的动态效率关乎一个企业和一个社会经济体的兴衰成败，而创新又恰恰是无法事前精准计划和直接集中控制的。正是这一关键之点，导致传统集权型计划经济的失败。

再例如，需求侧的消费者需求结构中有相当一部分需求，尤其是大额支出的需求、一次性需求和更新换代较快的需求，通常是不断变化和相异的，无法根据历史数据（包括今天人们津津乐道的"大数据"）或运用趋势外推法，来精准地确定每位消费者和整个市场的需求量。当下人们津津乐道的所谓"精准营销"和智能化"购物推荐"，其实并不"精准"：你昨天在网上平台买了一套羽绒服，今天上网后平台又根据你昨天的购买行为数据再向你推荐购买羽绒服！这是浪费推荐资源的无脑弱智营销（尽管打上了"大数据""智能化"的标签），哪里是"精准营销"！

附录最后特别强调，要同时避免计划失灵和市场失灵，就必须进一步深入地进行经济改革。"这决不是一个仅铺满鲜花而没有任何痛苦的过程。然而，我们相信，无论如何明天总归是新的一天"（本书附录）！

胡汝银

2020 年 3 月于海南琼中

竞争与垄断：中国微观经济分析（校订本）

ABSTRACT

This book is the author's doctoral dissertation at Fudan University. It is not only a theoretical exploration, but also a historical and empirical analysis. It explores the working of the markets in decentralized socialist economy. The discussions are principally devoted to Chinese economy, whose underdeveloped nature and special economic institutions make its competitive markets hypoplastic.

The theoretical framework of the book is quite different from that of prevailing microeconomics. Efforts have been made to establish an evolutionary model of market socialism. In the author's opinion, competition is not a static condition but a dynamic process with ongoing changes of technology, economic structures, economic organizations and economic behaviors, and the performance of the economy is a function of incentives and technology. The focus of the studies is on the causes of inefficiency in resource allocation, organization and innovation in present-day China. Problems such as administrative monopoly, inadequate competition, entry barriers, and plan failure, are also analyzed.

According to the author's research, there are still multi-level separations of the Chinese economic system based on administrative divisions.Various institutional and technical entry barriers make it difficult for capitals and labor force to flow among enterprises, industries and administrative areas. That leads to both serious misallocation of resources and structural disequilibrium. The development of rural industries is scattered and inefficient. Most firms are too small and too dispersive to have economies of sufficient scale and agglomeration. The diffusion of technology is impeded. Countless unskilled rural laborers are engaged in traditional industries, which makes those industries overgrown while other industries are insufficiently developed. There is hardly any unified national competitive market.

The performance of a competitive market depends, to a great extent, on economic institutions and the organizational structure of enterprises. Under the current responsibility system in China's industrial sectors, incentives for accumulation (savings) at the enterprise level are still inadequate. Most of the enterprise managers do not attach importance to long-term development. Their economic decisions are usually short-sighted. There is no cost-minimization behavior. Because of tax discriminations, the ratchet principle is still effective.Managers of enterprises still conceal their productive potentials, workers are still slack in work, and there is substantial organizational inefficiency.Promising enterprises cannot grow rapidly, while the inefficient ones cannot be closed or merged. The progress of the competitive markets is hampered.

In order to improve the performance of the economy, it is necessary to restructure the whole economic system and to carry out a farsighted policy of structural development.Though there might be many difficulties, there is no better choice.

蒋　序

　　党的十二届三中全会作出社会主义经济是公有制基础上的有计划的商品经济的科学论断以后，我国的社会主义商品经济加快了发展速度。与此同时，对社会主义商品经济的理论研究也有了长足的发展。有关社会主义商品经济宏观运行规律、运行机制和宏观管理方面的问题，讨论得最多。有关微观经济活动方面的问题，如价格体制问题、企业经营机制问题、市场问题等，也受到了大家的关注。可是，同商品经济关系极其密切的竞争问题，尽管在实际工作中是很重视的，早在1980年，国务院就已经颁布了《关于开展和保护社会主义竞争的暂行规定》，而在理论研究工作中，它却还是一个薄弱环节。单篇的论文不多，系统的研究更是缺乏。胡汝银同志的这本书，是我国第一部系统地研究社会主义竞争和垄断的著作，填补了一个空白点。

　　马克思主义政治经济学的创始人在分析商品经济时，是非常重视竞争的作用的。商品经济的内在规律是价值规律，而在以私有制为基础的生产无政府状态的商品经济中，价值规律是作为强制性的竞争规律作用于各个生产者，为自己开辟道路的。马克思的《资本论》，虽然直到第3卷第10章中才对资本主义商品经济的竞争机制展开详细分析，但实际上，《资本论》第1卷至第3卷关于资本主义生产过程、流通过程和资本主义生产总过程的分析，无不以自由竞争的存在为前提。如果没有部门内部和部门之间的竞争，那么，价值和生产价格的形成、资本和劳动力的流动、利润率的平均化、商业利润和利息率的确定、资本主义地租的各种形态的出现，都将是无法理解的了。可以说，没有竞争，就不可能有商品经济的合乎规律性的发展。

竞争是商品经济中必然的经济关系。但是，由于人类历史上首先出现的商品经济是以私有制为基础的商品经济，其中，最发达的又是资本主义商品经济，由于长期以来传统的观点认为社会主义经济不是商品经济，至少，在全民所有制经济领域没有真正的商品关系；所以，合乎逻辑的结论也就必然是：竞争只是私有制商品经济特别是资本主义商品经济所特有的东西，社会主义经济中是没有竞争只有竞赛的。长期以来，在社会主义各国流行着这样一种关于竞争和竞赛的论断：竞争是资本家之间你死我活的斗争，竞赛则是社会主义兄弟企业之间后进学先进、先进帮后进的社会主义互助合作关系的体现。这种否认社会主义经济中有竞争的观点，一旦成为社会主义经济建设实践的指导思想，就会带来严重的消极后果。

现实生活表明，排除了竞争，社会主义企业对于革新生产技术、提高产品质量、增加花色品种和改善服务态度，就丧失了外部的压力，往往就会因循守旧，不图进取。排除了竞争，就人为地制造了某种类似垄断的条件，因此也就难免出现停滞消极的现象。按照我国长时期内那一套统一定价、统购统销、统收统支的排除竞争的做法，企业即使产品质量十分低劣，经营管理十分混乱，也可以照样维持下去，不会有遭淘汰的顾虑。我国经济中两个大锅饭的局面，主要就是否认社会主义物质利益原则和否认社会主义竞争造成的。

其实，不论从历史上考察或从理论上分析，竞争都不是资本主义所独有的，而是先资本主义而存在的。竞争是商品经济的产物。在商品经济条件下，商品生产者的生产条件千差万别，生产同一商品所耗费的个别劳动时间也千差万别。但商品的价值不取决于个别劳动时间而取决于社会必要劳动时间，商品的价格又随着市场供求关系的变化而环绕着价值波动。因此，处于同一市场覆盖面内的商品生产者之间，必然存在着优胜劣败的竞争关系。

竞争规律也是不以人们意志为转移的客观规律。

确实，在资本主义以前，在奴隶社会和封建社会，由于商品经济还不够发达，占主体地位的奴隶主和封建主的庄园经济基本上是自给自足的自然经济，由于封建行会组织和封建割据局面的存在，手工业小商品生产者之间的竞争是受到很大限制的。只有到了资本主义时期，一方面，商品经济发展到了极点，商品生产成了社会生产的唯一形式；另一方面，上层建筑领域中一切束缚竞争的封建制度都在资产阶级革命中被摧毁，竞争也就发展到了顶点。在资本主义经济中，追逐最大限度的利润，是资本主义生产内在的目的和动力，竞争则表现为外部强制力量。正是追逐最大限度利润的贪婪和害怕竞争失败的恐惧，促使资本家去采用新技术，扩大企业规模，改善经营管理，提高服务质量，从而促进了资本主义经济的发展。同时，也正是因为这种竞争是资本主义私有制基础上的竞争，是资本家之间你死我活的竞争，所以资本家必然会采取以邻为壑、损人利己的各种竞争手段，从而出现大鱼吃小鱼的两极分化。

社会主义经济既然是商品经济，从事商品生产和商品经营的社会主义企业之间，客观上必然存在着比产量、比质量、比品种、比成本、比价格、比服务的关系。人为地阻止社会主义企业之间的竞争，不让出现优胜劣汰，那就必然是一方面限制了先进，使主客观条件优越的企业不能充分发挥它的优势来扩大生产；另一方面，保护了落后，使那些物质耗费高、劳动生产率低的企业得以抱残守缺地苟延下去，继续浪费社会的人力和物力资源。只有按照商品经济的本性，让社会主义企业开展优胜劣汰的竞争，才有利于鼓励先进，鞭策落后，促使社会主义企业在生产技术、经营管理、优质服务等方面全面地提高企业素质，从而在不断提高经济效益的前提下增加产量，提高质量，全面地体现社会主义基本经济规律的要求。

但是，社会主义竞争是公有制经济之间的竞争。社会主义经济作为商品经济，它的竞争必然同一切商品经济的竞争有共性。社会主义经济作为公有制基础上的有计划的商品经济，社会主义竞争又必然有别于资本主义竞争的特性。共性在哪？特性在哪？在我国社会主义的初级阶段，由于作为国民经济主体的社会主义经济同其他多种经济成分并存，商品生产和商品流通中的竞争，必然出现更加复杂的情况。在社会主义竞争中，能不能保留私有制商品经济竞争的优点而避免其缺点？有没有这种可能性？如果有，需要创造什么样的条件才能达到预期的目的？这些问题，都需要从理论上加以探讨。这些理论问题弄得越清楚，就越是能够自觉地指导社会主义商品经济的发展。

竞争与垄断：中国微观经济分析（校订本）

本书作者胡汝银同志是复旦大学的第一个经济学博士。他对社会主义竞争问题已进行了长达三年之久的研究，获得了不少科研成果。除了在各杂志上发表的单篇论文以外，1985—1986年，他曾在我主编的《社会主义政治经济学》一书中承担了"社会主义经济中的竞争和垄断"那一章的撰写。之后，他把对这个问题的研究推向纵深，在理论和实际的结合上，对社会主义竞争和垄断的各个主要方面进行了深入的探索。读者将会发现，这本书的特点是理论性很强。作者以马克思主义经济学原理为指导，系统地考察了西方经济学、东欧经济学和党的十一届三中全会以来有关竞争和垄断的各家学说，阐发了作者自己独到的观点，把我们带进了社会主义经济研究的一个新领域，开拓了新的视野。

当然，作为第一部系统地研究社会主义竞争的著作，本书不可能穷尽前文提到的一切方面。作者的观点也不可能毫无争议地为大家所接受。我希望这部著作的出版，能够引发我国经济学界对社会主义竞争和垄断开展广泛的学术讨论。我想，这也是本书作者的意愿。

蒋学模

1988年2月5日于复旦大学

自　序

　　除附录外，本书的内容由我的博士学位论文构成。在最初的写作计划中，附录的内容原本作为本书的第9章。之所以如此，是因为这部分内容涉及将微观经济分析方法引入对计划活动领域的考察，涉及从经济哲学和历史的角度对社会主义经济模式的转换进行评价。但后来考虑到这样会使全书的结构显得松散，遂将其作为附录。当然，这并不是说这部分内容对本书来说并不重要。

　　作为一门致用之学，经济学在很大程度上是问题导向的（Question-oriented）。这首先要求经济学家努力把握时代的脉搏，正确地识别最基本的社会经济问题，并对它们进行缜密的研究。在这种研究中，经济学家不能不带有强烈的感情。华兹华斯所说的"所有的好诗，都是从强烈的感情中自然而然地溢出来的"这句话，其实也适用于经济理论。不过，应当进一步指出的是，强烈的感情仅仅只是富有成果的经济理论研究的必要条件，而不是充分条件。经济学毕竟不是散文诗或格言集萃，而是一种逻辑严密、结构严谨的理论体系。因此，仅仅只有激情是远远不够的。未来的（Would-be）经济学家必须接受严格的经济学训练，打下比较扎实的理论功底，获得广阔的理论视野。君不见，很多经济理论工作者在大谈特谈企业行为和政府行为短期化的问题时，他们本身的理论学习与理论研究行为也明显地短期化和带有急功近利的倾向。以那种"现炒现卖"式的"研究成果"作为制定社会经济政策的依据，由整个社会来支付这类"学费"，把整个社会经济系统作为这种初学者的理论"实验室"，其代价和风险委实

自

序

太大。看来，需要在改革社会经济体制的同时，变革经济学研究体制，改善经济学研究条件，形成良好的学风和文化秩序。为此，经济学家在研究微观经济行为和宏观经济行为时，也有必要研究自身的行为规则和经济理论的发展规则，并为制止经济理论"工厂"中的"粗制滥造"，提高经济理论研究的质量和效率而不懈地努力，为形成新的令人满意的行为规则而努力。

问题导向使得经济理论研究必须以实事求是为学鹄。科学的目的就是追求真理，追求理论的逼真性，或者说，是寻求真实。这里所说的真实，既包括主观真实，也包括外在于主体的客观真实。这种真实本身总是蕴含着一种内在美。每当我们建构一个能够恰当地解释现实世界中的某一类经济现象和可以捕捉到现实的神韵之处的理论模型时，我们总会感受到一种难以名状的愉悦。真实性无疑也要求经济理论研究者真实地表达出自己的内心感受，从而要求他说真话，而不是说假话。对主观真实的这种追求，是经济学家向社会和历史负责的表现，也是真正的科学的态度。没有这种追求，经济学便不可能成为时代精神。此外，在经济学家对现实所作的严肃而又冷静的分析中，总是渗透着他们对整个人类的仁爱之心，直接地或间接地反映了他们对民族命运和国家命运的关注。

现实是一个不断流变的过程，因此，科学对真实的追求是没有止境的。理论是灰色的，生活之树常青。这句哲人名言也恰当地表达了经济理论同现实世界之间的动态关系，表达了理论家追求真实的决心。

中国微观经济学是一个尚待开拓的理论研究领域。我不敢妄称本书填补了该领域的空白，而只想说本书在这一领域中迈出了最初的一步。这一步无疑是本人殚精竭虑的结果。关于这一步，我要说的是：第一，这是本人以老老实实、严肃认真的科学态度努力进行理论探索的结果。我的目标之一，是以尽可能经济和严格的语言，向读者提供尽可能多的信息。第二，任何理论都是可误的，然而，正是由于有了那些最大胆的理论，包括错误的理论，我们才学到最多的东西。著名哲学家卡尔·波普尔说过：科学批判使明智的理论家努力消除自己的虚妄理论，让它们代替自己去死亡；而信徒则随他自己的虚妄信念而死去。我恳切地期待和欢迎对本书的内容所作的任何严肃的批评。

自 1978 年 2 月进入复旦园，屈指算来，已达十个春秋。我对复旦大学经济系为培养教育我而做了大量工作的老师和职工的感激之情，是无法言表的。我衷心地感谢我的硕士生导师张薰华教授和故去的漆琪生教授，衷心地感谢我的博士生导师蒋学模教授和伍柏麟教授。令我永志难忘的是，在我攻读博士学位期间，蒋先生和伍先生不仅在学术研究和博士论文的写作方面对我悉心地进行指导，而且在生活方面对我也关怀备至。当然，本书中的任何错误由我个人负责。最后，我还要感谢婚后同我分居两地的妻子对我的事业追求的理解和她所给予的巨大支持。

胡汝银

1987 年 12 月 31 日于上海

自序

目　录

竞争与垄断：中国微观经济分析（校订本）

CONTENTS

前　言

　　从规范的角度来说，社会主义经济系统的根本任务就是尽可能地提高经济效率和发展社会生产力。通过多年的社会经济体制"实验"，今天我们终于发现了比较适合于完成这一根本任务的体制型式，这便是公有制基础上的有计划的商品经济体制。

　　商品经济的有效运行和迅速发展以完善的竞争机制为前提，各种形式的垄断则在或大或小的程度上阻遏竞争。这样，社会主义国家要大力发展商品经济，就必须通过不断的体制改革来建构和改进市场竞争机制，消除不合理的人为的垄断因素。同时，社会主义经济作为公有制基础上的计划经济这一历史现实，又必然对实际竞争过程产生特定的影响。本书既是这些方面的理论探讨，也是相应的历史与经验的实证考察。

　　笔者在进行了较长时间的比较经济理论研究之后，深深地感受到马克思竞争理论框架的巨大包容性和马克思的分析方法所具有的深刻性与现实性，故在研究中主要以这一框架为参考系；并本着"取其精华，弃其糟粕"的精神，批判地借鉴国外有关的经济研究成果，尽量拓展探讨的深度和广度。无疑地，本书的整个框架也明显地打上了笔者本人长期探索和覃思的烙印。

　　笔者认为，竞争实质上是一个具有时间和空间维度的动态过程，是技术、经济结构、经济组织形式和经济行为型式不断变更和演进的过程。因此，本人的以动态非均衡分析为主的研究方法将明显地有别于西方新古典学派的那种缺乏时间观念、空间观念、历史观念和制度观念的静态均衡分析方法。

特定的分析方法导致本书不得不采用特定的以"文字经济学"（The Literary Economics，与"数理经济学"相对应）为主的理论表述形式。在目前可以得到的经济数理工具的条件下，东西方经济学家尚难以使数理经济模型令人满意地动态化。相形之下，颇受黑格尔辩证法和西方资产阶级古典经济学影响的马克思，早在100多年前便以文字表述的形式，较为生动地描述了资本主义经济的运动和发展过程，准确地表达了他的一系列伟大的洞见。笔者正是利用"文字经济学"的这一长处，力图酣畅地展开对经济运行过程中的制度因素等那些为数理经济学无法涵盖的极其重要的方面的研究，企求从更多的角度在理论上更充分和更深刻地再现这一运行过程的复杂性。

本书的第1章讨论有关的理论框架与分析方法。本书的体系结构将明显地不同于新古典学派刻意追求形式化的微观经济模型。第2章探讨社会主义经济中的垄断问题。由于特定的历史原因，社会主义经济中的垄断首先是以国家垄断或行政垄断的形式出现的。这种垄断在传统的过度集中的社会主义经济模式中达到了顶峰，在我国尤其如此。诚然，它在社会主义经济发展史上有过不少积极作用，但也带来了很多弊端。新的导入市场竞争机制的经济模式的产生和发展，是对传统模式不断进行变革和新模式本身自我完善的结果。并且，新模式不能不在今后一定时期内同旧模式之间构成此长彼消的关系，从而使此时的社会经济在一定程度上不可避免地带着旧的模式的印记。垄断既是社会主义经济的历史起点，也是作者实证研究的合适的逻辑起点。第3章在抽象层次和纯粹形态上描述社会主义经济中竞争过程的内容和基本特征，以便不受各种暂时的历史现象的干扰而充分地把握竞争规律的作用机制，并为现有的竞争过程和经济体制改革等提供一种理论参考系和基本的理论依据。第3章还从效率和协调机制等方面比较了市场竞争与传统经济体制中的竞赛过程，并考察了社会主义竞

竞争与垄断：中国微观经济分析（校订本）

争的制度特点。第4章分析了我国目前的多重经济结构形成的历史原因及其对现实竞争过程的重大约束作用。社会经济的界限分明的多重化，致使市场发育不全和竞争机制扭曲，加剧了部门内竞争的不均齐程度，大大地削弱了部门间的竞争，在社会经济发展模式和体制模式双重转换过程中形成了明显的摩擦和掣肘效应，带来了诸如严重的结构失调、劳动力转移不完全和低水平过度膨胀等一系列消极的社会经济后果。第5章作为第4章的补充，论述了空间竞争和要素转移机制。空间竞争是与部门内及部门间竞争交织重叠在一起的，或者说寓于这两者之中。因为这两者的充分展开必然以充分有效的空间竞争为前提。在我国目前的情况下，在某种限度内正是空间竞争不足引致部门内及部门间竞争不足。空间竞争不足既导致较高的区位成本和交易费用，又妨碍形成规模经济和聚集经济，难以产生令人满意的配置效率和动态技术效率（后面的有关章节将给出这些概念的定义），从而抑制社会分工、产业进化和全国统一市场的发展。劳动力的空间流动以及与此相伴随的职业转换是要素转移过程的主导因素，因而有单独深入研究的必要。这种探索的结果改变了传统经济学中机械的、决定论的最大化原则，提供出一幅更加复杂、更加丰富和更加真实可信的要素转移图景。而它的以动力和能力双因素模型为基础的政策含义也将对现实具有直接的针对性。第6章讨论了社会主义经济系统开放条件下的国际竞争问题。随着生产与交换的国际化程度的提高，社会主义经济活动的主体将在更大的范围内参与国际分工和世界市场上的竞争。参与此种竞争的形式和动态范围必定对社会主义经济本身的发展产生可以直接感受得到的影响。第7章和第8章从动力机制和调节机制等角度，考察了决定或影响竞争效率的若干组织因素和结构因素，探讨了微观经济运行的组织基础、效率与刺激之间的相关性、产业（市场）失衡的外溢效应和社会经济发展政策等问题。附录则结合历史实践，通过对计

前言

划悖论和计划失灵问题的分析，从理论上进一步揭示了社会主义经济引入竞争性市场机制的历史必然性。

通过以上的叙述不难看出，本书不是对整个中国微观经济作面面俱到的考察，而是以动态发展为主旋律对其中最主要的部分进行分析。在笔者看来，中国微观经济的其他方面（如家庭消费行为）从根本上说是取决于或受制于这些主要部分的。同时，不同经济制度下消费行为型式发展过程的相同之处大于相异之处，而现代国外经济学文献对这些方面的研究也显得稍微成熟一些。因此我们没有用专门的章节来单独地讨论它们。这样做的另一个原因是为了突出本书的主题，强化并更紧凑地展开关于市场竞争和垄断问题的研究。

不用说，我们的理论同作为现代西方微观经济学主流的新古典理论之间的差异是极其广泛的。此外，本书还探讨了微观行为与宏观行为之间的相互作用机制，得出了一系列全局性的社会经济政策结论，从而力图避免西方主流经济学中常见的微观分析与宏观分析完全脱节的现象（这一点在一度自称为"新古典综合"的凯恩斯主流学派的传统理论中特别突出）。在这里，对我来说，重要的不是确保自己的所有探索完全成功，而是选择一个能较好地适应现实和理论发展需要的出发点，以避免走西方微观经济研究所走过的那些弯路。"Well begun is half done"，这句为人们所熟悉的外国谚语便表达了我的这种心态。

1 理论框架与分析方法

经济学是一种研究和探讨，是人们提出社会经济问题并试图找到这些问题的答案所依靠的那种思想形式或理论框架。特定的经济学体系或理论框架是以特定的分析方法为基础的。它们又同特定的理论叙述形式结合在一起，通过这种叙述形式来显现自己。

就竞争理论而言，在各种纷繁的理论流派中，对今天东西方经济学家影响最大的主要是马克思和新古典学派的竞争学说。

尽管这两种学说的少数基本假定是相同的，例如，它们都采用了最大利润原则以及最高相对收益率导向的资本流动规则，都暗含着零成本流动的假设 [1] 等，但二者的理论框架和分析方法之间却存在着实质性的差别。

新古典学派的完全竞争理论以一系列在现实中难以成立的假设条件为前提，借助静态均衡方法，着意描述单个厂商的资源配置行为。这一理论明显地包含着大量的虚构，它把现实竞争过程中的很多至关重要的方面给假定掉了。固然，考察单个厂商的资源配置行为，对拓展经济学的研究深度具有积极的意义。但由于基本分析方法的失当，新古典学派的这种考察是在极不真实和极其狭窄的理论背景下进行的。因此，无论是从实证的角度还是从规范的角度来看，它的绝大部分空中楼阁式的结论都是靠不住的。

与此形成鲜明对照的是，马克思深入而又广泛地研究了作为现实资本主义经济运动过程的一个有机组成部分的竞争过程。马克思的这种研究是在微观经济的组织基础上系统地展开的。这里我们所说的"微观经济的组织基础"，指的是企业内部的组织结构或微观经营机制，它首先包括生产资料所有制关系和与之相联系的企业决策机制。这种微观组织基础既是理解竞争市场上企业行为的钥匙，也是把握宏观经济运行规律的关键，同时又是区分不同性质的社会经济形态的指示器；并且在同一社会形态内部，这种微观组织基础也在时间和空间上显示出很大的差异，从而导致不同的企业行为型式和市场绩效（Performance）。因此，分析企业经济运行的组织基础，在中国微观经济学和竞争理论中占有关键的地位。而在这方面与长期忽视微观经济组织形式研究的新古典学说相比[2]，马克思的分析具有高度的适用性和更深刻的逻辑力量。

根据马克思的理论描述，竞争是一个历史的、动态的过程，从这一过程的每一时点来看，非均衡或供给与需求的不一致是一种常态[3]，在或大或小的范围内生生不息的经济变动过程是竞争经济的重要特征。马克思不仅分析了部门间的竞争，而且分析了部门内的竞争，考察了企业组织形式、市场结构和产业结构的演进过程，揭示了竞争市场上价格形成与价格波动的内在机制；而后几个方面实际上都处在新古典学派的理论视野之外。

可以说，竞争机制是协调社会经济活动的中性工具，它适用于任何性质的现代商品经济，其中也包括社会主义商品经济。各种竞争理论中的或多或少的合理因素亦可为社会主义经济竞争理论所借鉴或吸收。然而，在实际借鉴或吸收之前有必要对这些理论进行全面的分析，以便辨别良莠，探骊得珠。

在本章中，我们首先讨论新古典学派的完全竞争理论和马克思的竞争理论框架，然后研究垄断概念，探讨若干重要的基本分析方法，它们包括实证研究与规范研究、均衡分析与非均衡分析、静态方法与动态方法等。最后一节则是有关理论叙述形式的评价和选择问题。科学的理论体系需要科学的方法论基础的支持，而理论变革首先是方法论的变革。所以，对方法论所做的这些探讨对建立中国微观经济学体系具有特殊的意义。

1.1　新古典学派完全竞争理论

在西方新古典传统的经济文献中，完全竞争通常是指下列条件占主导地位的市场状况：

（1）有大量的卖主和大量的买主，即所谓"大经济"或"原子型"市场结构。

（2）各个买主和卖主对目前市场状况完全了解，不存在不确定性，此即所谓"信息的完全性"。

（3）所售商品是相同的，即产品是均质的。

（4）厂商（即企业）将其产品运交买主，且在费用上彼此间没有差别。

（5）生产集合是凸性的，或者说成本曲线是凸向原点的"U"形曲线，不存在规模经济。

（6）生产要素在各产业部门之间有完全的流动性，不存在进入障碍。

（7）劳动是均质的，各种生产要素之间具有完全的替代弹性。

（8）单个厂商不能由于成本差异而单独获得超额利润，哪怕这种超额利润是暂时的。

很长时期以来，新古典学派的完全竞争理论就采取了数理的叙述形式。在标准的数理形式的完全竞争模型中，新古典学派采用了局部均衡分析和一般均衡分析方法。前者主要以单个厂商为考察对象，后者则以整个社会经济系统为考察对象，且都采用静态方法，把技术条件、经济组织结构和其他制度因素看作既定的。此外，在厂商分析中还进一步把价格看作给定的、外生的参数，在一般均衡分析中还暗含着各种经济活动的调整是瞬息完成的，从而没有时间滞差的假定以及供给和需求均具有完全弹性的假定。

在很大程度上，经济数理模型的结论已经包含在该模型的前提条件之中。结论的可信程度与假定条件的真实程度是成正比的。反过来说，假定条件离现实越远，结论便越不真实，越不可靠；或者从规范的角度来看，假定条件越是在现实中难以实现，结论所暗含的行动方案便越是不可行。由此看来，尽管新古典学派数理形式的完全竞争模型具有迷人的数学外表和严密的数学推导，但由于它的整个理论结构是建立在大部分既不真实又不可行的前提条件上的，所以，在实证意义上，它的一系列理论结论无异于无中生有式的虚构。

作为一门实证科学和致用之学，经济学的科学价值首先依赖于它对现实经济运行过程的解释能力和分析能力，依赖于它向人们系统地提供的关于现实经济世界的知识或信息。在这方面，新古典学派的完全竞争模型无疑是一种远离现实的蹩脚的理论体系。下面让我们就某些最重要的方面对这一体系进行考察。

首先，它的一系列关键性的假定与现实相去甚远。例如，信息的完全性便完全抹去了现实经济运行过程在或大或小程度上（视时间视野的长短而定）所具有的不确定性。单就供给调整的不确定性来说，显然，同一市场上的厂商越多，单个厂商就越是难以确切地了解和把握其他所有厂商的调整行为和调整幅度，从而就越是难以把握预期的价格变动。这既适用于在给定生产能力下的短期的产量调整，也适用于长期内的生产能力或投资的调整。虽然孤立的单个厂商无法明显地影响定价，它的产量的变动不会引起可以觉察到的价格波动，但所有厂商的同时调整则会直接引起市场供给总量的变化，从而引起实际价格的上涨或下跌，引起单个厂商的实际需求曲线和平均收益曲线的变动。在这里，对作为一个整体或集合的全体厂商来说，实际价格水平是由它们相互作用的总的结果来决定的（在需求已定时），因而是一个内生变量，且波动不已。

从价格的角度来看，市场均衡只有在如下严峻的条件下才能实现：

$$实际价格 = 预期价格 = 均衡价格 ^{4}$$

换言之，只有当——譬如说——本期的实际价格与厂商集合关于本期的预期价格（可看作各个厂商预期价格的加权平均数）一致，而后者又同理论上的均衡价格一致时，现实世界中的市场才能达到均衡状况。毫无疑问，现实世界中出现这种事件的概率是微乎其微的，甚至可以说几乎等于零。事实上，正如匈牙利经济学家科尔内（J. Kornai）所说的，实际经济生活的持续的趋势不是均衡，而是非均衡。[5] 因此，我们也可以说，新古典学派完全竞争模型的均衡体系关于实际经济运行状态的解释能力几乎趋近于零。

新古典完全竞争模型中的其他若干关键性的假定亦严重地背离了现实。这些假定包括生产要素的完全替代性，供给和需求具有完全的弹性等。以生产要素的完全替代性为例，无论是就短期而言，还是就长期而言，这一假定都是不真实的。在短期内，在技术条件和工艺既定的情况下，各种生产要素的配合比例也几乎是固定的，变动的余地很小，这是不言自明的。在长期内，一方面固然要素配合比例的变更有很大的弹性；但另一方面长期又是由短期累加起来的，作为决定要素配合比例的主要因素的固定资本投资是周期地进行的，在每一使用周期内，要素配合比例也是既定的，同时下一周期的比例变化也取决于技术可能性空间，而不是漫无限制的。因此，就长期内时间序列的平均情况来看，要素配合比例的变化或替代弹性总是有限的，是不完全的，总有特定资源或生产能力的闲置（这一点也可用来反驳完全竞争下厂商长期均衡这一结论）[6]。当然，这种闲置还同不确定性有关。以上分析也可推广到新古典的供给与需求具有完全弹性这一假定，这里就不赘述了。

至于新古典学派完全竞争模型中的原子型市场结构（数目众多的小规模经营者）和凸性生产集合（U 形成本曲线或不存在规模经济）等假定，与现实世界中大部分生产行业的实际情况相去甚远，这也是有目共睹的事实，无须详论。[7]

另外，在同一部门内部的不同企业之间始终存在着成本差异和利润率差异，存在着部分厂商的利润高于部门平均利润的现象。如果仅以在或长或短时期内单个厂商是否能够单独获得同成本差异相联系的超额利润，作为区分完全竞争或纯粹竞争市场与垄断性市场的标志，那么，人们可以说，这种竞争市场实际上并不存在。熊彼特（J. A. Schumpeter）等人正是这样推论的。由于这种推论仍然以新古典的完全竞争概念为基础，故而有着明显的缺陷和将垄断概念泛化的倾向。

新古典学派的完全竞争理论之所以会拒绝这种超额利润的存在，是因为它采用的是静态均衡分析方法，排斥一切会打破这种静态均衡的因素。如果承认竞争过程中同创新相联系的暂时的超额利润的存在，便会导致对静态均衡概念、静态均衡分析方法和整个静态均衡理论体系的否定。在现实竞争过程中，正是这种暂时的超额利润的存在，形成了巨大的创新刺激；而持续不断的创新与创新的扩散，又不断地使资本和生产要素在不同生产部门之间配置的格局发生变化，从而推动了经济结构的变革和社会经济的增长。持续不断的经济变动过程是竞争经济的重要特征之一，新古典的完全竞争理论无法像马克思的竞争理论那样去揭示这一点，从而根本不能把握竞争过程的动态方面——在我们看来，这些动态方面比静态方面更加重要，有着更多的理论意义和现实意义。同时，由于新古典学派否认这种超额利润的存在和与此相联系的部门内企业之间利润率的差异，所以它对部门内的竞争和价格形成机制并未进行足够的考察。

总之，实际竞争过程同完全竞争理论所描述的宁静的田园景色是截然不同的。

随着时间的推移，越来越多的经济学家对新古典学派的完全竞争均衡体系提出尖锐的批评。有趣的是，新古典学派的现代分支之一新瓦尔拉学派，运用集合论和拓扑学等现代数学工具，竭力使新古典学派竞争、均衡和福利三位一体的完全竞争模型在数学逻辑上愈趋完善，结果反而暴露了这一理论的弱点。也许他们得出的唯一具有积极意义的结论是：一般均衡理论在同现实和其他理论成果的对照中纰缪百出，一般均衡存在与稳定的条件极其严峻，新古典教科书是"庸俗化"的。[8]

静态均衡方法不仅使新古典完全竞争均衡模型失去了实证意义，也失去了规范意义。由于它完全忽略了对创新过程的研究，忽略了对马克思所考察的微观积累过程和经济增长机制的研究，它的所谓帕累托效率和资源的最适度分配并不是一种真正的最佳经济运行状态。换言之，它并不是现实经济发展的一种理想的参考系。[9] 现代西方新古典传统的微观经济学，未能像马克思的《资本论》那样从微观层次上展开对经济变动机制和增长机制的考察，不能不说是它的重大的失败。

我们知道，马克思的竞争理论包含着对技术、社会经济组织和经济结构演进过程的说明，包含着对动力机制、创新机制和经济增长机制的考察，所有这些都是新古典学派完全竞争均衡体系无法包容的，并成了现代西方非主流学派经济学家的兴趣的焦点，且大有或迟或早成为西方新的变化了的主流经济学的一个组成部分的趋势。与均衡分析目前所使用的数学工具相比，它们所需要的科学方法和数学工具将更为复杂。另外，新古典学派在外界理论与现实的双重压力下，也被迫从原来的完全竞争体系后撤，不再坚持把完全竞争作为自己的理想。从经济学变更的角度来看，这一行动无疑具有积极的意义。[10]

最后，让我们再从经济思想史的角度对新古典的完全竞争理论做进一步的分析。

若把竞争市场的功能简单地划分为配置功能和创造功能[11]，那么，可以看出，新古典的完全竞争理论在研究范围上仅仅只是注意了配置功能的静态方面，而对动态性质的创造功能则完全采取了漠视的态度。应该说，竞争市场的整个配置机制是由这两种功能共同构成的，实际配置过程发生于变动着的技术和变化着的资源的框架之内。在经济思想史上，对英国古典学派经济学家亚当·斯密和其后的詹·斯·穆勒（James·S. Mill）等人来说，竞争过程的动态性质是当然之理。然而，随着19世纪70年代的所谓"边际革命"的出现和新古典学派作为新的主流经济学的地位的确立，这种动态观点在西方正统理论中逐步消失了。无疑，这是西方主流经济学的一种退化。

此外，新古典学派常常把自己的微观经济学同时看作价格理论。然而，它对实际价格形成机制的研究是极其偏狭的。在它的完全竞争条件下的厂商理论中，价格被看作是由外部给定的，厂商只是被动的"价格接受者"，对价格不会产生直接的影响。关于价格规定的这种说法最初来自法国经济学家列昂·瓦尔拉（L. Walras）。根据瓦尔拉的观点，在从竞争的角度来看组织得很好的市场上，实际交易者（买方与卖方）并不规定价格，他们只是价格的接受者。价格必须通过类似于拍卖过程的程序由另外某人或某个独立的执行机构[瓦尔拉称之为"拍卖商"（Auctioneer）或"经纪人"（Broker）]来定，经由暗中摸索（Tatonnement），以实现市场均衡。但是，这样的机构在现实世界中是否普遍存在，对此，他没有作出任何解释。[12]不言而喻，瓦尔拉世界是一个十足的乌托邦。同时，它不仅同现实世界竞争市场上的价格形成过程相去甚远，而且在逻辑上也是自相矛盾的，即把"完全"竞争市场同时又想象为一种有组织的市场。

以上我们从理论逻辑和研究范围等多种角度，对新古典学派完全竞争理论的严重缺陷进行了分析。毫无疑问，关于这类缺陷，我们还可以开出一长串的"清单"。但对正确地判断这种完全竞争模型是否适用于社会主义经济竞争研究这一点来说，目前的考察已足以说明问题。

我们的结论当然不是说新古典学派的完全竞争理论在一切方面都毫无可取之处，而是说作为一种分析框架，这一理论从总体上看不是合意的、可供选择的出发点。至于某些具体的立论，我们认为，新古典模型对刺激机制和要素流动机制等方面的强调[13]，与古典经济学家斯密和马克思的有关理论在一定程度上有着相通之处，是可以批判地借鉴的。

1.2　马克思竞争理论框架

首先应当说明的是，由于马克思未能完成自己最初的整个写作计划，甚至没有完成《资本论》的写作，所以他生前出版的《资本论》第 1 卷与后来恩格斯根据他的手稿编辑出版的《资本论》第 2 卷和第 3 卷并未专门、全面地研究竞争。[14] 本节讨论的马克思的竞争理论只能是对散见于《资本论》各有关篇章中关于竞争的不完整的论述所作的归纳。

我们知道，马克思在《资本论》中采用了动态分析方法、历史分析方法、微观经济与宏观经济分析的整体方法。这些方法当然也体现在他的竞争理论中。

从经济运行机制的角度来看，马克思对竞争机制的分析，是同对动力机制的分析密切地结合在一起的，并在这种结合的基础上进一步考察了创新机制和积累机制，以及资本和劳动力在不同生产部门之间分配的机制等。

按照马克思的观点，在资本主义社会，由于劳动力同生产资料的分离和生产资料的资本家所有制，工人被迫受雇于资本家，在资本家的监督和管理下从事劳动。作为资本的人格化，资本家的利益所在，他的唯一动机和目的，便是最大限度地吸收工人的剩余劳动和实现资本增值。因此，资本主义生产实质上是剩余价值的生产。另外，商品作为资本主义社会产品的占统治地位的形式这一特征，又使资本主义生产受体现价值规律作用的竞争规律的调节。因此，资本主义经济是在剩余价值规律和竞争规律的综合作用下运行的。或者，更确切地说，在资本主义经济中，剩余价值规律是竞争机制形成和发生作用的一般基础。

马克思更具体地指出，剩余价值生产的重要方法之一，是同提高劳动生产力相联系的相对剩余价值的生产，它是在单个资本家或单个资本主义企业对超额剩余价值（利润）的追求过程中和在竞争机制的作用下实现的。这里涉及的是单个部门内的竞争。这种竞争会使不同生产者的个别价值平均化为统一的社会价值，并"使同一个生产部门内的生产者以相等的价格出售他们的商品"[15]。那些率先进行技术创新和组织创新[16]的资本家的个别价值低于社会价值或市场价格，因而能够通过商品的出售获得超额利润。其后，力图维持或增加利润的内在冲动和竞争的外在压力，也会使其他资本家改进原有的技术或企业组织方式，降低生产成本，最终导致社会价值或市场价格下降。马克思就是这样在相对剩余价值生产和竞争机制的基础上，圆满地解释了经济思想史上的"魁奈悖论"：为什么只是关心生产交换价值的资本家，总是力求降低商品的交换价值。[17]

附带提一下，在马克思看来，在竞争日益激烈的情况下力图获得超额利润或维持原有利润，是刺激企业进行创新的一个重要原因。熊彼特虽然也把创新同来自新技术、新组织形式等方面的竞争联系起来，但他同时又把由创新产生的利润（即超额利润）

同垄断联系起来，以否定新古典学派对所谓"自由进入"局面的赞美。不过，熊彼特的垄断概念仍然是新古典传统的，即把垄断同超额利润（哪怕是暂时的）联结在一起。如果撇开概念定义上的差异，那么可以说，熊彼特关于创新动力的分析与马克思的有关分析几乎是完全相同的。

除了从生产技术、企业组织形式和价值与价格的动态变化的角度考察竞争的作用之外，马克思还从资本再生产和市场结构的动态变化的角度分析了竞争的结果。

剩余价值的资本化即积累，导致资本再生产规模的扩大，这同样是剩余价值规律和竞争机制混合作用的产物。并且，竞争还会导致资本集中和市场结构的变化。马克思指出：单个资本或单个企业之间的竞争斗争是通过使商品便宜来进行的，在其他条件不变时，商品的便宜取决于劳动生产率，而劳动生产率又取决于生产规模。因此，较大的资本战胜较小的资本。此外，随着资本主义生产方式的发展，在正常条件下经营某种行业所需要的单个资本的最低限量提高了，较小的资本挤到那些大工业还只是零散地或不完全地占领的生产领域中去。"在那里，竞争的激烈程度同互相竞争的资本的多少成正比，同互相竞争的资本的大小成反比。"[18] 竞争的结果总是许多较小的资本家垮台，他们的资本一部分转入胜利者手中，一部分归于消灭。因此，随着资本主义生产的发展，竞争成了资本集中和生产集中的最强有力的杠杆之一。[19]

通过不断改进生产技术等手段来延长工作日，提高工人的劳动强度和劳动生产力，以加强对工人的剥削，成了资本家增强自己竞争能力的基础。其结果不能不同时使工人的职能、劳动过程的社会结合和社会内部的分工不断地发生变革，不断地把大量资本和大批工人从一个生产部门投到另一个生产部门，从而使总体劳动力的结构和产业结构持续地发生变化。

一　理论框架与分析方法

以上叙述的主要是马克思的部门内竞争理论。除此以外，马克思还分析了部门间的竞争。

部门间资本（生产者）的竞争，是同部门内竞争、买者与卖者之间及其各自内部的竞争交织在一起的。

市场上某种商品的卖者或生产者的总和构成了供给一方，同一种商品的买者或消费者（包括个人消费和生产消费）的总和构成了需求一方。这两个总和是作为两个统一体、两个集合力量来互相发生作用的，个人在这里只是作为总体的一个原子来发生作用，并且也就是在这个形式上，竞争显示出生产和消费的社会性质。

马克思指出，在买者集合与卖者集合的竞争中一时处于劣势的一方，同时就是这样一方，在这一方中，个人不顾自己那群竞争者，而且常常直接反对这群竞争者而行动，并且正因为如此，使人可以感觉出一个竞争者对其他竞争者的依赖；而处于优势的一方，则或多或少地始终作为一个团结的统一体来同对方相抗衡。例如，若某种商品的需求超过了供给，那么，在一定限度内，一个买者就会比另一个买者出更高的价钱，这样就使这种商品对全体买者来说都昂贵起来，提高到市场价值以上；另外，卖者却会共同努力，力图按照高昂的市场价格来出售。相反，若供给超过了需求，那么，一个人开始廉价抛售，其他的人不得不跟着干，而买者却会共同努力，力图把市场价格压得尽量低于市场价值。再例如，只要一个人用较便宜的费用进行生产，用低于现有市场价格或市场价值出售商品的办法，能售出更多的商品，在市场上夺取一个更大的地盘（市场份额），他就会这样去做，并且开始起这样的作用，即逐渐迫使别人也采用更便宜的生产方法，把社会必要劳动减少到新的更低的标准。换言之，这里将存在着价格竞争和与此相联系的技术竞争。[20]

在竞争的作用下，由于单个买者或卖者的自发行为、市场行

竞争与垄断：中国微观经济分析（校订本）

情和工商业的周期等，社会经济按比例发展的规律表现为事后的、盲目而又不可抗拒的自然必然性，作用于经济活动当事人，市场价格适应于供求关系的变动而波动。这种波动又会对供求关系形成反馈作用，调节着供给量或需求量的进一步变更。具体来说，当某种商品供不应求时，价格会上升到价值以上，这时会有新的资本流入该部门，导致部门供给量的增加和价值的变化，并引起价格下降。反之则价格上升。这样，虽然在任何一定的场合或时点上供求都是不一致的，但它们的不平衡（非均衡）往往会接连发生；而且偏离到一个方向的结果，会引起另一个方向相反的偏离，以致就一个或长或短的时期的整体来看，这种偏离会作为正负数互相抵消，按这一时期的时间系列平均数来看，供求是一致的，市场价格因此会平均化为市场价值。

不过，单个资本作为一种社会权力，具有要求在社会总剩余价值或总利润中取得与自身的大小成比例的部分，即具有取得平均利润的倾向。这种倾向构成了不同投资竞争或部门间竞争的发生器，从而使上述市场运行图景产生进一步的变化：资本会从利润率较低的部门抽走，投入利润率较高的部门。通过这种不断的流出和流入，通过资本在不同部门之间根据利润率的升降进行的分配，在长期内按平均数计算，供求之间就会形成这样一种比例，以致不同的生产部门都有相同的平均利润。这时价值也转化为生产价格，并由后者构成市场价格波动的轴心。马克思这样写道：

"整个资本主义生产过程，都是由产品的价格来调节的，而起调节作用的生产价格，又是由利润率的平均化和与之相应的资本在不同社会生产部门之间的分配来调节的。……在这里，利润不是表现为产品分配的主要因素，而是表现为产品生产本身的主要因素，即资本和劳动本身在不同生产部门之间分配的因素。"[21]

综上所述，按照马克思的看法，竞争是追求各自利益的单个资本或其他经济活动当事人之间的复杂的相互作用，是一个动态的历史的过程，它调节着资本和社会经济资源在不同生产部门之间的分配，引致价格波动，导致生产技术和经济组织结构（企业组织形式、市场结构和产业结构）的不断演进，促进了生产力的发展和社会经济的增长，并在剩余价值规律的作用基础上衍生出资本主义生产过程的一系列矛盾和冲突。

通过以上的考察不难看出，马克思的竞争理论具有深沉的历史感、生动的现实感和巨大的信息载荷量，新古典学派的完全竞争理论则不免相形见绌。

对我们来说，重要的不是马克思的个别结论，而是他的整个分析框架。随着现实经济背景和科学方法的发展，适合于一定历史阶段的经济结论未必适合于另一阶段，况且资本主义经济与社会主义经济具有极不相同的微观基础，因此，不能把《资本论》中的某些具体的结论原封不动地套用到今天的社会主义经济分析上来。实际上，具体结论是否适用于今天的现实，完全取决于它所依存的前提条件如何。例如，马克思在分析部门间竞争机制时，指出平均利润率是在互相竞争的资本家势均力敌的时候出现的[22]，并认为那种在不断的不平衡中持续实现的利润率平均化，在下述条件下会进行得更快：资本和劳动力有更大的活动性，即更容易从一个部门和一个地点迅速转移到另一个部门和另一个地点[23]。由于市场发育不成熟、行政垄断和特定的多重经济结构，在我国目前的社会主义商品经济运行过程中，资金与劳动力等要素尚不能在部门之间和地区之间遵从转换经济结构和改善资源配置效率的客观要求而迅速地流动。因此，在对我国经济的实际竞争过程进行考察时，就必须面对现实，分析以上诸因素对实际竞争的制约作用，并为改善竞争机制提出切实可行的政策建议；而不能满足于生搬硬套《资本论》或一般均衡理论中的某些结论，却不顾这些结论本身的前提条件，不对现实经济运行过程作进一步的研究。

另外，我们之所以决定将马克思的竞争分析框架作为建立中国微观经济学和竞争理论的主要参考系，是因为这一框架包含着对竞争中企业的内部组织结构、动力机制、创新机制和积累机制等方面的考察。中国微观经济运行过程中相应的这些方面，无疑是社会主义经济竞争机制形成和改善的基础，亦是中国经济改革的主要课题，从而也是社会主义微观经济分析的重心。其他任何一种竞争理论的分析框架都不能满足上述理论上与实践上的要求。如果进一步考虑马克思的理论框架还包含着对市场结构和经济结构的演进过程的研究，那么，选择这一框架的益处就更多了。

1.3　垄断：概念与特征

抽象地说，垄断是对竞争过程的限制和阻遏。那么，什么是经济垄断呢？

在国外经济文献中，关于这一概念的定义五花八门，多种多样。同时，不同的人依照不同的定义和不同的价值判断，对其所说的垄断现象或褒或贬，争执不已（事实上，由于定义的明显差异，他们所指陈的常常并不是一回事）。这里当然没有必要将这些定义统统罗列出来。

在笔者看来，在现实世界中，经济垄断是一种涉及多种经济活动领域或活动型式的现象。这些现象的共同特征，是垄断主体（经济活动当事人或经济组织）对市场或相当于市场[24]的层次上的经济运行过程具有较强的控制能力，或者可以采取排他性的行为。从经济绩效的角度看，大部分垄断不可避免地会导致低效率综合征。这些低效率主要包括：①配置低效，它是指使用并不经济的投入要素组合来生产相对于其机会成本[25]来说并不合算的产品；②X低效[26]或组织低效，它是指由于动力不足和缺乏环境压力（如市场压力）等原因而浪费地使用资源，导致产出水平低于应有的潜在水平；③动态技术低效[27]，它是指守成倾向等对技术创新和技术进步过程所造成的消极影响和阻碍作用。

从发生学的角度来看，垄断的产生既可能是特定经济体制下技术方面的因素的作用所致，也可能是纯粹的人为的原因造成的结果。就前一种类型的垄断来说，由于它主要同技术因素有关，同时在短期内这些技术因素的作用不容易发生显著的变化，所以，单纯的体制变革难以直接打破垄断，而只能进一步通过经济发展政策和借助不断的技术进步来逐步改变原有的垄断局面。这种改变是一个艰难的过程，也是长期以来为经济学家们所忽视的一个过程；特别是新古典学派经济学家因其视线受到静态方法的障蔽而不能在理论上接触这一过程。对于目前仍处于经济不发达状态的中国来说，重视并积极地促成这一过程，显然有着极其重要的现实意义。就上述后一种类型的垄断来说，由于它们主要是人为的障碍造成的，因此需要凭借经济体制改革来将其消除。

在后面的有关章节中，我们将主要考察两种具体的垄断形式：行政垄断和市场垄断。

顾名思义，行政垄断是同行政性质的微观经济组织型式相联系的垄断局面。在过度集中的传统的社会主义经济模式中，普遍存在着以党代政（政府）、以政代企（企业）的现象，行政系统几乎包揽了微观层次的一切主要的经济决策，企业和个人有时颇像一些"算盘珠子"，任凭上级管理机构去拨动，基层企业在投入组合、产出组合、供给来源和"销售"对象上几乎不存在任何自由选择的余地，个人在职业和工作地点方面也几乎没有什么自主选择可言，生产资料和消费资料的配额制变成了常规。因此，这种大一统形式的垄断几乎是一种超级垄断。当然，这种垄断在社会主义政权建立初期对巩固政权和稳定社会经济生活有过积极的作用，并且它也是社会主义国家在史无前例的情况下所进行的一种社会规模的"实验"。但这种垄断亦包含着很多消极的因素，造成了一系列最初并未预料到的、严重的经济后果和政治后果。在第2章第2节中，我们将对此进行详细的分析。

市场垄断通常是指少数企业或经济组织排他性地控制要素和产品市场。导致这种状况的主要因素之一是存在着足够高的进入障碍，使其他企业或经济活动当事人的进入行为受到抑制。从动态历史的角度来看，进入障碍是可变的。市场发育越是不成熟，经济系统的开放程度（内部开放程度和对外开放程度）越低，进入障碍就越高；反之则进入障碍越低。从空间经济的角度来看，市场垄断的产生与消除则依赖于经济当事人的活动半径或市场半径，以及依赖于市场容量同单个企业最佳规模之间的对比关系（在一定程度上，这是从另一个角度对进入障碍进行分析）。市场空间越狭小或越带有地方性质，同企业最佳规模相比的市场容量越是极其有限，垄断状况就越容易发生。在我国商品经济发展的现阶段，造成市场空间狭小和市场高度分隔的原因是多方面的。既有生产力方面的原因，如运输系统落后和市场基础结构不发达；也有体制方面的原因，如条块分割的等级制。在后一点上，市场垄断实际上已经同行政垄断形成某种共生关系。因此，可以说，垄断的最终原因是同商品经济不发达联系在一起的。尽管这些垄断局面的打破，不是在一朝一夕之内便可以一蹴而就的，但只要我们能够深刻而又全面地把握其形成和消失的原因，就可以通过有效的对策来自觉地推进这一过程，以促进市场机制的完善和竞争机制的发展。

在现阶段的社会主义商品经济中，由于存在着特定的收入分配机制和刺激机制，垄断的结果更多地是同低效率联系在一起。认为垄断必定意味着存在超额利润，是经济理论中的一种传统的偏见。这种"想当然"式的偏见妨碍人们对垄断行为进行更加广泛的和更加细致的考察，也不利于寻求和确定行之有效的反垄断措施。

市场垄断只是在或大或小的限度内限制或阻止竞争，但不能完全排除竞争。在现实世界中，纯粹垄断和纯粹竞争一样是不存在的，实际特定的市场状况完全处于由这两极构成的连续统一体的某个区间之内。在很多具体情况下，垄断行为与竞争行为之间并不存在一种一眼便可辨认出来的界桩，而是交织重叠在一起，形成一种模糊边界或交集。这种现象必定给有关的理论分析和政策实践带来很多困难。

1.4　基本分析方法

方法之于理论，其重要性犹如舟楫之于水手。

但长期以来，在社会主义经济理论研究中，关于方法论的探讨一直是一个薄弱环节，这势必会影响经济科学的正常发展。事实上在过去相当长的时期内，由于在大部分社会主义国家中盛行着对领袖人物的个人崇拜的风气，权威的理论在很大程度上取代了理论的权威，或者政策即是理论。经济学家们难以进行独立思考，当然也没有必要去研究什么方法论了。

今天大部分社会主义国家正在着手进行经济体制和政治体制改革，这无疑在召唤着社会主义政治经济学新的春天。新的实践呼唤着新的理论，而新的理论必然需要与它相适应的方法论基础。

下面我们将从比较研究的角度讨论某些同本书有关的方法论问题。

（一）实证方法与规范方法

简单地讲，实证方法就是研究经济运行过程实际上是怎样的，借用一个哲学术语来表达，即是它研究的是"存在"问题；规范方法则通常指的是从相对独立的价值判断出发，阐述经济运行过程应该是怎样的。

可以说，《资本论》的研究方法是实证性质的。在马克思看来，社会经济形态的发展是一种自然历史过程，不管个人在主观上怎样超脱各种关系，他在社会意义上总是这些关系的产物。同其他任何观点比起来，马克思认为他的观点是更不能要个人对这些关系负责的。[28] 正是基于这种认识，马克思借助他犀利的理论解剖刀，对资本主义经济进行层层分析，并按照他的独具魅力的理论框架，生动而又系统地向人们展现了资本主义经济运动的图景。资本家只是资本的人格化，而资本则是一种运动。这种运动有其自身的规律。因此，资本主义经济的发展不是取决于任何人的好心恶意或道德情感，而是取决于整个社会经济制度或经济运行机制。把批判的重心放在经济制度上，并主张彻底改变这一制度，这是马克思同完全诉诸理性和正义的空想社会主义者之间的根本区别，也是马克思经济理论的力量之所在。

马克思下面的这段话是对实证方法的最恰当的说明："思辨终止的地方，即在现实生活面前，正是描述人们的实践活动和实际发展过程的真正实证的科学开始的地方。"[29] 经济学是一种理论模型，是对现实的系统描述和分析，作为现实的反映，这种模型的哲学意义上的"真"的程度，完全取决于它在理论上给出的系统不同层次上经济活动主体的行为型式的基本特征，是否同现实中相对应的研究对象的实际行为型式保持着逻辑上的一致性。在这方面，我们难以苟同国外某些数理经济学家所持的那种仅强调保持理论本身的逻辑一致性的观点，而同意科尔内所说的衡量科学理论的"双重标准",即理论本身的逻辑一致性和理论逻辑同现实逻辑的一致性。[30]

传统的社会主义经济学的弱点之一,就是过分凭空地依赖规范方法,以致理论与现实之间往往存在着过大的距离。理论上所描述的是一回事,现实经济生活所显现的则是另一回事;经济理论主体在理论舞台上的"高、大、全"形象同现实世界中的实际角色之间的反差十分强烈。它所指出的一些"经济规律"更像是一些愿望或原则,而不是现实经济运行过程的内在倾向。[31]当经济现实中出现很多问题时,它更偏重于从人们的主观意识或思想上去寻找原因,求助于道德伦理呼吁、"政治号召""思想政治工作"以及非经济强制的行政干预,治标而不能治本。要摆脱理论与实践相脱节或"存在"与"应当"相分离的这种尴尬局面,就必须在社会主义经济分析中真正恢复马克思的实证研究传统,摒弃理论上的臆断虚构,以现实为出发点,并在不断同现实发生碰撞的过程中,来修正和发展社会主义经济理论,避免经济思想上的贫乏僵化。同时保证根据实际条件和实证基础来得出行动规范,制定出切实可行的经济政策和经济改革的长期方案。[32]

总之,从现实出发来展开实证分析,并由这种分析引申出原则或规范,而不是依照没有事实根据的先验规定来迫使现实削足适履,这是真正唯物主义性质的方法。

当然,要保持理论与现实的一致,并不意味着以统计分析为基础的归纳方法才是可行的。实际上,实证研究的进行既可借助归纳方法,也可借助演绎方法。凭借合理的假设和严格的逻辑推理来建立对现实具有较强的解释能力的理论模型,是科学发展的一条重要途径。况且在运用归纳方法时,也常常需要以演绎方法作为补充,对归纳的结果进行分析,并将分析的结果作进一步的推广。另外,在归纳过程中,还时常会出现证据受到污染或观察受到理论沾染的[33]问题。经验证据受到污

竞争与垄断:中国微观经济分析(校订本)

染的最典型的例子，是被调查者或发信者提供经过特殊"过滤"甚或被故意扭曲的信息。而观察受到理论沾染的基本原因则在于，观察（调查）的范围、方法和摄取的内容以及对它们的整理与解释等无不受到观察者的理论背景或知识背景的影响。"世界体系中的每一个思想映象，总是在客观上被历史状况所限制，在主观上被得出该思想映象的人的肉体状况和精神状况所限制。"[34] 当然，在一定程度上这也适用于演绎方法，包括假定条件和推理工具的选择。就这些方面而言，经济学知识无法完全超越个人的性质，不能完全丧失一切人类的特点，尽管经济科学的合理性标准可以随着历史的发展而具体地演化。

很多具有新古典传统的经济学家竭力主张经济学应当成为不受任何主观价值判断影响而保持绝对中立的"纯粹科学"。这种以哲学中的逻辑经验主义的方法论为基础而企图把理论和价值完全割裂开来的极端之论，显然是一种无稽之谈。因为每一种系统的经济理论总是不可避免地包含着自己的价值标准，区别只是在于这些价值标准本身的实证基础如何，是否反映或表达了历史发展的必然趋势。

（二）均衡分析与非均衡分析

"均衡"本是物理学中的一个术语。在经济学中，从更广的意义上说，它指的是经济系统中变动着的各种力量处于平衡因而进一步变动的倾向等于零的那种状态，换言之，在各种外部条件和内部力量保持不变的情况下，经济系统便会"停留"（Rest）于这一平衡状态。在以后的章节中，我们将在这种意义上使用前面不带任何限制词的均衡概念。显然，这种意义上的均衡（它当然不属下面所说的瓦尔拉均衡）不一定是合乎社会效率标准或经济发展需要的状态。例如，当转移能力不足时现有部门的富余劳动力会仍然维持原状，滞留在原来的地方。关于这类均衡状态的形成原因、经济后果和改变条件的考察，对认清现阶段社会主义商品经济运行的特点和制定有效的经济发展政策来说，将具有不可小视的意义。

在经济理论中还有一种含义特殊、影响广泛的均衡概念，即我们在前面提到的一般均衡或瓦尔拉均衡。其主要含义是指：如果在一个经济系统中，对每种物品（产品或要素）需求的总额都等于它的供给总额，从而对每种物品的超额需求皆为零，所有市场都能出清，那么，该经济系统便达到了一般均衡状态[35]。

在本章第 1 节分析新古典学派的完全竞争理论时，我们实际上已经同时讨论了一般均衡理论，因为一般均衡理论所依赖的假定绝大部分也就是完全竞争模型所依赖的假设条件。这里没有必要将这些分析重复一遍。

需要指出的是：

第一，在现实经济生活中，一般非均衡[36]是通则，而一般均衡则是一个概率微乎其微的例外事件。现实经济完全是在一般非均衡状态中运动的，特别是在现阶段不发达商品经济条件下，多重经济结构的存在意味着严重的经济结构失调，对这种失调状态的研究比对并不存在的一般均衡状态的研究要重要得多。我们仅把后者作为一种参考系来对待。

第二，从推理逻辑上看，由于数学处理上的困难，瓦尔拉学派通常把需求背后的人们的偏好趣味，以及供给背后的生产技术、经济资源的存量等，看作外生变量或外生条件；一般均衡的存在，需要以这些条件给定不变为前提。但实际上，这些变量在不断地变更。经济系统则为适应这些条件的变化而变化。这时便出现了一种适应新的条件而转向新的均衡状态的收敛运动。然而，在这种收敛运动尚未完成之前，这些条件又发生了变更，因之引发具有新的发展路线的运动，不断地在半途中改变着经济系统原来的

竞争与垄断：中国微观经济分析（校订本）

运动轨迹。所以，即使在"纯粹理论"上的长期内，一般均衡状况也是无法达到的。

第三，从规范的角度和动态效率的角度来看，合意的经济状态不是一般均衡，而是一定程度上的某种类型的非均衡[37]。

（三）静态分析与动态分析

通俗地讲，没有变化的意思，即指经济的静态而言。静态分析是与上面所说的均衡分析联系在一起的。按照经济文献中惯常的说法，静态分析即是说明什么是均衡状态和均衡所需要的条件，并不论及达到均衡的过程或取得均衡所需要的时间。如果对均衡作广义的理解，那么可以说，静态方法在一定范围内能够成为我们的一种有用的分析工具。

不过，总的说来，进入我们的兴趣中心的是竞争和商品经济发展的动态过程，是阻碍或促进这一过程的各种因素。竞争不仅在静态市场结构上表现出来，而且作为过程而存在。研究经济系统的运动和发展变化，即是动态分析。静态分析则被我们用来对这一发展过程的横断面进行"快速摄影"式的透视，从而服务于动态研究。这样一来，静态分析在我们的研究中实际上已经被赋予了新的功能。

1.5　理论表述形式：评价与选择

我们知道，在理论表述形式上，新古典学派的竞争理论经过长期的精雕细刻，已经获得了系统的数理表述形式。

当然，在一些新古典学派的经济学家看来，数理方法首先是一种研究方法，即依靠公理化的数学体系本身就可推导出各种经济原理和经济规律，构造出整个经济学体系。表面上看来，这一说法似乎很有道理。问题在于，在每一特定的历史时期内，数学工具本身的发展水平都是十分有限的，即使将积累到这一时期的全部数学成果都利用起来，它们能够正确地描述的经济现象也不过是经济现象总体的一个并不可观的部分（如图 1-1 所示，其中集合 A 表示经济现象总体集合，B 表示借助数学方法能确切描述的经济现象，且 B⊂A）。这时，若将这些相对来说并不成熟的数学工具也完全应用到对其余经济现象的研究中去，其结果必定是歪曲而不是阐明同这些现象有关的基本的经济范畴，从而作茧自缚，妨碍科学分析。对于某些经济现象来说，成功地运用数学工具来研究它们，只有在数学工具发展到一定阶段才有可能实现。过早地和过分地利用数学只会画虎类犬，弄巧成拙。这种缺乏实际价值的研究，当然是对经济学家的劳动这类稀缺资源的浪费。经济学家的成果既不能作为实际经济政策的依据，同时由于其数学工具的相对落后也难以成为以后的成功的数理分析的科学出发点，从而既失去了真正的实证意义，也失去了任何规范意义。从理论进化的角度看，这是一种毫无积极成果可言的走弯路行为。

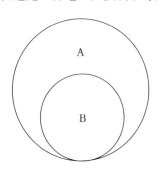

图 1-1　用集合表示经济现象

由上述分析可见，在经济学中应用数学方法的问题，在很大程度上是一个进化发展的问题。[38] 在特定的历史阶段，数理分析不是无所不能的，它始终无法有效地涵盖现实世界经济运行的所有重要的方面。经济学家不应放弃对处于数理分析能力之外的重要的社会经济内容的考察，而把自己的理论思维禁锢在仅以函数关系为基础的数理模型中；不应当为了保持理论模型在数理形式上的精密性而严重地损害模型的现实性，导致理论研究对现实的疏远化。[39] 也许，最佳的理论体系是一定程度的数理分析和某种程度的文字形式的分析二者之间的适当的组合。

在这里，我们无意贬低合理的数学分析的作用。实际研究过程表明，数学工具在经济分析中的合理运用，通常能够提高理论研究的精细程度，得出一些很有价值的结论，从而可以拓展理论考察的深度与广度。正因为这样，我们主张在社会主义经济研究中有前提地广泛运用数学工具。我们只是不赞成随意地编造数理模型，并力主避免那种尚未弄懂用数学语言表达出来的经济学内容以及数理模型所采用的前提的经济含义及其适用性，便浅薄而又糊涂地照搬照抄的行为。

本章前面几节的讨论表明，新古典理论的特定的数理表达形式存在着各种各样的漏洞，同时它所显露出来的对现实研究的范围也是极其偏狭的。

相比之下，虽然从数理分析的角度来看，诞生于 19 世纪 60 年代前后的马克思的竞争理论看起来较为粗糙，会被现代人列入"文字经济学"之列。然而，撇开马克思原有的一些表述在今天也可以采用严格的数理形式这一点不谈，仅从能够不受可以得到的有限的数学工具的约束而自由地表达深刻的经济思想或经济内容的角度来看，马克思大量采取的文字表述的形式又有其巨大的长处。

例如，截至目前，西方正统的微观经济学仍未实现某些西方经济学家早就企盼的理论模型的动态化。而文字形式的动态分析，对明显地受到黑格尔辩证法思想影响的马克思来说，则得心应手，娴熟自如，以至于今天不少西方经济学家仍然对马克思的动态方法赞佩不已。这也同样适用于制度因素的分析。形式主义的经济数理模型一直无法系统地讨论制度因素，故在分析中只能以既定的制度为前提，因而缺乏历史感、现实感和动态感，难以再现实际经济生活的丰富性和生动性，致使理论空洞贫乏，每每陷入老生常谈。如果考虑到社会主义社会是一个不断改革的社会，是一个制度因素与体制因素不断变更的社会，难以包容制度变量的数理模型的局限性便显得更加突出。

再如，具有新古典传统的数理经济学家常常刻意追求形式化，为了保持数学逻辑本身的"严密性"而不得不以理论的准确性（现实性）为代价。[40] 这种滥用数学的"抽象"分析，难免给人们造成一种经济分析是无稽之谈的印象。尽管马克思也主张在能够容许的范围内，撇开某些次要的因素，进行合理的抽象，但从马克思的整个理论分析过程来看，他的这种抽象最终是为了更准确地把握经济系统的深层结构，从而获得对经济现实的完整的认识，达到理论逻辑与现实逻辑在由抽象到具体的各个层次上的一致，而不是向壁虚构，去建造理论乌托邦。因此，我们可以说，马克思的竞争理论是真正的实证经济学，新古典学派正统的完全竞争理论则在很大程度上是虚假的实证研究。

商品经济的发展过程既是社会经济技术结构的更新过程，又是经济组织或经济活动当事人的行为型式不断演进的过程，从而也是包括经济观念、经济心理和文化习惯等因素在内的广义制度（Institutions）的变化过程。社会主义经济改革和政府系统的长期任务，即是不断地建构同经济发展的要求相适应的经济运行机制，包括市场竞争机制，以及与这些机制相适应的社会环境。在很大程度上，现有以静态性质为主的经济数学方法难以胜任对上述以发展为轴心的问题的研究，而应用新的数学工具决非单个人能够计日程功的。正是由于这些缘故，本书将不得不基本采用文字叙述形式。

注释

1. 最高相对收益率导向的资本流动规则的含义是，社会经济系统中哪个部门的收益率或利润率最高，收益率最低的部门的部分资本就会退出原有部门而进入利润率最高的部门。这种转移的最终结果，按照马克思的说法，会形成平均利润率；而按照现代新古典学派的说法，会达到一般均衡。零成本流动的含义则是指在资源转移过程中不存在转移费用。在第 4 章和第 5 章中，我们将根据经济现实来修正这些假定，从而得出很多不同的理论结论和政策含义。

2. 当代西方广义的制度学派的一些著名的经济学家，正是针对新古典学说的这一重大弱点，从各种不同的角度对新古典厂商理论提出了尖锐的批评，并力图用新的厂商理论来取代新古典的传统的厂商理论。例如，马里斯（R. Marris）等人基于资本所有权与管理权分离的事实提出"管理革命"理论（参见 R. Marris, The Economic Theory of "Managerial" Capitalism, New York: Free Press, 1964），威廉森（E. Williamson）等人基于这一事实提出"管理人员目标及其效用函数"理论（参见 E. Wil-1iamson. The Economics of Discretionary Behavior: Managerial Objectives in a Theory of the Firm, N. J.: Englewood Cliffs, 1964）。当然这些经济学家的见解也是瑕瑜互见的。不过，总的说来，他们的理论对打破新古典的教条起了促进作用。另外，应当指出的是，新古典学派在各种挑战的启发下，自 20 世纪 60 年代以来也广泛地展开了对"财产权"问题的研究，形成了所谓"新所有权"理论，并将这一理论运用于经济史和所有权制度演变史的分析（参见 D. C. North, and R. P. Thomas, The Rise of the Western world. Cambridge University Press, 1973）。就确认这种"新的"研究范围来说，新古典学派无疑采取了一种追随性质的行为。

3. "供求实际上从来不会一致；如果它们达到一致，那也只是偶然现象，所以在科学上等于零，可以看作没有发生过的事情。"（参见马克思：《资本论》第 3 卷。《马克思恩格斯全集》，第 25 卷，第 212 页）。

4. 在数量变量上，撇开存货调整问题，这一条件便意味着实际交易

一 理论框架与分析方法

量与厂商的计划交易量或实际产量相一致。

5. 参 见 J. Kornai，Anti-Equilibrium，Amsterdam：North Holland，1971，p. 280。

6. 这种长期均衡的含义是，因为在完全竞争的条件下，要素可以自由流动，厂商数目可以增减，使得如下长期均衡条件得以成立：边际收益＝边际成本＝平均成本。根据边际原则，这里的边际收益即价格水平。在这种条件下，不存在超额利润，不再有新的竞争者进入该部门或原有的厂商退出该部门，于是形成长期均衡状态。自马歇尔（A. Marshall）以来，这种长期均衡理论成了新古典学派的主要教条之一。

事实上，如果说市场系统和经济系统是朝着达到一种长期性的均衡状态而节节前进的，那么也可以说在达到此种状态的中途，由于各种条件的变化，经济系统实际上无法达到原来预想的长期均衡状态。正如美国经济学家杨（A. Young）所指出的："对倾向经济均衡的力量的分析——可以说在任何时点上这些力量都是背离原来途径的——不能展示偏离这种均衡的运动，这种运动的特征是离开先前的趋势。相反的力量不断地战胜倾向均衡的力量，前者比我们通常认识到的还要更加普遍和更深地根植于现代经济系统之中。"（A. Young，Increasing returns and economic progress，Economic Journal，38，1928，p. 528，p. 533）。

7. 在非凸生产集合和存在规模经济的情况下，成本曲线是"L"形的，这时边际成本递减。在这种情况下，若按照新古典学派的边际价格理论定价，即价格等于边际成本，厂商的收益将不能补偿全部生产费用（新古典的"费用"或"成本"包括正常利润）。因此新古典学派如果承认非凸生产集合，将会导致作为其微观经济理论支柱的边际价格和边际生产率理论的毁灭。

8. 参见 F. 哈思：《一般均衡理论》，载丹尼尔·贝尔等编：《经济理论的危机》，上海译文出版社 1985 年版。

9. 熊彼特从创新和经济进步的角度指出："完全竞争不仅是不可能的，而且是低劣的，它没有权利被树立为理想效率的模范"（熊彼特：《资本主义、社会主义和民主主义》，商务印书馆 1979 年版，第 134

页）。英国已故经济学家琼·罗宾逊（J. Robinson）从"不完全竞争"理论出发，指出完全竞争"并不是理想的"，并认为，"自由放任的资本主义，会自然地倾向于对社会产生尽可能大的利益——像这样美妙而天真的理论，经过一番辩论之后，看来是永远不能恢复了；假使能树立一个新的正统观念的话，其复杂与老练程度，将大大不同于旧的正统观念"（琼·罗宾逊：《经济学论文集》，商务印书馆 1984 年版，第 161、164 页）。匈牙利经济学家科尔内则主要从"压力经济"或买方市场的角度，指出静态的一般均衡局面和帕累托最佳标准是不可取的（参见 J. Kornai, Anti-Equilibrium. Amsterdam：North—Holland，1971，pp. 216—217，309—312）。

一
理
论
框
架
与
分
析
方
法

10. 以完全竞争为基础的一般均衡理论存在着大量的缺陷，这一点已经为西方经济学界所公认。如现代一般均衡理论的主要代表人物阿罗（K. J. Arrow）便坦率地承认，以完全竞争为基础的一般均衡框架难以给出很多重要问题的答案，这些问题包括不可分性和规模报酬递增、外部效应和社会成本（收益）与私人成本（收益）的偏离、不确定性和市场失灵等（参见 K. J. Arrow, The Potentials and Limits of the Market in Resource Allocation, in Issues in Contemporary Microeconomics and Welfare edited by G. R.Feiwel, Macmillan, 1985, pp. 107—124）。英国著名经济学家希克斯（J. Hicks）认为，丢掉"完全竞争"，将意味着新古典原有经济理论的大部分的破灭（参见约翰·希克斯：《经济学展望》，商务印书馆 1986 年版，第 2 页）。鲍莫尔（W. J. Baumol）等人则从新古典的自由主义传统出发，提出了可竞争市场理论，并力图用这一理论取代旧的完全竞争模型（参见 W. J. Baumol, Contestable Market: An Uprising in the Theory of Industry Structure, American Economic Review, March, 1982, Vol. 72（1），pp.1—15）。

11. 参见 N. Kaldor, The irrelevance of equilibrium economics, Economic Journal B82, 1972, pp. 1237—1255。

12. 参见 L. Walras, Elements of Pure Economics, London: George Allen and Unwin, 1954（1874）pp.23—91。

13. 此外，新古典微观经济学对需求分析的重视，显然有其合理的因素，同时这也是对商品经济的历史发展和市场运行的要求做出的一种积极的反应。

14. 参见马克思：《资本论》第 3 卷。《马克思恩格斯全集》，第 25 卷，第 219、861、939 页。

15. 马克思：《资本论》第 3 卷。《马克思恩格斯全集》第 25 卷，第 977 页。

16. 关于组织创新或经济组织形式的发展，马克思分析了资本主义发展史上的简单协作、手工业工场和以机器生产为基础的现代工厂制度这三种形式。

17. 参见《资本论》第 1 卷。《马克思恩格斯全集》，第 23 卷，第 356 页。

18. 马克思：《资本论》第 1 卷。《马克思恩格斯全集》，第 23 卷，第 687 页。

19. 可以认为，马克思是最早强调规模经济（其最简单的含义是指由于企业采用大规模生产而使生产过程变得经济合算）的经济学家之一（参见萨缪尔逊：《经济学》上册，商务印书馆 1979 年版，第 42 页）。当然，按照今天的经济现实来看，规模经济并不是没有限度的。根据统计调查得出的 "L" 形成本曲线，也意味着一定时期内最优企业规模的分布不是一个点，而是一个区间，并非企业规模越大越好。由于 X 低效和组织费用（在以后的有关章节中将给出这两个概念的明确定义）以及需求多样化等阻止规模经济的因素的作用，在现代发达资本主义经济中并未出现生产集中长期加速的现象。

20. 参见马克思：《资本论》第 3 卷。《马克思恩格斯全集》，第 25 卷，第 216 页。

21. 马克思：《资本论》第 3 卷。《马克思恩格斯全集》，第 25 卷，第 998 页。

22. 参见马克思：《资本论》第 3 卷。《马克思恩格斯全集》，第 25 卷，第 978 页。

23. 同上书，第 219 页，马克思还认为，劳动力的这种较大的活动性还以"一切生产部门的劳动都已最大限度地化为简单劳动"为条件（显然，这与新古典的劳动是均质的假定有相似之处）。无疑，早期资本主义工业化时，根据技术要求，简单劳动或非熟练劳动在数量上占优势并能顺畅地在不同部门之间流动的情况，难以在今天再现。今天，各产业部门所需要的劳动力在质量上已高度地分层化和专业化，对非熟练劳动需要的比例不是在增加，而是在减少，劳动者在不同职业或部门之间流动的阻力或费用也有逐渐增长的趋势。在理论上确定这种趋势，并在社会主义经济政策实践中为劳动力的职业转换创造适宜的条件，无疑有着重要的现实意义。

24. 采用"相当于市场"一语是为了使笔者的定义能适用于市场体系不完整的传统的集权模式。

25. 机会成本通常是指做出一种选择而放弃另一种选择的实际代价。譬如说，在生产领域中本来会生产的另一种一定量的最佳的商品，就是实际生产的物品的机会成本；确切地讲，机会成本即是按失去的选择集合中的最佳选择来计量的成本。

26. 参见 H. Leibenstein, Beyond Economic Man, Harvard University Press, 1976, pp. 29—47。

27. "动态技术低效"是作者将动态方法引入垄断分析而首次使用的概念。显然，新古典传统的垄断理论缺乏这种动态观点。

28. 参见马克思：《资本论》第 1 卷。《马克思恩格斯全集》，第 23 卷，第 12 页。

29. 马克思：《德意志意识形态》。《马克思恩格斯选集》第 1 卷，人民出版社 1972 年版，第 31 页。

30. 参见 J. Kornai, Anti-Equilibrium, Amsterdam: North-Holland, 1971, ch.2。

31. 参见胡汝银：《无果的花——〈政治经济学教科书〉存疑》。《自学》，1986 年第 9 期。

32. 恩格斯说得好："原则不是研究的出发点，而是它的最终结果；

这些原则不是被利用于自然界和人类历史，而是从它们中抽象出来的；不是自然界和人类去适应原则，而是原则只有在适合于自然界和历史的情况下才是正确的。"（恩格斯：《反杜林论》。《马克思恩格斯选集》第 3 卷，人民出版社 1972 年版，第 74 页。）

33. 这两种观点分别由现代科学哲学家法伊尔阿本德（P. Feyera-bend）和波普（K. R. Popper）提出。对他们的理论的介绍，请参见《当代科学哲学》一书（江天骥：《当代科学哲学》，中国社会科学出版社 1984 年版）。

34. 恩格斯：《反杜林论》，《马克思恩格斯选集》第 3 卷，人民出版社 1972 年版，第 16 页。

35. 在中文文献中关于一般均衡理论的详细介绍，请参见李楚霖和林少宫编写的《微观经济的数理分析导引》一书（李楚霖、林少宫：《微观经济的数理分析导引》，华中工学院出版社 1985 年版）。

36. 这里的"非均衡"的确切含义是非瓦尔拉均衡。在西方经济学文献中，除瓦尔拉均衡之外，还有所谓的"凯恩斯均衡"，即小于充分就业的均衡。另外，我们可以把同普遍短缺或同社会总需求大于总供给局面相适应的"正常状态"，称作"短缺均衡"或科尔内均衡。

37. 在这一点上，我接受科尔内的"压力经济"或买方市场（在这种市场上供给超过需求）的概念，但同时又强调压力经济形成的微观基础（参见胡汝银：《短缺归因论》《经济研究》1987 年第 7 期）。

38. 参见伊·戈·布留明：《政治经济学中的主观学派》下卷，人民出版社 1983 年版，第 74 页。

39. 事实上，产生于 20 世纪 30 年代并被西方经济学界视为经济理论上的一大进步的垄断竞争或不完全竞争理论，同一个世纪以前的库诺的垄断与竞争的理论相比，在数学分析的严密性上要逊色得多。对西方经济学界影响既深且巨的熊彼特的动态理论也完全是非数理形式的。这是"理论进步"与数学应用反方向变化的两个极为典型的例子。

40. 参见 J.Kornai, Anti-Equilibrium, Amsterdam:North-Holland, 1971, A.M. Kamarck, Economics and the Real World, Oxford, Basil Blackwell, 1988。

2 社会主义经济中的垄断

经济垄断通常是特定经济主体对市场或相当于市场的层次上的经济运行过程或这一过程的某些方面的排他性控制。这种控制多半是以经济系统或子系统的进入障碍为基础的，或者以特定的决策权力的集中为前提。这些进入障碍的形成与权力的集中，要么主要是由经济技术原因引起的，要么是制度安排的结果。

作为一种经济现象，垄断的出现自有其特定的历史原因和一定程度的合理性，而它的消极作用也常常随着时间的推移而越发明显。因此，在分析和评价社会主义经济中的垄断现象时，便不能离开历史和现实去作空洞的抽象的议论。

社会主义经济中的垄断在历史上首先是以国家垄断或行政垄断的形式出现的。这种大一统的经济垄断构成了集权型社会主义经济体制的主要特征，并且在社会主义经济系统由集权型体制向分权型体制过渡时期，甚或在过渡之后，又同市场垄断交织在一起，对社会经济运行过程发生着或大或小的影响。

本章的第2.1节，将考察社会主义经济中垄断产生的具体的历史条件，第2.2节和第2.3节分别研究行政垄断和市场垄断，第2.4节则尝试探讨反垄断措施。

2.1 社会主义经济中垄断产生的条件

恩格斯曾经指出："竞争的对面就是垄断。垄断是重商主义者战斗时的呐喊，竞争是自由主义经济学家厮杀时的吼叫。"[1] 在资本主义经济发展史上，垄断最初主要采取商业垄断的形式，它作为商业革命的产物和重商主义政策实践的重要措施，同国家干预和国家保护融为一体，摧毁了自给自足的农业经营，带来了生产组织的变化，廓清了国内封建割据状态，粉碎了阻挡商业发展的种种中世纪羁绊，加速了国内贸易和对外贸易的扩张，促进了商业资本的积累，在建立统一的强盛的民族国家过程中发挥了巨大的作用，为日后的工业资本主义的发展铺平了道路。随着18世纪后期生产领域中工业革命的推进，国家对社会经济运行过程的种种操纵和管制越来越束缚和阻碍了经济的迅速发展，从而被逐步取消和废除，自由贸易与自由竞争体制开始确立了自己的主导地位。[2]自由竞争过程中工业资本主义的进一步成长导致生产集中和资本集中，形成私人垄断，并在新的国家干预主义的政策实践基础上产生了资本主义的国家垄断。近年来，在美国、英国等发达资本主义国家中又出现了国家垄断再次被削弱的迹象：国家放松对经济运行过程的管制，某些国有企业被私有化。与18世纪后期第一次放松国家管制时的情形不同的是，这次放松管制的直接结果是银行和公司等经济组织的兼并与资本集中的发展。由此可见，在资本主义经济中，私人垄断与国家垄断往往同时得到发展，它们的继绝消长过程曲折而又复杂，以致我们难以对它们今后的发展轨迹作出确切而又全面的预测。

如果说在资本主义发展的最初阶段，垄断的产生服务于当时的资产阶级民族国家的政治统一和经济发展的需要，那么，同样可以说，社会主义经济中垄断的出现首先是无产阶级革命胜利的产物，是新生的社会主义国家出于国内外政治斗争和经济斗争的需要而采取的措施，因此它一开始即在更大的范围内以国家垄断的形式出现。

俄国十月社会主义革命胜利以后，面对着国内反动阶级的叛乱和外国的武装干涉，新生的苏维埃政权采取了实行国家垄断的坚决措施。列宁在1918年3月的一篇文章中指出，在同资产阶级斗争的新阶段，苏维埃政权的当前任务之一，就是"巩固并且调整那些已经实行了国家垄断的事业（如粮食垄断、皮革垄断等），借此准备实行对外贸易的国家垄断；没有这种垄断，专靠缴纳'贡款'，我们就不能'摆脱'外国资本的羁绊。而社会主义建设是否可能，就全看我们能否在相当的过渡时期内，用向外国资本缴纳某些贡款的办法来保护自己国内经济的独立"[3]。从那时起，对外贸易的国家垄断，便成为苏联既定不移的国策。我国人民民主革命胜利后，由于当时还存在着多种经济成分，国家没有实行对外贸易垄断，而是实行了对外贸易的国家统制。其后，随着生产资料私有制的社会主义改造的完成，我国的对外贸易实质上采取了国家垄断的形式。

除了对外贸易的国家垄断外，不同的社会主义国家在其不同的发展时期，在国内经济活动的大部分领域也实行过国家垄断。如前所述，苏联在军事共产主义时期，实行过粮食垄断和皮革垄断。实际上，当时在生产遭到破坏、物资极端匮乏、一切商品交换都被取缔的条件下，苏联一切产品的流通都是实行国家垄断的。直到新经济政策开始，恢复了城乡间的商品生产和商品交换，国家垄断的范围才逐步缩小。我国从1954年起，在很长的时期内实行粮食、棉花、油料、布匹等商品的统购统销，也即是对这些商品的经营实行国家垄断。党的十一届三中全会以后，才逐步取消了这些商品的统购统销。

无疑地，社会主义经济中的这类国家垄断，都是在特定的条件下实施的，当时它们在诸如保证社会安定和经济稳定等方面起过一定的积极作用，有利于新生的革命政权的巩固和国家的独立。然而，若把特定条件下的必要性一般化，认为社会主义经济中的垄断只有积极作用，没有消极作用，显然是与事实相悖的。

列宁在分析资本主义垄断时说："这种垄断也同其他任何垄

断一样，必然要引起停滞和腐朽的趋势。"[4] 列宁的这一论断是从对资本主义垄断的理论分析中引申出来的，当时世界上还没有出现社会主义经济制度，因而不可能是就社会主义经济中的垄断而言的。但是，从逻辑上推断，"任何垄断"无疑也包括社会主义垄断在内。当然，关键问题不在于逻辑推演，而在于社会主义建设的实践业已证明，社会主义经济中的垄断，确实也不可避免地要引起停滞和腐朽的趋势。

2.2　行政垄断

在现代经济学文献中，垄断通常是指市场（要素市场和产品市场）垄断。但在传统的高度集权的社会主义经济体制中，还存在着一种特殊的垄断——行政垄断。

在 2.1 节，我们实际上讨论了这种行政垄断产生的一般背景和部分内容，本节将对行政垄断本身展开分析。

什么是行政垄断呢？

我们知道，在传统的集权体制下，中央通常以无所不包的计划指令，既控制着宏观经济变量，又控制着微观经济活动范围。特别是在微观层次上，国家对企业实行财政统收统支，产品统购统销，劳动力和物质技术统一分配等办法，直接统制企业的投入和产出，从而统制着整个社会的生产和流通，形成了一种绝对垄断的局面。这种垄断基本上是通过行政手段和具有严格等级制的行政组织来维持的，为了便于同一般的市场垄断相区别，我们把它称为行政垄断[5]（显然，这种垄断同资本主义经济中的国家垄断之间也有很大差异）。

建立这种大一统的行政垄断的主要理论逻辑是：国家的详尽的指令性计划体现了全社会的需要,能够更有效地组织社会生产，因此，为满足社会需要而生产的企业必须也必然成为这种指令性计划的执行者。

从实践中可以看到，贯彻指令性计划的要求和国民经济活动的复杂性决定了集权体制中经济系统联系的纵向等级形式，并由此产生了企业和其他各级管理组织的主要目标——完成和适当地超额完成计划指标。这样便产生了大一统的行政垄断所固有的一些弊病。举其要者如下：

1. 资源配置效率低下

在大一统的行政垄断中，根本不存在竞争性的市场机制，形式上存在的商品货币关系完全是消极的，实物单位构成了经济计划的基础[6]，价格一般是由政府的物价部门（如物价局）以主观的行政的方式机械地直接规定或批准的，而不是通过客观的、横向经济运动灵活地形成的。在价格形成过程中，政治上的考虑、以往的价格水平和收入再分配[7]等因素往往处于主导地位，从而存在着普遍的价格扭曲和价格僵化。这种扭曲的固定的行政垄断价格无法构成供求平衡的摆轮，它所发出的错误信号不可能成为合理分配资源和组织社会生产的指示器。扭曲的价格导致扭曲的成本和扭曲的效益，导致扭曲的供给和扭曲的需求。社会因此缺乏科学的计算效率的标准和分配社会资源的手段。[8] 特别是在微观层次上，企业不能确定真实成本最低的生产要素组合和合理的要素替代，不能决定最优的产品组合和产出数量。企业经济核算有名无实，谁也不知道究竟是盈利还是亏损，更不知道这种盈亏的确切程度。这样，一方面会滋生上级管理部门对企业生产"瞎指挥"的风气；另一方面，企业亏损与经营失败的责任模糊难辨，即不能分清它们究竟在多大程度上是由价格扭曲、效率扭曲和计划失误等"外部原因"造成的，在多大程度上是企业本身经营不善的结果，社会因此缺乏考核企业绩效的合理标准。同时，在这样的情况下，中央管理机构不能客观地对不同部门之间的经济效益进行比较，不能根据各个部门的实际收益率和盈利率来准确地判断

2 社会主义经济中的垄断

和识别社会经济结构的平衡状况或失衡程度，从而不能制订出全社会的哪怕是静态性质的最优经济计划。

由于决策权力的过度集中和经济责任机制与政治体制不完善，在这种几乎无所不包的行政垄断中，中央决策者和企业主管部门往往按照其"长官意志"来确定优先发展的部门和投资项目等，故此存在着较高的决策失误概率，造成了巨大的人力、物力和财力的浪费。或者，高层领导人的政治偏好代替了社会经济发展的需要，同经济发展和效率原则相悖的政治标准一再左右着国民经济的运行过程，使这一运行过程每每出现波折，难以持续稳定地发展。整个国家和社会经济的兴衰沉浮往往系于一个或几个领导人身上，因而存在着巨大的政治风险和经济风险，带来了极其严重的社会后果。我国的"大跃进"和"文化大革命"是这方面最典型的例子。

另外，与这种行政垄断相一致的，是经济系统处于条条块块递阶分割的状态，经济系统各个层次上平行的经济组织之间相互隔绝，各个经济组织内部自给自足的自然经济倾向极为明显，重复投资，重复设厂，普遍存在着大而全、小而全的自我封闭体系。这种横向分隔难以产生发达的现代分工，无法利用规模经济，使得经济要素不能在企业之间、部门之间和地区之间充分地流动，导致社会经济结构僵化和严重的结构失调。

2. 生产与需要严重脱节和生产者对消费者关系的疏远化

在等级制中，社会计划指标的确定，或者完全以中央管理机构和高层领导人的主观设想为根据，然后再向下层层"压指标"，或者也参照来自下面的旨在争投资、争项目、争物资的被故意扭曲的信息。由于缺乏合理的信息基础和有效的信息传递机制，社会计划难以真实地反映社会需求，从而在或大或小的程度上不可避免地同现实脱节。

在行政垄断的等级制下，作为单纯的计划执行者的企业，其

竞争与垄断：中国微观经济分析（校订本）

"成绩"或"成功指标"（success Indicators）[9]便是计划的完成情况。缺乏经营自主权的企业只向自己的主管部门和中央负责，而不直接向用户或消费者负责。企业在生产中必须且必然看着上级下达给它们的计划，把完成计划放在首位，而不会优先考虑消费者的需要和实际要求。当消费者的要求与计划内容不一致时，不管这种要求多么合理，在通常情况下也会遭到生产者的冷遇、拒绝或有意的忽视。当生产出来的产品无人问津时，只要计划不修改，企业仍然会照常生产，并在超额时通常会受到鼓励；商业部门仍然会照常进货，哪怕这些货物会积压在仓库报废；有关计划完成的统计和报道仍然肯定"形势大好"。为什么会产生这种漠视消费者需要、为生产而生产的倾向呢？原因之一是，这样做可使生产企业避免去冒因完不成计划而受到批评和惩罚的风险。更加严重的是，生产者还往往巧妙地利用计划指标体系中的内在矛盾和弱点，在损害质量等难以完成也难于在统计数字上显示出来的指标的同时，突出地完成产量和产值等易于达到、也易于在统计上标示出来的指标。[10]其结果是，产品质量次，消耗高，规格少，品种单一，难以适应消费者的多样化需求，以致出现一边是企业"超额"完成计划生产任务，一边是市场上很多货架空空如也、有价无货的局面。

2 社会主义经济中的垄断

3. 组织低效

行政垄断不可避免地导致低效率综合征。这些低效率的类型包括配置低效、组织低效和动态技术低效。前面已经广泛地分析了配置低效，现在让我们重点分析组织低效。

组织效率在很大程度上依赖于内部动力、刺激机制和经济管理体制。

在集权体制下，从总体上看，劳动者的动力不足，经济系统的刺激机制极不完善。虽然从理论上说，劳动者是国家和企业的主人，并且，在革命政权建立初期，人们普遍具有较高的工作热情，但在集权模式的一系列政治因素和经济因素的持续作用下，劳动者的主人翁精神和工作热情实际上是逐渐减退的。取而代之的，是相当一部分劳动者缺乏主人翁意识，缺乏内在动力，工作马虎、懈怠和不负责任。具体地说，造成这种状况的重要原因包括：

第一，不存在合理的资产责任机制。这样，例如对一个在全民所有制企业工作的劳动者来说，公有物资损失或浪费1千元、1万元，甚至几十万元、几百万元，他个人的利益会受到多大影响呢？事实上，在绝大部分情况下，这种影响是难以直接感觉出来的。既然如此，当然不会有什么经济动力去避免这种损失和浪费。并且，假如他是这种损失和浪费的间接责任者，当这种浪费为他带来的其他利益或效用大于这种浪费本身分摊给他的直接损失时，这种浪费便对他具有足够的诱惑力，在不存在强烈的非经济约束的情况下，他便倾向于选择会造成浪费的行动方案。

第二，个人的劳动报酬与他的劳动成果或生产率没有显著的直接联系，也就是人们通常所说的报酬与成果"脱钩"。在集权体制下，价格扭曲导致效率扭曲，有些部门的利润太高，有些部门则陷入全行业亏损的局面，即整个部门的所有企业都出现亏损[11]，使得不同部门的企业之间的相对经营效果难以得到客观的公正的评价。在同一部门内部，由于大量的行政干预和投资决策权力完全集中在企业的上级管理部门的手中，频繁的干预失误和投资决策失误，出于单纯的政治需要而建立的工厂的存在，很多没有经过科学论证的"拍脑袋"项目的上马和停产，都会在不同程度上影响企业的经济效益，甚至使一些企业"先天不足"，从而也使得同一部门内部不同企业劳动者之间的相对经营效果难以得到合理的评价。以上两方面的因素必定会形成劳动者收入分配上的平均主义的压力，拉平不同部门、不同企业之间的劳动者收入，并促使这种收入分配方式拓展到各个企业内部，最终造成"干多干少一个样，干与不干一个样"的局面，导致对工作效率的"负刺激"。效率低的劳动者以效率高的劳动者为代价，获得与后者相同的或相近的收入。这无异于是对前者的奖励和对后者的惩罚。[12] 在这种负刺激效应的长期作用下，很多劳动者的工作热情和工作干劲必定下降，工作懒散、懈怠的现象必定增多。

第三，"铁饭碗"式的就业制度。这种制度使得劳动者一经正式就业，就可获得绝对的职业保障，不存在就业竞争，不必再担心被辞退，劳动纪律自然会松懈下来，工作时漫不经心、吊儿郎当。

第四，长期性的消费萎缩。集权模式往往采取以量取胜的宏观战略，为了保证社会经济的迅速增长，注意力主要集中在积累重工业发展所需的资金上，对农业等部门往往实行竭泽而渔的政策。这些政策同其他因素一起，造成了严重的经济比例失调，使消费资料生产的发展受到抑制，劳动者的低标准的消费水平难以提高。长期沉重的生活压力使劳动者不堪负担，使他们对工作和生活的满意感渐减，工作的内驱力因此下降。

此外，诸如权力过度集中，以政治思想教育代替合理的经济政策的做法，忽视劳动者各种需要的强制命令式的管理方式及其相应的人际关系型式等因素的消极作用，也会随着时间的推移越来越明显地表现出来，弱化劳动者的归属感和向心力，弱化他们的群体意识和群体动力，从而无法持久并充分地调动劳动者各方面的积极性。

就企业和经济系统的管理效率而言，首先，决策权力过分集中以及缺乏合理的责任机制，无疑为各种各样的轻率决策提供了机会和刺激。其次，指令性计划系统的特殊的行为规则和相应的由上级部门任命下级和企业的管理人员的做法，产生了下级单纯地听命于上级和取悦于上级的倾向。企业管理人员不是对企业经营的成败负责，而是对上级负责；他们的许多精力不是花费在如何提高本企业的经营效率上，而是花费在仔细揣摩和贯彻上级的意图，疏通同上级的关系上。即使上级的决策明显失误，他们通常也会唯唯诺诺地去执行，或者不得不去执行。不这样做，他们就必须冒随时失去自己的管理职位的风险。当接触到非常规性的决策时，便层层请示，消极地等待上级的批复，不敢越雷池半步，并因此而常常错失经营良机。最后，在大一统的集权管理体制中存在着巨大的管理规模不经济。包揽一切的指令性计划管理方式，一方面使上级管理部门事务成堆、公文成堆，紧张得喘不过气来，穷于应付多如牛毛的日常琐事，往往在对具体条件了解很少的情况下匆忙地和武断地做出很多重要的决策，不可避免地降低了决策的质量，另一方面又使责任机制和动力机制受到损害，扼杀了下级的主动性和创造力，使下级自主活动空间极其狭窄。同时，由于对经济运行过程的管理和统制过多、过细，政府管理机构十分庞杂和臃肿，给决策活动和其他经济活动的协调问题带来了巨大的困难。各种机构叠床架屋，并且高度分隔，横向信息交流贫乏，决策链条过长，程序过分复杂，繁文缛节过多，办事效率低下。企业若打算进行一项投资，首先就必须使这一项目得到所有有关部门的批准，以致要通过几十道环节，必须获得几十个部门的批准，且每个部门都有否决权，都可以拖着不办，都可以没完没了地相互推诿和不断地扯皮。由此产生的重重阻力给企业经营增添了各种各样的困难，挫伤了企业和下级的热情，使他们对很多问题望而生畏，多一事不如少一事，尽可能地避免去"自找麻烦"。

4. 守成倾向与动态技术低效

在集权体制中，企业缺乏足够的创新动力，创新机制极不完善。

这种状况首先牵涉到指令性计划的"有效边际"[13]问题。

我们可以发现，在社会经济运行过程中存在着两类性质不同的经济活动：常规性的经济活动和非常规性的经济活动。当然，在现实生活中，这两类性质的经济活动或多或少地叠织在一起，从而形成一个连续统一体。

常规性的经济活动是重复和例行的经济活动。它们的特点即是重复性。有关这类活动的决策可借助一套例行的程序来进行。[14]

非常规性的经济活动则是过去没有出现过的经济活动。它们的特点，在它们的结果具有不确定性和缺乏完全的可预见性这一点上充分地表现了出来。由于结果的不确定性，这类活动所消耗的人力和其他经济资源也是不确定的。有关这类活动的决策难以借助一套例行的程序来进行，而必须寻求前所未有的处理方式和开创新的途径。

由于非常规性活动的结果和费用常常带有很大的不确定性，因此难以普遍地纳入企图无所不包的指令性计划轨道。或者换一种说法，在力图包揽一切的指令性计划体制下，会出现常规性活动替代或排挤非常规性活动的趋势。因为相对地说，常规性活动比非常规性活动更适宜于指令性的计划，更适宜于事先安排和控制。很明显，企业和经济系统的创新活动属于非常规性的活动。这种创新活动是指令性计划的一大难题。显然，在集权体制下，企业也常常奉命创新，但更多的创新机会是计划机构所无法了解和无法捕捉的，它们必定处于计划者的视野之外，难以进入计划范围。所以，我们似乎可以说，传统的指令性计划技术会排斥创新，趋于守成；它无法使创新成为企业和整个经济系统的一种经常性的趋势。保证这种经常性的趋势的存在，显然超出了指令性计划技术的能力，超出了这种计划技术的有效边际。在指令性计划体系下，很多甚至已经试制成功的新产品长期只能停留在样品、展品阶段，仅能用来装潢门面，而不能正式投入批量生产，也更直接和更有力地证明了这一点。

集权经济的守成倾向还牵涉到它的动力机制问题。

在集权体制下，企业的成功指标便是它们的计划完成情况。同时从动态上看，由于棘轮效应，企业下一期的计划指标是以本期实际完成的指标为基础的，本期完成的指标越高，下一期的计划指标也越高，反之则相反。无论是节约投入或增加产出的工艺创新，还是产品创新，都需要企业做出额外的努力，承担一定的会影响到计划完成情况的风险，克服所遇到的各种困难。而创新实现之后，企业并非总能得到应有的鼓励，只是日后完成计划的难度增大了。相形之下，采取守成的行为型式则可省去这些麻烦，除非创新可以很容易地实现，或者上级计划中包含了硬性的创新任务。普遍守成的结果，导致生产技术落后，工艺陈旧，设备陈旧，技术标准陈旧，原材料消耗高，产品质量低劣，"几十年一贯制"，规格品种不对路，大量滞销积压。[15]

因此，总的说来，在大一统的行政垄断中，企业倾向于守成而尽量避免创新。内在创新动力不足，是集权体制下技术进步迟缓、经济效率过低的重要原因之一，也是大一统的行政垄断的内在特征之一。

5.严重的物资短缺

这种短缺在一定程度上是前述低效率综合征等因素作用的结果。[16]它在消费品领域表现得特别明显。不仅个人的发展资料和享受资料严重地生产不足，而且基本的生存资料也供给不足。粮食、食用油、布匹、棉花、住房等实行严格的配给制度，很多商品都必须凭票证购买。在我国，这种票证最多时曾达 100 多种。[17]某些非配给的生活用品也非常缺货。市场上偶尔到货时，顾客排成"长龙"抢购，货物很快便销售一空。某些紧俏商品则被商店职工以"走后门"的方式私下售给"关系户"，普通顾客只能对这些商品羡慕兴叹。

普遍短缺造成了"皇帝女儿不愁嫁"的局面。工厂粗制滥造，忽视产品质量，也不必讲求节约和降低成本。面对顾客，售货人员抱的则是"要买就买，不买拉倒"的态度，横眉立目，冷漠粗暴，顾客在没有购物选择余地的情况下不得不忍气吞声。因此，在行政垄断下，不仅产品质量差，服务质量也极差，难以满足顾客的需要（包括心理需要）。

有必要指出，在我国目前的经济体制转轨时期，上述行政垄断还只是在一定程度上被破除。这种破除主要是通过减少中央政府机构的控制或干预来实现的。同时，值得注意的是，在中央干预减少的同时，地方政府的干预在很多方面并未减少，甚至还有所增加。以行政区划和地方政府追求其财政收入最大化目标为基础的行政壁垒，不但没有削弱，反而加剧了以往体制中的重复投资、重复建设的倾向，进一步肢解统一的全国市场，阻止资金、技术、熟练劳动力在地区间流动，妨碍跨地区的分工协作的发展。例如，有些地方政府为了防止"肥水流入外人田"，用行政手段强行在本地区为企业指定经营伙伴或协作单位，规定特定的进货渠道和销货渠道，采取内外有别的双重市场制度（对内优惠，对外歧视），甚至实行赤裸裸的地方保护主义措施，等等。我认为，在削弱竞争性市场机制的前提下，中央政府控制的减少和地方政府控制的增多，将会加重市场分隔的程度，形成"地方割据"式的行政壁垒，并会对改善社会主义经济运行机制产生某些否定的结果。[18]

2.3　市场垄断

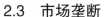

第 2.2 节讨论了行政垄断，本节将考察市场垄断，分析这种垄断的成因及其经济后果。

广义的市场垄断即是经济活动当事人或经济组织对市场运行过程的排他性控制。这里所说的市场，按照现代经济学的一般定义，包括生产领域。因此，广义的市场垄断也包括生产垄断。虽然在现实经济生活中，我们可以进一步做出生产领域的垄断（生产垄断）和流通领域的垄断（狭义的市场垄断）这样的区分，但由于生产领域最终也要表现为狭义的市场垄断——虽然逆命题不一定能够成立——故在这里我们不再对它们进行细分，而直接用广义的市场垄断（以下简称为市场垄断）来概括它们。

在理论上如何测度市场垄断呢？或者说市场垄断的决定要素或形成条件[19]是什么？

为了获得较为全面的认识，了解一下西方经济学界围绕这一问题展开的争论和资本主义经济中垄断条件的变化过程是非常必要的。

在西方经济学主流学派的传统理论中，独家经营即是垄断，生产集中程度或市场份额[20]这一市场内部条件成为市场势力（Market Power）或垄断力量的标志。

随着现代产业组织经济学的发展，这种观点受到了越来越强烈的挑战。

被视为产业组织经济学之父的贝茵（J. S. Bain）首次对"潜在竞争"（Latent or Potential Competition）和进入障碍（Barries to Entry）这些市场外部条件进行了系统的研究。[21]潜在竞争是来自市场外部可能的新卖者的竞争[22]，它使得市场内已有企业的行为接近于发生实际竞争时的行为。即使这时的市场内的企业是独家经营者，市场结果也会如此。贝茵认为，进入条件与潜在竞争状况是等价的。决定进入条件或进入障碍的因素，涉及规模经济、产品差异优势和绝对成本优势等。进入障碍越低，潜在竞争便越激烈，市场内已有企业的行为也越偏离拥有市场势力的垄断行为。

在对潜在竞争和进入条件做进一步的研究时，鲍莫尔等人提出了可竞争市场（Contestable Market）的概念。[23]按照鲍莫尔的定义[24]，可竞争市场是这样的市场，在该市场上，若进入者的索价在稍低于已有企业的索价的情况下能获得超额利润，市场均衡便不可能实现。市场的可竞争性的具体含义是：相对于已有企业而言，进入者在成本、生产技术和产品质量等方面都不会处于劣势。可竞争市场具有如下性质：①由于自由进入和自由退出，不存在超额利润；②处于部门（产业）均衡状态的生产不存在任何类型的低效；③在两家以上企业销售同一商品的情况下，长期均衡价格恰好等于边际成本。可竞争市场内的已有企业可以是独家经营者，但市场的可竞争性使得它并不具有市场势力或实际的垄断力量。与贝茵的观点不同的是，鲍莫尔否认规模经济和固定成本是进入障碍，坚持只有滞留成本[25]才阻止进入行为。

如何评价西方经济学家的上述争论呢？

我认为，垄断的形成条件是同市场的发育程度或商品经济的发达程度联系在一起的。商品经济越发达，社会经济系统的开放程度越高，生产要素越是易于在不同产业部门之间流动，特定部门的进入障碍越是易于克服，垄断局面也越是难以形成和易于消除。反之，商品经济越不发达，资金市场、要素市场和劳动力培训与再培训系统越是处于落后状态，自由进入不同部门所需的资金、技术、劳动力和物质资料就越是难以获得，垄断形成的可能性也越大。

具体来说，在资本主义经济的早期阶段，各个部门所需要的劳动是不必经过特殊训练的简单劳动，创业资本额也较小，规模经济不显著。这时几乎不存在什么进入障碍，生产的集中程度也较低，垄断的形成条件在一般的产业部门中并不存在。这时的经济基本上像马克思在《资本论》中所描述的那样，是一种自由竞争的经济。

一方面，随着技术的进步和生产的发展，规模经济的趋势得到加强，创办企业所必需的最低限度的资本额增大，不同部门的专业化程度进一步提高。另一方面，这时社会经济的发展还不足以形成发达的教育系统和劳动力培训系统，不足以产生较为完善的技术创新和技术转移机制，大公司多样化经营的局面尚未形成，范围经济[26]仍未产生，强化垄断的因素增多，自由进入各产业部门的障碍在数量上和高度上增加。在存在着较高进入障碍的情况下，生产与市场集中率成为市场势力和垄断力量大小的标志。

社会经济的进一步发展导致某些相反的趋势出现，以及导致削弱垄断的力量增大。教育和科研的发展，使潜在的进入者更容易得到进入新的市场所需要的技术和人力，在某些情况下，拥有重要发明和创新的新进入者甚至能取得对市场内原有企业的技术优势、产品优势和成本优势。这时，筹措创业资金等方面的困难也减小了，发达的资本市场使资本更容易在不同部门之间全面地流动。原来的某些构成进入障碍的因素（如规模经济），这时便不再能起阻止新竞争者进入的作用。

在上述整个经济发展过程中，进入障碍是不断变化的，垄断形成条件的组合也是如此。这种状况必定会反映到理论研究上来。在进入障碍较高、较多的阶段，集中率成为垄断研究者的注意中心。随着时间的推移，进入障碍本身成为产业组织经济学家的主要研究课题。同时，由于进入障碍本身的变化，不同时期的产业组织经济学家对进入障碍的构成要素也有不同的认识。因此，可以说，这些不同时期研究者的理论具有不同的适用范围，它们都有着自己的片面性，但它们又在一定程度上是互补的。只有将它们综合起来，才有可能全面地去把握商品经济不同阶段垄断的形成条件。就理论的片面性而言，需要强调指出的是，只有在进入障碍足够高的情况下，集中率才能作为市场势力和垄断力量的标志。集中只是垄断形成的必要条件，高进入障碍才是垄断形成的充分条件。传统的经济理论将集中与垄断等同起来，显然是片面和错误的。这种简单的等同，也不利于寻找真正有效的阻遏和消除垄断的手段。

不同的民族国家，往往并不处于同一商品经济发展阶段，它们各自的市场进入障碍组合也因此而不同。经济理论在很大程度上是问题导向的。各国的市场进入障碍组合不同，研究这些组合的理论及其政策含义也各不相同。它们带有明显的历史色彩和民族色彩。[27] 故此，在研究社会主义经济中市场垄断的具体成因时，不能不加分析地照搬来自不同国度的理论模型。

我国是一个发展中国家，目前尚处于社会主义初级阶段和经济体制模式转换时期，进入市场的障碍特别多，也特别高。这些障碍既有经济技术方面的，也有人为的（如行政壁垒）。它们必然是我们注意的中心。在后面的有关章节中，我们将对这些进入障碍展开系统的考察，以全面地评估它们对竞争过程的影响。

另外，在分析垄断的形成条件时还需要指出，在社会主义经济中，当存在着总需求水平经常性地大于总供给水平的市场态势时，几乎大多数生产者都会在市场上取得准垄断地位，在市场交易过程中具有较大的控制市场的能力。并且，这种局面所造成的结果，会比总需求经常性地小于实际总供给水平时的真正市场垄断所产生的结果更为糟糕。下面，我们将对此进行简略的分析。

就价格方面而言，在这种市场态势下，西方微观经济学中为人们所熟悉的寡占市场上企业（厂商）的向下拗折的需求曲线将不会出现，而是相反。按照拗折的需求曲线理论，当一家企业降低价格时，竞争企业会很快随着降价，因为它们要维持市场占有率；反之，当一家企业提高价格时，竞争企业并不想跟着涨价。于是形成了一种共同削价但不共同涨价的局面，使得独立涨价的企业会大量失去市场，而降价时增加的收益却有限。因此，单个企业所面临的需求曲线，是一条上段平缓而下段陡峭的曲线。然而，在总需求经常性地超过实际总供给水平的情况下，通常的情形却是共同涨价而不共同削价：在涨价时，企业会竞相攀比，相互追随，唯恐落在后面；在削价时则往往相反，一家企业削价，其他企业并不立即采取相应的行动，这样，价格便在下降方向上颇具刚性。造成这种状况的原因在于，普遍的供不应求和短缺使得涨价者能够增加货币收入但不会减少市场份额和销售量，削价者会减少货币收入但不能显著地增加市场份额和销售量。这种普遍短缺条件下的共同涨价而不共同削价的市场行为，构成了经常性的通货膨胀（公开的、隐蔽的或被抑制的通货膨胀）的直接原因。这种市场情形显然可以使企业很容易地向买者转嫁由于工资上涨等原因而增加的成本，从而减弱市场对企业降低成本的压力，诱发货币工资与物价的螺旋式上升。南斯拉夫经济的运行状况为此提供了有力的例证。

就非价格方面而言，在以上市场态势下，在买卖双方的竞争中，买者明显处于不利地位。供不应求使买者在购货时缺乏灵活挑选的余地，不得不听任卖者的支配；而卖者则可以对买者的要求采取"爱理不理"的态度，毫不费力地推销质量比较低劣的产品，粗制滥造，索要高价，以及拒绝提供各种必需的售后服务。这时卖者之间的竞争也被大大地削弱，市场运行效率降低。

在讨论了市场垄断的形成条件之后，现在让我们分析一下人为性质的市场垄断的动因和一般市场垄断的经济后果。

毋需说，任何经济活动，总是受一定的动机支配的。就企业这一层次而言，建立垄断的主要动机通常是为了控制经营环境，避免由竞争带来的市场风险，维持市场的稳定，扩大企业或企业集合对市场的影响，获得稳定可靠甚至超常的收益。就政府的职能部门和地方政府这一层次而言，在行政性分权和财政"分灶吃饭"的情况下，建立垄断的主要动机通常是为了扩展自己的财政收入的基础，或直接增加自己的财政收入；在某些情况下还包括为了增加本系统的人员的个人收入和非货币利益，避免所谓"肥水落入外人田"，保证本系统的利益免受竞争过程所造成的消极影响。在这里，垄断常常是以这些政府机构利用自己的行政权力硬性地给下属企业或经济活动当事人规定特定的进货渠道、销售渠道和经营伙伴（联合经营单位）为基础的，并因此而形成部门（这里指政府的职能部门，而不是产业部门）保护主义和地方保护主义的格局，造成市场分隔状态。这时的市场垄断实际上已经与行政垄断融为一体。

单纯的市场垄断的经济后果及其对社会主义经济发展的影响，可以从以下几个方面看出。

首先，垄断者独占市场，既无破产倒闭之远虑，亦无商品滞销之近忧，且能够按照较高的价格出售商品并获得超额收益，或者能够毫不困难地向买者转嫁成本，可以在内部效益很低的情况下悠闲地经营，无须追求最低的产品生产消耗，处于安全而又稳定的地位。这样，垄断者必然缺乏生产变革的动力和市场压力，不愿主动地冒过大过多的"额外"风险去进行创新，而是采取比较保守的防御性的战略。垄断因此导致一种低效率的生产要素配置格局，形成低效率的经济组织运行状态，限制技术创新，甚至造成技术停滞的趋势，缩小了经济发展的可能性空间。

其次，与上面相联系的是，在垄断条件下，消费者难以在不同的商品之间进行选择。并且，由于垄断者往往漠视变化发展着的社会需要，延缓产品升级换代的速度，甚或以不变应万变，"几十年一贯制"，使得消费者不但不能以尽可能低的价格买到尽可能多的商品，甚至不能以较高的价格买到中意的商品。当同时控制着国内市场和进行商品出口时，垄断者还往往要采取内外有别的双重市场策略，通过牺牲国内消费者的利益（如产品质量）来维持出口。可见，垄断会使消费者的选择范围变窄，合理的消费欲望不能得到满足，造成消费的相对贫乏。

最后，垄断还使市场调节系统出现功能障碍。垄断价格只能反映垄断者的本位利益，不能成为经济参数，不能作为反映生产效率和消费者物质需要的标尺。在这种情况下，价格难以正确有效地执行资源分配、收入分配和其他调节职能，市场机制会受到重大的损害。

由此可知，列宁所说的垄断会引起停滞和腐朽的倾向，在社会主义经济中确实也是存在的。

所以，为了消除垄断的消极作用和发挥社会主义竞争的积极作用，就必须采取各种措施来限制垄断。

2.4 反垄断措施探讨

本节尝试探讨反垄断措施，并在必要的限度内从理论上对这些措施的适用范围及其有效程度进行估价。

垄断是对竞争的遏制，反过来说，竞争也是对垄断的抑制。因此可以认为，促进竞争与削弱和消除垄断是同一个问题的两个方面，任何促进竞争的措施同时也直接或间接地是反垄断措施。

不过，促进竞争市场的发育是需要一定的时间和一定的经济条件的，在短时期内和在社会主义商品经济发展的一定阶段内，这些条件难以被全部创造出来。这时候便有必要借助其他手段来限制垄断的消极影响。

总的说来，社会主义经济中的可供选择的反垄断措施包括：

1. 价格限制和数量调节[28]

价格限制即是由政府和其他社会中心借助行政性质的手段对垄断产品实行价格控制和价格监督，甚至对垄断产品直接实行国家规定的统一价格或最高限价。

理想的竞争市场的全部长处，导源于单个生产者难以在较大幅度内随意操纵价格这一事实[29]，单个企业注重的是，以尽可能低的成本生产一定量的、可以带来最大收益的商品。垄断市场的情形则相反。这时，为了提高市场的运行效率，国家不得不以行政手段代替市场压力和市场纪律，强制性地确定垄断产品的价格，以防止垄断企业对市场价格的操纵，借此对垄断企业形成降低成本的压力。当然，要使这种成本压力能够达到足够的强度，为垄断产品制定的价格便不能完全以垄断企业的现行生产成本为基础，不能采用个别成本（由于分工的深化和垄断，不存在部门平均成本）加普通利润的方法（成本加成法）。因为以这种成本为依据定价，会混淆社会所需要的成本与出于懈怠和低效率的结果这两者的区别，垄断企业将在"合法"范围内争取最大量的成本，而不是努力削减一切非严格必要的支出。[30]

然而，不应当低估保持有效价格控制的困难。这种困难部分与规定价格所必需的信息的可靠性有关。在通常的情况下，定价者的成本信息是由作为受控对象的企业所提供的。在这种信息传输过程中，受控企业可以利用自己垄断所需信息的特殊地位来操纵输出的信息。例如，向控制机构提供有利于自己的信息，甚至歪曲这种信息，从而达到反控制的目的，使价格控制徒具形式，白白地耗费社会劳动和社会资源。

面对价格控制，垄断企业有可能自我限制产量，使市场供给不足，从而迫使定价机关提高价格，或者同时将资源转向别处，转向有利可图的地方。这时，社会主义国家为了保证满足必要的社会需求，可运用数量调节手段，向垄断企业提出强制性的订货和下达具有较强约束力的产出指标。这一方法会特别适用于少数由垄断企业生产的有关国计民生的重要产品。

2. 通过抽取垄断税来消除垄断利润

实施这种反垄断措施的核心，是如何识别与确定垄断利润，以及如何确定垄断税。

捷克斯洛伐克经济学家奥塔·锡克（Ota sik）认为，若一家企业的利润率在长期内大大地超过平均利润率，它便是垄断企业。[31] 社会可以确定出利润率的最高限度，并允许垄断企业的利润在三年之内超过此限，但到第四年便开始征收垄断税，以促使垄断企业降低产品价格，同时扩大生产，增加产品数量。

从理论上看，由于考虑了一定时间跨度内垄断利润对垄断企业的刺激作用，锡克的上述方法在改善垄断市场的运行效率方面可能会收到一定的效果。但也必须指出，由于以下两点，这种效果将会明显地受到限制：第一，若仅仅实行这种控制方法，那么，可以发现，在以前三年的垄断利润水平为基础征收垄断税之后，并没有有效的机制防止垄断企业进一步提高价格，获得新的垄断利润；第二，正如我们在前面一再指出的，垄断企业运行的通常特征是内部效率过低和不存在成本最小化行为，而单纯地控制垄断利润的方法并不能改变这一点。并且，某些垄断企业在低效率、高成本的情况下往往出现巨大的亏损，而不是获利甚丰，这时，控制垄断利润的方法将根本不会发生作用。基于上述两点，笔者认为，前面所说的价格控制与数量调节方法比控制垄断利润本身的方法更为可取一些。

3. 打破条块分割和国有企业独家经营的垄断格局，降低甚至消除进入障碍，实行国家内部的经济开放

无论是控制垄断产品价格或产量，还是控制垄断利润，都没有改变具有垄断性质的市场结构，不能形成竞争价格和竞争市场，只是用行政手段对垄断企业的经济行为有所限制，而没有从根本上打破垄断的局面。为了从根本上改变这种局面，首先必须实行国家内部的经济开放，采取措施，打破社会主义经济中特有的几种垄断：条条分割的部门垄断，块块分割的地区垄断，以及在采矿业、交通运输业等部门中只允许国有企业独家经营的投资垄断。这些垄断都是由于经济体制不完善而形成的，它们人为地割断了商品经济的市场联系和资金等要素的流动，极大地限制了社会主义竞争的正常开展。

这些垄断束缚我国社会主义经济达几十年之久，只是在党的十一届三中全会以后，它们对社会主义竞争的束缚才开始被冲破。

为打破部门垄断，允许企业可以超越行业归属实行跨部门经营。为打破地区垄断，禁止各地区对商品流通设置人为的障碍，发展以城市为中心的经济网络和地区间的横向经济联合。为打破所有制垄断，采取了在各行各业中，特别是在过去只允许国有企业经营的那些部门中，国有经济、集体经济和个体经济一齐上的方针，使国有经济感受到了竞争的压力，使整个国民经济增添了由竞争带来的活力。

4.提高对外开放程度，引入国际竞争

提高国民经济的对外开放程度，通过进出口等外贸机制，有计划、有步骤地导入国际竞争（包括社会主义国家间的经济竞争和同资本主义国家的经济竞争），迫使社会主义企业在外部压力下克服惰性，在竞争中求得生存和发展，达到较高的生产率水平和较高的经营质量标准。

第二次世界大战以后，随着发达资本主义国家之间经济上相互交往程度的提高，出现了一个极其重要的经济现象：国外商品进入国内市场，对国内生产者形成了竞争压力，在或大或小的程度上降低了国内市场的垄断程度，改变了国内生产者的经济行为，从而对整个资本主义经济的发展产生了巨大的影响。这种通过国际竞争促进国内经济发展的方法，社会主义国家也是可以适当借鉴的。

当然，采取这样的措施，需要具备一定的经济技术条件和精细的对外贸易调节手段，不能仓促和简单地行事。这些条件和手段包括：①根据有关产品生产技术的国内外差距相机地确定对外贸易的开放程度，包括控制与调节对外贸易的总量和结构，形成既能对国内垄断企业产生足够大的竞争压力，又不致使它迅即破产的局面。这里无疑也包括防止国外垄断厂商为转嫁危机而向社会主义国家进行的低价倾销。②必须通过进一步的经济体制改革，从根本上消除国内在宏观上和在微观经济活动层次的内部存在着的过度需求倾向和进口饥渴。不然，进口的松动非但不能形成国内竞争性的市场，反而会导致巨大的贸易逆差，从而产生紧缩对外贸易的强大经济压力，并将造成对外贸易收放交替的恶性循环。

从更广的范围上说，反垄断措施还包括：制定行之有效的反垄断法，取消行政组织方式的经营集中，阻止各种垄断投机性质的"协调"安排[32]，清除人为地排斥竞争和新竞争者进入的障碍；提高市场的"透明度"和消除普遍的卖方市场；在规模经济所允许的限制内保持较小规模的经营方式，等等。

既要赋予企业以活力，又要防止企业垄断投机，这是导入市场机制后的社会主义经济所面临的双重任务。为此，就必须在分权的同时，改进和完善企业经济运行机制，改进和完善市场结构与市场体系，建立和完善与它们相适应的宏观调节控制系统。实践证明，正如在集权的指令性计划经济体制中，中央决策者和决策执行者常常并不具有合理的经济行为一样，在分权模式中，企业劳动者自主经营本身也不会自动地保证合理的企业行为。不完善企业内部的责任机制、利益机制和刺激机制，不完善市场机制，片面地强调劳动者的自主性和完全排斥中央对市场的调控，其结果必然损害企业、市场及整个社会经济的运行效率，使得有效竞争的局面始终不能形成。从而，既引致企业目前利益与长远发展之间的失衡，又引致企业的局部利益在很大程度上同社会整体利益脱节。由此可见，加强对社会主义经济中的垄断与反垄断问题的研究，对推动社会主义经济体制改革和促进社会主义经济的发展具有巨大的现实意义。

注释

1. 恩格斯：《政治经济学批判大纲》，《马克思恩格斯全集》第1卷，第612页。

竞争与垄断：中国微观经济分析（校订本）

2. 这里主要以英国经济发展史为背景材料。对于后起的资本主义国家来说，在它们的经济实力较弱时，对外贸易的重商主义性质的保护主义措施，始终是它们所偏好的国际经济政策，即使在今天也是如此。而重商主义者所主张的追求对外贸易顺差，则历来是世界各国的对外贸易政策目标之一。

3. 列宁：《苏维埃政权的当前任务》，《列宁全集》，第 27 卷，第 230 页。

4. 列宁：《帝国主义是资本主义的最高阶段》，《列宁全集》，第 22 卷，第 268 页。

5. 美国学者格鲁齐等人称这种垄断体制为"命令经济"和"行政的社会主义"（参见阿兰·G. 格鲁齐：《比较经济制度》，中国社会科学出版社 1985 年版，第 13 章）。

6. 在某些经济学文献中，这种经济型式被称为"实物经济"或"物动型计划经济"（参见佐藤经明：《现代社会主义经济》，中国社会科学出版社 1986 年版，第 24 页）。

7. 不适当地突出收入再分配职能这一点，在农产品和很多生活必需品的定价上表现得特别明显。农产品的低价收购旨在积累工业化所需的资金，生活必需品的低价销售旨在适应普遍低水平的货币工资。无疑，这种定价政策是农产品供给效率长期增长缓慢的原因之一。

8. 例如，在我国的传统体制下，煤的定价大大低于煤的生产成本，以致在采煤工业出现了全行业"亏损"。并且，煤价过低，使得以煤为投入要素的企业账面上表现出来的生产成本低于实际生产成本，账面上反映出来的经济效益则高于实际经济效益，从而使企业不可能按照实际的最小成本来确定产量。另外，煤价过低，也对企业的技术选择带来了严重的消极影响，使得开发节煤技术的实际效益被大大地低估，以致在阻碍节煤技术发展的同时，客观上鼓励了各种耗煤极多的"煤老虎"的发展，造成煤的使用上的巨大浪费。

9. A. Nove，The Economics of Feasible Socialism，London，1983，p.73.

10. 在集权体制下，常常在计划期末（月末、季末、年末等），出现为完成计划而不惜一切代价的突击现象，这种紧急动员式的突击往往使其他方面的经济活动受到严重影响，甚至陷于停顿，造成了急剧的经济失调和随之而来的普遍的强制替代，导致为赶任务而盲目地粗制滥造，产生"高速度、高浪费、低效率"的结果。

11. 在现实生活中，这种亏损常常称为"政策性的亏损"，以区别于经营性的亏损（由于企业本身的经营不善造成的亏损）。

12. 利达尔（H. Lydall）将社会主义经济中的这种现象比作"搭便车者"（"free rider"）现象：一些人努力工作，而另一些人则悠哉悠哉，但却仍然享受着相同的好处（H. Lydall, Yugoslav Socialism, Oxford: Clarendon Press, 1984, pp.236—237）。在我国的日常生活中，人们则借助"吃大锅饭"这一用语来形容这种局面，即所谓企业吃国家的大锅饭，个人吃企业的大锅饭。

13. 参见佐藤经明：《现代社会主义经济》，中国社会科学出版社1986年版，第37页。

14. 西蒙（H. A. Simon）将这类决策称为"程序化决策"，与之对应的是非程序化决策（参见赫伯特·A. 西蒙：《管理决策新科学》，中国社会科学出版社1982年版，第2章）。

15. 能够说明这种守成后果的一个恰当的例子是：1983年前后（这时我国城市改革尚未迈开实质性的步伐），在我国已有的28000多种机电产品中，性能落后，急需更新或淘汰的就有16000多种，约占60%（参见顾宗桢主编《科技进步与工业发展战略》，四川省社会科学院出版社1984年版，第32页）。

16. 参见胡汝银：《供给、所有制关系与短缺原因分析》，《世界经济文汇》，1987年第2期；《短缺归因论》，《经济研究》，1987年第7期。

17. 参见《经济日报》，1987年9月2日。

18. 因此，没有理由认为，任何类型的分权和国家干预的减少都必定会从根本上改善市场系统的运行机制和运行效率，产生令人满意的结果。这里的关键是市场机制和企业经营机制的完善程度。如果说我国目前主要面临着地方行政壁垒的话，那么，南斯拉夫所面临的主要是封闭的企业投资形式和决定这种投资形式的企业经营机制。当然，从更深层的角度上看，我国也由于资金市场发育不全和企业经营机制不完善，存在着与南斯拉夫相似的问题，这也是行政垄断和行政壁垒难以迅速打破的真正原因之一。笔者始终相信，没有完善的企业经营机制，就不会有完善的市场机制。

19. 在讨论垄断的形成条件时，显然地，我们是把经济制度看作是给定的。

20. 就一定的地域范围（如一个国家）而言，在经济系统开放的条件下，由于外部商品的输入，生产集中程度与市场份额实际上并不一致。认识这一点，对于估价区域之间的竞争对区域内部受竞争企业的行为的影响来说，是十分重要的。

21. 参见 Joe S. Bain，Barriers to New Competition. Combridge：Harvard University Press，1956。

22. 约翰·贝茨·克拉克（John Bates Clark）在其 1907 年出版的著作《经济理论要义》中，最早讨论了"潜在竞争"的作用："在某些场合，大公司宁可廉价售出全部可销货物而不愿在它的领域内招致竞争者。这在形式上是垄断，而在事实上则不是，因为它的危害已被剥夺，在这里，是潜在的竞争对它起着坚定的阻遏作用"（转引自威廉·格·谢佩德：《市场势力与经济福利导论》，商务印书馆 1980 年版，第 12 页）。

23. 参见 W. J. Baumol，J. C. Panzer，R. D. Willig，Contestable Markets and the Theory of Industry Structure，San Diego：Harcourt Brace Jovanovich，1982。鲍莫尔等人的可竞争市场理论具有浓厚的经济自由主义的色彩。它同反对国家干预主义的新古典传统基本上是一致的，虽然在承认规模经济和非凸生产集合（这时边际成本递减，成本曲线为 L 形，新古典学派传统的边际成本定价原则在这里明显地缺乏适用性）的存在等方面，它偏离了新古典的理论传统。

24. 参见 W.J.Baumol，Industry Structure Analysis and Public Policy.in G. R.Feiwel（ed.），Issues in Contemporary Microeconomics and Welfare，

Macmillan，1985。

25. 滞留成本（Sunk Cost）是指企业退出时不能由原来的市场转移出去或流动出去的那部分原有投资。

26. 范围经济（Economies of Scope，或译作"组合经济"）是指由于生产和经营范围扩大而使生产和经营变得更加经济合算。它导致多产品企业和多样化经营企业的出现，并降低了进入障碍和生产集中率。参见 J.C.Panzer and R.D.Willig，Economies of Scope，American Economic Review，1981，71（May）:pp.268-272; E.E.Bailey，and A. F. Friedlaender，Market Structure and Multiproduct Industries，Economic Literature（September），1932，20（3）：pp.1024—1048。

27. 因此，在很大程度上，经济学总是历史的、民族的经济学。重商主义的产生，斯密的自由放任理论和李斯特的国家干预主义与贸易保护主义理论的问世，都说明了这一点。

28. 数量调节是相对于价格调节而言的。产量等非价格信号在经济运行和经济控制过程中自有其特殊的地位。自凡勃伦以来，美国制度学派和凯恩斯学派的许多经济学家都对数量调节问题进行了研究。在社会主义国家中，匈牙利的科尔内是最早强调并研究社会主义经济中数量调节过程的经济学家之一。

29. 西方流行的经济理论认为，在原子型的"完全竞争"市场上，对企业来说，价格是既定的和统一的。实际上在现实生活中，在这样的市场上也常常出现价格竞争。这种市场同垄断市场的区别只是在于，竞争企业通常只能在很小的范围内单独调整价格，而垄断企业能够在较大幅度内操纵价格。

30. 参见琼·罗宾逊：《经济学论文集》，商务印书馆1984年版，第17—18页。莱本斯泰因在评价依据正常利润率控制价格的方法的有效性时，提出了类似的看法，认为这种有效性的前提是企业存在着成本最小化行为。然而，若企业是低效的，受控价格将会认可任何成本水平，而企业的严重低效率所带来的成本将由消费者负担。参见 H.Leibenstein，Beyond Economic Man，Harvard University Press，1976，pp.269—270。

31. 参见奥塔·锡克：《论社会主义经济模式》，《经济研究资料》，1981年增刊。

32. 借"协调"之名行垄断之实的案例，在我国经济生活中一再出现。如上海化工厂1987年3月邀请无锡塑料造粒厂等10家企业，召开聚氯乙烯电缆行业信息交流会，决定调整电缆料临时价。会后各厂以《会议纪要》为依据，联合行动，抬高价格。又如1987年部分轴承厂和108家电器制造厂分别开会商定在国家定价基础上，再提价20%~30%，形成行业垄断价格。参见《经济参考报》，1987年9月5日。

3 社会主义经济中的竞争：一般理论分析

竞争的通常含义，是努力去超越对方。在经济学中，竞争即是市场竞争，且主要是指商品市场上的竞争。它包括卖者（实际的和潜在的）之间的竞争，买者（实际的和潜在的）之间的竞争以及买、卖双方之间的竞争。这种经济竞争，是具有相对独立的经济利益的经济主体，为增进自己的利益，在特定的经济关系和物质技术条件的约束下所采取的行为型式或行为本身。

在整个竞争过程中，卖者或生产者之间的竞争居于主导地位，当然它也受到买者之间的竞争和买卖双方之间的竞争的制约。下面，我们将主要分析生产者之间的竞争，为了行文的方便，在不致引起误解的情况下，我们将用"竞争"一词直接表示这种竞争。

我们把竞争主要理解为在市场组织方面相互独立的商品生产者（企业），为获得有利的产销条件或投资领域而互相争衡、各竞其能的过程。竞争是商品经济中必然存在的现象，也是市场机制有效运转的先决条件。

在社会主义经济中，竞争的主体是企业或企业性质（具有企业性质的职能）的经济组织（我们把它们统称为企业）。这种竞争实质上是，在经济资源和市场需求等一般条件约束下，有关企业和就职于这些企业的劳动者，为追求较多的收益而比价格、比产品质量、比适销对路、比服务的优胜劣汰的过程。社会主义竞争对企业形成了一种外部压力，促使企业为更好地满足社会需要和不断提高经济效益而努力。

为了能够充分把握竞争机制在社会主义经济系统运行中的功能，首先有必要在一般的纯粹抽象的形态上来考察社会主义竞争过程。

本章根据这一方法集中研究社会主义经济中的部门内的竞争和部门间的竞争，然后对社会主义竞争的制度特点展开考察，对社会主义经济中只能有竞赛而不能有竞争的传统观点进行评述。

3.1　部门内竞争

在讨论部门内竞争之前，让我们先定义一下"部门"这一概念。理论上的部门是生产一组密切替代的同类商品的企业集合，这一企业集合面对着相同的买者或买者集合。[1]满足这一条件的企业便属于同一部门。若不同的企业生产的是替代关系不密切甚至根本不存在替代关系的产品（例如服装和汽车），它们便归于不同的部门。而同时生产多种产品的某个企业则属于两个或更多的部门。

同一部门内的不同企业是分别独立核算、独立经营的经济实体，有着各自的相对独立的经济利益。它们的产品之间所具有的密切替代关系使得它们在市场上存在着直接的相互竞争关系。这种相互竞争即是部门内竞争。

由于产品性质的不同，同一部门内的竞争可以区分为质量、性能、品种几乎完全相同的均质产品[2]（如同一标号的水泥）生产者之间的竞争，和同属一类但品质、性能、设计外观、型号各不相同的产品（如各种高低档的收录机）生产者之间的竞争。

均质产品生产者之间竞争的直接结果，或者是统一的市场价格的形成，或者与此相反，表现为市场上的价格竞争。在前一种情况下，同一市场上的所有同种均质产品按照相同的价格出售，率先采用新的机器设备和进行生产方法等方面创新的企业，因其个别成本低于社会成本（即部门平均成本）而获得超额收益或超过部门平均水平的收益。在后一种情况下，同一市场上的同种均质产品将具有不同的价格，率先创新的企业可以利用自己的成本优势，以较低的价格和较快的速度销售自己的产品[3]，加速企业资金周转，提高市场占有率和扩大生产规模，并会通过规模经济等因素进一步发挥优势，降低成本，增加收益。在以上任何一种情况下，其他暂时相对落后的企业为了改善自己在市场上的地位，不得不起而效仿或独立地进行研究与开发，紧步率先创新者其后，抛弃旧的生产方法，采用新的机器设备和工艺技术。对创新普遍模仿和改进的过程，即是创新扩散的过程。其结果往往导致率先创新的企业的相对优势减弱甚至消失，使得实际的社会平均成本和价格水平下降[4]（见图3-1），生产率普遍得到提高。对新的超额收益和相对优势的追求又会导致新一轮的创新，接着又会出现新的创新扩散过程与实际成本和实际价格水平下降过程，如此循环不已。在这种螺旋上升式的循环发展中，技术陈旧的设备和落后工艺不断地被淘汰，优良的设备和先进的工艺不断问世，少数不能适应新的市场竞争环境的低效企业被关、停、并、转。所以，这是一个在经济结构方面反复发生的择优黜劣和革故鼎新的过程[5]，是企业之间的相互作用和经济系统的不断演进，是导致社会主义物质财富增长的"正和博弈"。

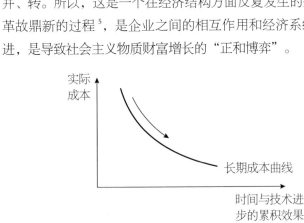

图 3-1　竞争过程中长期成本的下降

如果说均质产品生产者之间的竞争在市场上的动态主要表现在价格方面，其特征在于取得成本优势；那么，差异产品生产者之间的竞争在市场上的动态则主要表现在产品质量方面，其特征在于使用价值或效用上的优势。

差异产品生产者的竞争，是相互平行的不同企业各具特色的产品不断推陈出新的过程。它不仅常常意味着投入要素的重新组合，而且意味着产品的不断改进和更新，以及效用越来越高的新品种的诞生。在这里，不仅会发生价格竞争，而且非价格竞争——产品竞争和销售竞争，将十分激烈和具有重要得多的意义。

产品是一个多维变量，以产品为内容的竞争因而涉及很多方面，包括产品的内在品质、效能、式样、包装、色彩、时新程度、迎合消费者的特殊需要等。销售竞争的范围同样十分广泛。它包括为提高商品的"知名度"而利用各种传播媒介所做的广告宣传、及时迅速的交货、各种优惠的销售条件和方便周到的售后服务（如为用户安装调试、维修、保养，提供零配件以及技术咨询、技术培训）等。

与价格竞争相比，非价格竞争越来越居于更突出的地位。其原因在于：

（1）世界范围内科学技术的加速发展，为迅速改进现有产品，为研究和开发新材料、新工艺、新产品，提供了越来越多的机会。对这些机会的不断利用，导致产品多样化，导致这种多样化的不断扩展，以及导致某些产品的生命周期缩短和更新换代加速。

（2）社会经济的持续增长和劳动生产率的提高，导致消费者的收入水平上升，购买力增加，消费者嗜好、消费水平和消费结构发生了变化，消费因此趋向多样化。消费多样化既是产品多样化的结果，又是产品多样化进一步发展的原因，二者交互作用，不断强化。

（3）虽然在某些情况下，企业会自愿地或被迫地采取削价竞争的方式，但由于以下两方面原因，企业在很多情况下不得不放弃这种价格竞争方式：第一，在投入价格和生产成本难以持续降低，甚至根本不可能降低的情况下，削价竞争难以为继。勉为其难，要么只能以产品的品质下降为代价，要么只能以竞争各方的破产倒闭为结局。这些情况，显然是注重提高自己的信誉和生存能力的竞争企业所力图避免的。第二，在顾客难以对产品品质做出准确评价而相信"便宜无好货，好货不便宜"（即把价格看作品质的标志）的情况下，削价竞争只会给顾客造成产品品质低劣的感觉，无助于促进消费和扩大销路，甚至可能造成需求下降。[6]

（4）在原有产品创新普遍扩散的情况下进行新的产品创新，是企业保持或夺取新的竞争优势和开拓新的盈利机会的主要手段。

（5）通过推销新产品来吸收增加了的生产成本或提高价格水平，更容易为顾客和社会所接受。[7]况且在很多情况下新产品的功能更齐全，性能更好，结构更加精密复杂。

（6）企业在市场上销售新产品或进入新的市场时，大力开展广告宣传和其他促销活动，可以使更多的潜在顾客更便捷地了解到企业所销产品的功能特点和长处，引起他们的兴趣，诱发他们的购买欲望，使这些产品能在市场上迅速打开销路，站稳脚跟。

在现实经济生活中差异产品在社会总产品中所占的比重远远超过均质产品所占的比重。并且，在差异产品市场上，价格竞争常常是同非价格竞争交织在一起的。由于产品差异和价格竞争，同时由于不确定性因素的存在和企业预期等方面的差异，以及由于在产品生命周期的不同阶段，供给弹性和需求弹性本身都各不相同，并且需求和生产能力之间也相应地具有不同的对比关系，所以同一企业在不同时点上或不同企业在同一时点上会有不同的定价策略，市场价格的形成并不存在一种普遍的单一的规则。经济现实中五花八门的定价方法的存在，使我们有充分的理由否定新古典学派边际定价方式在实证意义上的适用性。[8] 至于现实中究竟哪一种定价方式占主要地位，是全部成本法（成本加成法），还是目标定价法或其他方法，这是一个需要做大量的经验调查才能得出确定的结论的问题。这种大规模的调查是作者目前力所不能及的。

同单纯的价格竞争相比，产品竞争对企业盈亏兴衰的影响更深远，对产品开发周期长、费用高、质量特别重要并大规模生产单一产品的企业来说，尤其如此。产品开发不成功，特别是新产品在市场上的失败，不仅会产生较大的经济损失，使产品的研究和开发费用难以回收，与此相联系的投资无法取得正常盈利，而且会严重损害企业的信誉，有可能使企业前功尽弃，从此一蹶不振，甚至破产，或者需要极大的努力才能逐渐恢复元气。而不适当的定价本身不存在直接的巨大的费用支出，并且定价过程几乎是完全可逆的。定价不当在被卖方感觉到之后可以迅速地得到修正，一般不至于进一步影响企业日后的产品销路，从而不会产生重大的经济损失。这里的关键问题只是在于企业对不同水平的价格的承受能力如何。虽然某种临界水平以下的价格会导致企业的破产，但高于这种临界水平的任何价格都可保证企业在或大或小程度上盈利，从而使企业在价格竞争过程中能够有较大的伸缩性和灵活性，有较大的经济上可行的选择余地和得以维持生存的空间。与不同的承受能力相对应的，则是不同企业具有不同的发展速度。

在讨论部门内竞争时，还有必要讨论如下两个有关的问题，这两个问题在以往的经济理论研究中居于突出的地位：

（1）何种市场结构是最理想的竞争市场结构？

这里说的最理想的市场结构，即是最有效率的市场结构。按照新古典学派的传统观点，原子型的完全竞争市场结构是最理想的市场结构。在这种市场上，存在着数量极多的小规模经营的厂商，各厂商之间的产品是均质的，不存在规模经济。

由于在现实经济生活中，很多市场是差异产品市场，这些差异产品的发展是适应于需求多样化的，所以对社会来说是一种合意的发展。新古典的均质产品的教科书模式显然不能满足社会的这种多样化需求，从而不可能成为理想的市场状态。

同样，在现实中，很多产品的生产在很大限度内存在着显著的规模经济，市场上只能容纳数量十分有限的有效经营的企业。为了增加企业数量而缩小单个企业的经营规模，必然会放弃规模经济，牺牲经济效率。例如，在产品成本具有次加和性质的情况下，将一个有效运转的制造汽车的大型企业分解成很多平行的、相互竞争性的小企业，其结果往往只会降低汽车生产的效率，而不会提高效率。在这里，原子型市场结构与规模经济是相互冲突的，故此不是最有效率的市场结构，不能作为经济政策（特别是反垄断政策）实践的普遍目标。

实际上，新古典的"完全竞争"概念存在明显的逻辑悖论。"完全竞争"恰恰是最不激烈的竞争。卖者数量极多，对单个企业的产品的需求具有完全的弹性，市场上相邻的两个卖者之间不存在直接的对抗性和可以觉察得出的相互作用。由此我们可以推论，同卖者数目较少但卖者之间的相互作用更为明显、竞争更为直接和更为激烈的市场相比，新古典的完全竞争市场由于缺少足够的竞争者之间的相互压力，其动态技术效率较低，技术进步的速度也较慢。[9]

一言以蔽之，新古典的完全竞争市场结构难以作为现实生活中的理想的市场结构。

我们认为，由于规模经济和进入障碍等方面的差异，对于同一时点的不同部门和同一部门的不同时点来说，最有效率的市场结构是各不相同的。例如，在同一时点上，有些部门的规模经济较为明显，另一些部门则不然。对于规模经济显著的部门来说，以小规模经营为基础的原子型市场结构便是低效的；而对于不存在规模经济的部门来说则不然。又例如，在不同时点上，同一部门中的单个企业在该部门的初创时期，由于生产技术和产品不完善，成本较高，需求较少，一般必须相对小规模地开张营业才能保本盈利，这时近似于原子型的市场结构便是较为理想的结构；后来随着产业的成熟和生产的标准化、批量化，企业较少的市场结构往往是比较有效率的市场结构。

因此，最有效率的竞争市场结构在空间和时间系列上有着或大或小的差异，它们因部门而异，因时期而异。如同前面所说的不存在一种普遍适用的单一的定价规则一样，在现实中不存在一种普遍适用的单一的最有效率的竞争市场结构。这些不能不给有关的经验考察和政策实践带来很大的困难。

（2）竞争是否必然导致垄断？

竞争必然导致垄断的传统推论[10]，一般是以竞争导致"大鱼吃小鱼"式的资本集中和生产集中、集中又导致垄断这样的逻辑链条为基础的。

事实上，竞争导致集中是需要一定条件的。这个条件主要是指规模经济。对于某些部门来说，规模经济并不特别显著，如农业、服装业、服务行业中的饮食业等部门即是如此。在这些部门中，集中难以得到发展。对于很多存在着规模经济的部门来说，由于管理能力、协调能力的限制和组织费用的存在，规模经济的出现是有限度的。超过了这一限度，企业规模的扩大会导致企业内部效率下降，使该企业失去竞争优势，面临着被淘汰的危险。在这里，同一竞争过程在迫使企业利用规模经济的限度内导致集中，同时又在迫使企业避免巨大规模的不经济的限度内阻止进一步的集中。实际集中程度取决于这两种相反力量的对比关系，以及取决于诸如市场容量、技术进步的类型（节约资本型的技术通常会具有降低集中程度的作用，资本集约型的技术则可能导致相反的结果）、经济系统的开放程度等因素。这里值得一提的是，随着技术进步的加速和新、老企业技术的不平衡发展，往往出现采用先进技术或推出先进产品的较小的新企业遏制老企业的扩张，甚至排挤大型的老企业的现象。另外，在新技术革命的作用下，需求多样化和生产多样化的发展，会在一定限度内导致非规模经济和非集中化趋势。这些无疑阻止了集中程度的发展。它们也是导致西方资本主义发达国家生产集中速度放慢的重要因素之一。[11]

因此，竞争并不必然总是导致生产集中，从而并不必然导致垄断。

如果进一步考虑到资本（或资金）集中同生产集中的非同步发展，以及以资本集中为基础的企业多样化经营的发展对竞争的促进作用（通过降低进入新的部门的风险），考虑到潜在竞争的发展对独家经营企业或少数几家经营的企业（即新古典文献中通常所说的"垄断"市场和"寡占"市场）的行为的影响，那么，我们便更有理由肯定竞争并非总是必然导致垄断，尽管它在某些情况下会提高集中程度或导致集中。

以上关于竞争是否必然导致垄断的讨论，虽然主要是以资本主义经济发展的实际情况为背景材料的，但由于处于相近的生产力发展水平的经济系统会具有相似的产业结构和市场结构，因此，这些讨论也适用于社会主义经济。也就是说，在社会主义商品经济发展过程中，竞争过程本身并不必定导致垄断，虽然它们有时会导致集中程度的提高。

综上所述，部门内竞争或者是均质产品生产者之间的竞争，或者是差异产品生产者之间的竞争。竞争的形式包括价格竞争和非价格竞争。随着社会经济的发展，同价格竞争相比，产品竞争和销售竞争越来越居于突出地位。部门内竞争形成了一种优胜劣汰机制，迫使生产者不断提高经济效益，导致社会经济系统的进化。在这种错综复杂和灵活多变的竞争市场上，并非像新古典学派所说的那样存在着一种单一的价格形成规则，也不存在一种单一的普遍适用的最有效率的市场结构。这种竞争过程也不必定无条件地导向经济垄断。

3.2 部门间竞争

在市场系统中，除了 3.1 节讨论的同一部门内部的竞争之外，还存在着部门之间的竞争。

部门之间竞争的范围主要包括：

（1）满足同类需要的代用品之间的竞争。

（2）满足不同种类需要的有关产品之间的竞争。

（3）为取得有利的投资领域而展开的竞争。

下面分别对它们进行考察。

当不同产业部门生产的产品可以相互代用即满足同类需要的时候，3.1 节所说的围绕着产品的生产和销售而展开的竞争就会越过部门的界限，于是产生了部门间相近的代用品之间的竞争。例如，石油生产者和煤炭生产者之间的竞争，钢材生产者同塑料生产者和木材生产者之间的竞争，等等。

一般来说，两个部门的产品的效用越是接近，它们之间的替代关系愈是密切，产品的供给弹性和需求的交叉弹性越高，其生产者之间的竞争便愈是明显、激烈和具有针对性。这里所提到的需求的交叉弹性表示一种商品价格对另一种商品需求的影响，它衡量两种商品相互依赖的程度。两种相互竞争或相互代用的商品的交叉弹性为正数，在其他条件不变和供给具有足够高的弹性的情况下，其中一种商品的价格下降，会导致对这种商品本身的需求量增加，同时会减少对另一种商品的需求。相反，一种商品价格的上涨，会导致对这种商品本身需求量的减少，同时会增加对另一种商品的需求。交叉弹性越高，买者需求对相互竞争的商品的价格变动就越是敏感。

为了方便起见，以及为了便于同其他类型的竞争相区分，我们将部门间的这种类型的竞争称作交叉竞争。

可以认为，交叉竞争是部门内竞争的直接延伸，或者说在一定程度上具有与部门内竞争相同的功能。它也能像部门内的实际竞争和潜在竞争那样，对单个企业造成外部压力，直接地和间接地影响有关企业的行为和市场绩效，影响企业的定价策略和创新活动，影响企业的整个经营过程和动态效率。

具体来说，在既存在部门内竞争又存在交叉竞争的情况下，围绕着产品的生产和销售所展开的竞争的链条被延长了，竞争所波及的范围扩大了，对产品需求的价格弹性提高了。单个企业在制定价格和进行生产决策时，不仅要考虑到部门内竞争对手的反应，而且要顾及来自部门间的竞争对手的竞争压力。在某些情况下，正是来自部门间的强大的交叉竞争威胁着特定企业的发展和生存。这些企业为了能够起死回生，不得不努力改进生产工艺，奋力改善经营管理，拼力进行新产品的开发，竭力降低生产成本和产品价格，提高自己的交叉竞争能力。

在仅仅存在交叉竞争而不存在部门内竞争的情况下，同不存在这种交叉竞争时的情形相比，企业产品的需求弹性增加，企业的行为轨迹也发生了变化，即偏向存在部门内竞争时的行为轨迹。所以，交叉竞争能够替代部门内竞争。其替代程度依交叉竞争的强度而定。交叉竞争愈激烈，即使是独家经营的企业，其行为型式也愈偏离垄断性质的行为型式，更加接近存在着激烈部门内竞争的企业的行为型式。同前面所说的潜在竞争存在时的情形一样，在这里，我们又一次发现生产集中并不等价于垄断局面。

从经济发展的角度来看，交叉竞争除了具有上述部门内竞争的那些效应之外，还使得社会能够借助于代用品生产的发轫而摆脱原有某些部门的供给瓶颈，从而扩大社会生产和消费的选择余地，拓宽经济发展的可能性空间，增强整个经济系统的适应能力，且往往引致部门结构的变化。在这种变化过程中，被淘汰的可能像部门内竞争时的情形那样，是某些技术、某些产品或某些企业，也可能波及更大的范围，包括某些盛极而衰的生产部门。

随着技术进步的加速，越来越多的新材料、新产品、新能源、新技术被开发出来，不同生产部门的发展极不平衡，且部门的数量和相互竞争的产品的种类越来越多，交叉竞争的范围具有不断增大的趋势。社会经济内部的相互联系因此更加紧密，相互作用也更加普遍并得到强化，竞争过程中的不确定因素增多，企业的外部压力增加，经营风险增大，从而对社会经济管理水平、企业管理水平和企业素质提出了更高的要求。

还有一种与交叉竞争性质相仿的部门间的竞争，是由争夺社会成员可自由支配的收入而引起的。这种竞争便是满足不同种类需要的不同产品之间的竞争。

随着社会劳动生产率的提高，社会成员的个人收入逐渐增多，消费范围逐渐增大，他们的消费结构和收入支出结构也在发生着变化：作为生存资料的基本生活必需品在不断增长的个人消费中所占的份额递减[12]，可自由支配收入[13]的份额增加，并且这部分收入的支出具有较大的选择自由和一定的随意性。消费者在这些并非必需的项目上可以慨然破费，在偶然的刺激和冲动之下进行购买或支出，也可以忍住不花钱。为了使消费者用更多的可自由支配收入购买自己的货物，不同的产业部门会别出心裁，巧设花样，注重促销活动，着眼于顾客的兴趣和偏好，不断改进产品质量和服务质量，竭力唤起潜在的买者需要，尽量取悦顾客和想方设法地招徕顾客，力求更多地吸引买者及其购买力，从而形成满足不同种类需要的产品之间的竞争。

国民的生活越富裕，消费需求越是多样化，可自由支配收入的相对量和绝对量越大，满足不同种类需要的不同产品之间的竞争就越是激烈和更加广泛复杂。这种竞争的形式当然也不外乎价格竞争和非价格竞争，而且同部门内竞争一样，非价格竞争的重要性越来越突出。另外，同交叉竞争相似，这种竞争也是对部门内竞争的直接补充，在一定限度内具有与部门内竞争相同的作用。

部门之间另一类性质的竞争是为取得较为有利的投资领域而展开的竞争。这种投资竞争或投资方向的竞争旨在争夺较高的收益水平，它表现为劳动者、资金和其他生产要素在不同部门之间的流动。

在市场自由调节的情况下，当某一部门的产品供不应求时，富有弹性的价格便会上升 [14]，该部门的利润率或劳动收益水平就会高于一般水平，从而出现超额报酬。这种状况会诱使原来属于其他部门的收益率较低的企业进入该部门，直至相反的过程发生。投资方向竞争中劳动力、资金和其他生产要素在不同部门之间的这种自由流动，使得价格能够通过自身的涨落而对社会经济运行过程发挥调节和整合的功能，使得一定时期内的市场供给与市场需求在总量和结构上大体保持平衡，使得不同部门的时序平均利润率或收益率相互接近。因此，不同部门的等量劳动和支出能产生等量报酬，全部社会资源也会得到有效配置。

显而易见，在这种竞争过程中，促成要素流动的动力是劳动者的个人物质利益，是劳动者和生产企业的经济绩效同其收入或报酬之间的高度相关性。[15] 或者换一种说法，绩效同收入之间的高度相关性是竞争机制得以有效发挥作用的重要前提。缺乏这种前提，竞争过程便缺乏应有的刺激，难以充分而有效地展开。在后面的有关章节中，我们将进一步考察作为竞争过程发动因素的经济刺激等问题。

无疑，上述关于投资方向竞争过程的描述是一种纯粹的理论抽象。然而，只要社会主义经济采取商品经济的形式，这种纯粹状态的竞争便会在一定程度上出现。

在现实社会经济运行的洪流中，以上所说的各种性质、各种形式的竞争会错综复杂地并行和交织重叠在一起，构成一幅社会经济动态发展的生动图景。

3.3　社会主义竞争的制度特点

为了在理论上更深刻和更全面地把握社会主义竞争过程，很有必要简略地考察一下社会主义竞争的制度基础。[16] 这一制度基础决定了社会主义竞争具有与资本主义竞争根本不同的制度特征。

既然社会主义商品生产是公有制基础上的有计划的商品生产，那么，社会主义竞争就必定是公有制基础上的有指导的竞争。因此，社会主义竞争与资本主义竞争具有下述根本制度方面的差异。

（1）社会主义竞争是以生产资料社会公有制为前提的，而资本主义竞争是以生产资料资本家所有制为前提的。资本家和公司股票持有者是竞争中企业的资本的人格化，相形之下，社会主义企业的资产并非私人所有。[17] 所以，在社会主义和资本主义两种不同的经济制度下，生产资料的所有者、使用者和受益者是大相径庭的，微观企业的组织结构和决策结构也迥然有别。

（2）社会主义竞争是受包括社会主义积累与投资规律和收入分配规律在内的社会经济规律体系支配的，资本主义竞争则受包括剩余价值规律和平均利润率规律在内的功能结构截然不同的经济规律体系支配。与此相联系的是两种竞争过程具有不同的协调机制：从理论上说，社会主义竞争是由反映社会整体利益和经济总体发展趋势的社会计划加以协调指导与控制管理的，从而为竞争中的企业确定自己的经济活动方向提供了重要的社会指导。这样，就有可能在利用竞争对于促进经济发展的积极作用的同时，最大限度地避免竞争的不完全对经济发展过程的消极影响，以及避免不必要的经济波动等。而无政府状态下的资本主义竞争则经常使大量企业处于严重的开工不足状态，或者陷入破产倒闭的困境。所以，资本主义竞争一方面固然促进了资本主义经济的发展，但另一方面又不可避免地伴随着人力、物力、财力的浪费。

就协调范围和协调手段而言，在社会主义竞争过程中，公有制、以公有制为基础的企业经营机制和特定的市场态势，决定了政府系统必然对价格形成过程和竞争企业内部的收入分配过程等方面进行更广泛的干预和调节，并不得不更多地借助行政手段。相比之下，在资本主义经济中，政府系统对微观经济运行过程中的直接干预较少，并且在实际控制时不得不偏重于经济手段和法律手段。这种状况无疑在一定程度上是取决于生产资料的私有性质的。私有企业必定要求私人经营和私人管理，来自企业外部的过多的直接干预本质上是同私人利益相冲突的。[18] 正是这一点导致英国、美国等西方某些发达资本主义国家的政府近年来大力推行各种放松管制（Deregulation）的经济政策。

（3）社会主义竞争的主体是社会主义企业。在理论上，劳动者是企业的主人，企业管理人员的工作受到上级管理部门和本企业工人的监督。而资本主义竞争的主体是由资本家控制与统治的资本主义企业，劳动者只是资本家榨取剩余价值的材料，在所有权与管理权分离的情况下，企业管理人员向资本所有者负责。因此，在两种不同的竞争过程中，存在着两种不同的经营组织形式和利益制约机制。

（4）以上几个方面的客观经济条件，决定了在两种竞争过程中必然存在着不同的企业行为规则和动力结构。

竞争中的资本主义企业经营的出发点和归宿点是最大限度地获取利润和实现资本增殖。[19] 作为企业所有者的资本家有着强烈的积累欲和投资欲，并承担着企业经营亏损的风险。在现代公司制度下，资本主义企业高级管理人员享有可观的红利和巨大的股本收益（通过接受赠股和认购优先股等形式获得股票），他们的利益与股东的利益密切地联系在一起，并在很大程度上同企业发展和企业增长保持着内在的一致性，因而同样有着强烈的积累动机和投资动机，也必须承担由企业经营失败带来的风险和股本损失的风险。[20] 在这里存在的是复合的动力结构，不仅存在着以消费为最终目的的个人收入刺激（简称消费收入刺激），而且存在着以投资为目的的个人非消费性资产（资本）的刺激（简称资产刺激），并且这种资产刺激在整个动力系统中居于支配地位。

迄今为止，现实竞争过程中的社会主义企业的经营目标，或者像南斯拉夫自治经济那样，是由企业本身选择的，这种选择通常偏向短期企业职工收入最大化[21]，或者像我国目前这样，是由企业外部的经济政策、改革措施和主管部门确定的，其基础仍然是特定指标同经营者的个人收入挂钩。这里存在的是单一的动力结构，仅有消费收入刺激而无直接的资产刺激。另外，企业的内在积累动机显得较弱，投资动机则较为亢奋，二者因此不对称。这些因素常常引致国民收入超分配和投资等社会经济活动"过热"，造成卖方市场，诱发普遍短缺和通货膨胀（相形之下，资本主义宏观经济失衡的特征是相对生产过剩）。应当强调的是，这些因素不是竞争过程造成的，相反，它们会限制竞争机制积极地发挥作用。不断改善刺激机制和企业内部积累机制，以促进竞争市场的发育，是今后社会主义经济改革的一项重要课题。可以预期，随着经济改革的向前推进，社会主义企业的经营机制将会逐步得到改善。

通过以上的分析可以看出，同资本主义竞争相比，社会主义竞争具有极不相同的微观经济行为和宏观经济行为，它能够促进社会主义经济的繁荣和发展，而不会导致走向资本主义。这一点已经为事实所证明，并将继续得到证明。西方一些人士认为，由于社会主义国家导入了竞争机制或分权模式，而资本主义国家则加强了政府干预，因而两种经济制度正在"趋同"。[22]
这种观点至少是一种理论错觉，它仅着眼于特定历史时期内出现
的某些雷同的表面经济现象，而不能从经济体制的深层结构上把
握社会主义竞争与资本主义竞争的区别。[23]充分而又有效地开展
社会主义竞争，为竞争创造更加适宜的环境，将是完善社会主义
市场机制和发展社会主义商品生产的一项具有战略意义的任务。

3.4 社会主义竞争与竞赛

竞争并不是导入市场机制的社会主义经济特有的现象，而是
与一切形态的商品经济有关的现象。虽然如上一节所述，社会经
济制度不同，商品经济建立在其上的生产资料所有制不同，竞争
就会具有不同的特点。但只要是商品经济，具有相对独立经济利
益的不同商品生产者之间，就客观上存在着竞争关系。

然而，在社会主义经济理论研究中却长期存在着这样一种观
点：社会主义经济只能有劳动竞赛，不能有市场竞争。

上述传统观点是以对竞争进行全面否定，以社会主义经济运
行过程排斥市场调节作为立论基础的，所以，需要在较为广阔的
理论背景和历史背景下对竞争过程展开研究，对劳动竞赛和市场
竞争过程进行比较分析。现着重讨论如下几个方面的问题：

（1）竞争过程本质上是竞争各方相互作用、相互依存和相互
制约的过程。

例如，在竞争过程中，生产者利益与消费者利益在总体上
表现为对方的手段，以对方为媒介和相互依存。这是一种运动，
生产者和消费者通过这种运动彼此发生关系，表现为互不可缺，
但又各自处于对方之外。生产者提供的商品成了有支付能力的消
费者满足自己需要的手段，而消费者在适合自己消费需要的前提
下进行的购买行为使生产者的产品价值得以实现，从而满足了生

产者对收入的需要。这种相互依存性，使得买卖双方通常只能在对方所能承受的范围内索价和讨价还价。并且，买者之间竞争和卖者之间竞争进一步保证了买者集合与卖者集合之间相互满足过程的效率，使得整个竞争过程在更大程度上不是表现为你得我失的零和博弈，而是表现为互相促动的正和博弈。社会经济因此得到发展，商业道德得以确立并得到遵守，现代商业文明得以逐渐形成。

在竞争过程中，由于信息的不对称[24]和市场力量的倾斜，固然存在着相互欺诈的可能性，但这绝不是竞争企业增长的普遍有效途径，也不能据此解释竞争性的商品经济的迅速发展[25]。

实际上，竞争各方的相互制约性，通常能够抑制经济活动当事人的"越轨"行为，使其不能随心所欲地掳掠他人，使得交易结果和市场竞争过程的结果不为单个买者或单个卖者所左右。违逆竞争市场的意旨的代价将是经济上的毁灭。这种相互制约性还对竞争中的企业形成一种强大的外部压力，使它不敢懈怠大意，不敢粗暴地对待顾客，不得不努力改进技术，改进管理方法和经营方式，从而保证了经济运行的效率，形成了良好的商业风尚。由此可以推论，商业欺诈行为的出现，与其说是竞争过程造成的，不如说是市场发育不成熟和竞争不足造成的。

作为一种互动形式，竞争过程在很大程度上并非意味着竞争者你死我活，而是意味着生产者之间在技术水平和经营水平上的相互超越，意味着供给与需求相互适应。供求的相互适应过程，实质上是市场自我组织和自动调节的过程。在这里，市场的"无政府状态"不等于完全混乱无序，"自发性"在一定程度上适应了社会经济运行过程的内在要求，从而在一定范围内具有积极的、建设性的作用。[26]

诚然，竞争作为一种"博弈"过程，具有奖优惩劣功能，使得一部分适应能力差的低效率者被无情淘汰。然而，正是这种淘汰构成了一种促动因素，使得社会财富的生产能够在消耗最低的情况下进行，社会整体利益因此而增进。正如马克思所说："个性的比较高度的发展，只有以牺牲个人的历史过程为代价……。因为在人类，也像在动植物界一样，种族的利益总是要靠牺牲个体的利益来为自己开辟道路的。"[27] 同时，这种淘汰常常也是产业结构调整和进化的一种表现形式。对竞争淘汰落后抱着感伤主义和悲天悯人的态度，并借此否定竞争的积极意义，显然是同历史发展要求相悖的。效率问题是关系到社会主义经济制度兴衰的根本问题。社会主义国家要保证社会主义经济具有比资本主义经济更高的效率，便不能以牺牲效率为代价来避免这种淘汰和削弱竞争，而只能通过产业政策、人力政策、技术开发和技术扶持政策等手段，来增强落后者的竞争实力。在竞争环境下，提高其经济效率，改善竞争机制，在增进效率的基础上为落后者寻找出路，使其摆脱原来的落后地位。这种新的摆脱落后、淘汰落后的方式在社会主义经济中有着特殊的社会意义和政治意义。当然，为了保证效率，其他淘汰落后的方式（如企业破产和企业重组）也将在一定范围内不可避免地被保留下来，并因此而要求社会主义国家不断改善生产要素重组或重新配置机制。

我们认为，在商品经济条件下，竞争是一种独立于社会经济制度的中性机制。它既可导入资本主义经济，促进资本主义经济的发展，也可导入社会主义经济，促进社会主义经济的发展。整个社会经济历史进程，在很大程度上是一种以效率为标准的"自然选择"过程。将竞争机制引入社会主义经济系统，既是一定历史条件下自觉的社会选择的结果，也反映了社会经济发展的内在要求。社会主义国家的经济改革实践直接证实了这一点。

（2）在排斥市场调节机制的经济体制中，企业的经济活动是受硬性计划指令约束的，而不受社会需求的直接约束。因此，企业首先是为计划而生产的，"竞赛的目的是完成和超额完成国民经济计划"[28]。当计划不周和计划失误时，劳动竞赛非但不能产生修正作用，反而会进一步加重计划系统和社会经济系统的失衡状态，造成极为严重的经济后果。在传统的集权体制下屡见不鲜的"工厂报喜，商业报忧，财政虚收"的现象，以及长期性的宏观经济结构失调，便是证明。

纵令在计划有问题时，企业意识到了矫正计划的必要性，但要使其成为现实，企业必须具有"良好的耐性"，通过复杂烦琐的方式耗时费力地向具有严格等级制的垂直管理系统进行报告请示，然后等待获得批准。矫正因此被延宕耽搁，久拖不决。

可见，这种劳动竞赛缺乏自我矫正机制和灵活的适应机制，故而不能对社会需求和环境的变更做出敏捷的反应。

同这形成鲜明对照的是，面向市场的企业竞争具有灵敏的决策矫正机制和活动自如的适应机制。在竞争过程中，企业根据预期的社会需要做出生产决策，制订自己的生产计划，然后又迅速接受市场的信息反馈，根据需求的变动果断地调整生产，同时又不断开拓新的社会需求。换言之，由于自主经营和在市场上直接同消费者见面，企业可以及时地发现与矫正失误的决策，免除了漫长而又迂回曲折的报告审批过程，从而大大提高了经济活动的效率。

（3）在排斥市场调节机制的经济体制中，作为计划执行者的企业不可能对计划失误和由此引起的经济损失负责。这一点再同价格扭曲综合在一起，必然造成软性预算约束。在此基础上开展的劳动竞赛必定不存在真正的经济核算，不存在淘汰落后的机制。于是形成了"吃大锅饭"的局面，财政部变成了"保险总公司"。被保护的落后企业仍然低效率地运行，吞噬着紧缺的经济资源，从而抑制了先进企业生产的增长与技术变革的速度和范围，降低了整个社会的经济效率和产出水平。

由于在这种劳动竞赛中，对企业来说，投入要素的可得性往往并不取决于自己的效率，而是取决于国家分配给本企业的资金和物资的具体数量，取决于计划过程中企业同上级讨价还价的能力。并且，当下达到本企业的计划指标一定时，上级分配给本企业的资金和物资越多，企业完成计划就越有保证。或者，在分配给本企业的资金和物资一定时，计划指标越低，也越是容易完成。加之棘轮效应或"鞭打快牛"，企业若在上一个计划时期中超额完成计划的部分太多，其下一时期计划指标就会大大超出前期的水平，从而加大了以后完成与超额完成计划的困难。为避免这一点，企业在执行计划时，往往"打埋伏"和留有余力。而在同上级主管部门商定计划时，也总是尽量掩盖自己的原有潜力，强调甚至夸大自己的难处，力争获得最多的资金和物资，接受尽可能低的计划指标，以便获得最有利的完成计划的基本条件和最有利的劳动竞赛条件。于是形成了特有的"一年之计在于争"的局面，出现了投资饥渴和物资需求饥渴，造成了计划指标超额完成与经济效率普遍低下并存的结果。

相比之下，真正完全的社会主义经济竞争必然包含着优胜劣汰的机制，预算约束硬化，面对市场自主经营的企业必须承担失败的风险，对自己的经营成果负法定的经济责任，因而力求以相对最少的投入获得最大的为社会所需要的产出。那些落后的企业要么被淘汰，要么在竞争压力的逼迫下迅速地进行自我更新，或者被归并到先进企业加以改造。随着微观经济运行机制的改善，投资饥渴和物资需求饥渴的病根也可能被完全消除。

所以，竞争机制能够更好地贯彻效率原则和社会主义物质利益原则，提高社会经济总体的技术水平，因而能够更合理地配置稀缺的社会经济资源，生产出更多的适销对路的产品，更充分地实现人们常说的社会主义的生产目的。

通过以上分析可以看出，竞争机制的导入能够改善整个社会主义经济系统运行的效率。因此，它的存在有着历史必然性，是现有社会主义条件下生产力发展和生产关系改善的客观要求。旧的高度集权的经济体制人为地限制竞争和市场的调节作用，对社会主义经济发展造成了巨大的损害。那种社会主义经济只能有劳动竞赛而不能有市场竞争的观点已被实践证明是不正确的。

注释

1. 因此，本书的"部门"概念相当于现代产业组织理论中的"产业"（Industry）概念。参见 J.S.Bain, Industrial Organization. John Wiley and Sons, New York, 1968, 2nd edition, p. 6, p. 62, p.124。对"产业"概念的详细讨论，参见张培刚教授《农业与工业化：农业国工业化问题初探》一书（华中工学院出版社 1984 年版，第 243—247 页）。关于"产业"概念的讨论无疑也适用于"部门"这一概念。

2. 在古典经济学以及马克思经济理论和新古典的完全竞争模型中，均质产品被看作普遍的情况，并且同一市场上的某一时点的价格也被认为是相同的，即不存在价格竞争。从今天的现实来看，这种均质产品、统一价格的市场无疑是少数。

3. 同一商品在同一时点上销售价格的不一致，一方面引起买者的搜索行为，较低的价格会吸引更多的顾客；另一方面导致不同的销售成本，价格高的卖者的产品平均待售时间通常会长于价格低的卖者的产品平均待售时间。在其他条件相同的情况下，前者在一定时间内与买者成交的次数较少，其销售费用因此也高于价格低的卖者。于是产生了"低价多销"与"高价少销"的差别，并对企业相对发展速度产生明显影响。

4. 在通货膨胀率足够高的情况下，实际成本与实际价格的下降可能同时伴随着名义成本和名义价格的上升。

5. 熊彼特把这类经济结构变革称为"具有创造性的毁灭过程"（the Process of Creative Destruction）。参见前引熊彼特著作第 7 章。

6. 这时的需求曲线将不同于通常的需求曲线而向原点方向倾斜。如图 3-2 所示，当价格由 P_1 降至 P_2 时，需求量也由 Q_1 减少到 Q_2。这与通常的价格下降导致需求增加的情形刚好相反。

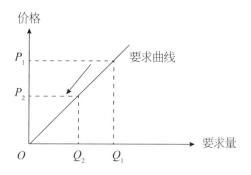

图 3-2　需求曲线

7. 这也是现实生活中企业隐蔽涨价和逃避物价管制与物价监督的最"有效"的途径。

8. 边际定价原则当然也不是资本主义经济的现实原则。早在 1939 年，英国牛津大学的经济学家霍尔（R. L. Hall）和希奇（C. J. Hitch）在对英国 19 个企业的有关管理人员做采访调查时，就发现企业并未把边际成本和边际收入联系起来决定价格，主要原因是企业不了解对自己的产品的需求曲线或边际收入曲线。他们还发现，企业在定价时采用的是全部成本法，即对每单位产品的直接费用加上一定的间接费用（如管理费用）和一定比率的利润额（参见 R. L. Hall and C. J. Hitch, Price Theory of Business Behavior, Oxford Economic Papers, No. 2（May 1939）, pp. 12—45）。20 世纪 50 年代至 60 年代，美国的一些学者在他们所做的经验研究中也都发现了类似的情况（参见 A. D. H. Kaplan, Joel B. Dirlam, Robert F. Lanzilotti, Pricing in Big Business, Washington: Brookings Institution, 1958）。

9. 正是由于这一点，在农业等被新古典学派视为接近于完全竞争市场的部门中，应当通过有效的组织措施和社会安排（政府的或民间的）来推进技术创新过程，如通过社会资助来建立农业研究中心，借助生物工程技术开发新的农作物品种，以及借助专业机构来培训和再培训农业部门的熟练劳动力等。

10. 竞争产生垄断的说法，最早可追溯到法国空想社会主义者傅立叶（F. M. C. Fourier）那里。傅立叶认为，工业生产的分散性和竞争导致联合，产生了垄断集团。这种联合很快地席卷一切工业和金融系统，形成"商业的封建主义"（参见《傅立叶选集》第 1 卷，商务印书馆 1964 年版，第 134 页）。

11. 关于当代资本主义企业规模和集中程度的动态发展，参见前引 J. S. Bain 的著作《产业组织》（Industrial Organization）第 4—6 章。

12. 恩格尔定律直接证实了这种递减趋势。该定律指出，随着家庭收入的增加，收入中用在食物上的开支比例便不断下降。西方其他学者在有关的经验性研究中还进一步发现，衣服和住房等其他基本生活必需品在不断增大的家庭收入中所占的份额是递减的。这些发现无疑也适用于社会主义经济。

13. 可自由支配收入是指消费者在已进行了不可缺少的购置后余下的，可作为非迫切性开支而用来购置享受资料和发展资料的那部分收入。

14. 为简便起见，我们撇开了同存货调整相联系的数量调节。在需求变动和产量变动过程中，存货调整在一定限度内能起缓冲器的作用，不致引起价格波动和产量波动。超过这一限度，存货的进一步变动就会导致价格的跌涨和产量增减。同价格变动相比，存货的变动更加频繁，存货信号（包括对存货的预期）构成了生产者调整价格、产量和投资的依据。

15. 供求的不断波动和绩效同收入之间的高度相关性，使得"按劳分配实际上只能在平均数中实现，而不是在每个个别场合实现"（B·乔西奇主编《社会主义政治经济学》，中国社会科学出版社 1985 年版，第 319 页）。这里的"按劳分配"中的"劳"，指的是生产中所消耗的劳动的质量和数量，这也是它的通行的含义，而不是指劳动的物质成果或这一成果的货币表现。

16. 英文中的 System 和 Institution 皆可译为"制度"，但后者的含义较广，它包括风俗、习惯、个人偏好和价值判断在内。本节所说的"制度"仅同 System 相对应。

17. 资产并非私人所有这一点，使得改善企业内部的组织结构和经营责任机制成为社会主义经济改革的一项经常性的至关重要的任务。

18. 当然，在不同的资本主义国家中，由于文化传统和历史传统的差异，政府系统对微观经济运行过程的干预程度是不同的，干预的方式和干预的效果也不一样。例如，亚洲的某些"儒教资本主义"国家同欧洲的某些"新教资本主义"国家的政府干预情形便存在着明显的差别。另外，在导入竞争机制的社会主义国家中也同样存在着政府干预的差异。

19. 关于现代资本主义企业的经营目标，西方经济学界中有最大利润之说和最大销售额之说。笔者认为，从长期来看，这两种说法并无实质性差异，因为短期销售额最大，其实质是为了实现长期内的利润最大。当然，这两种经营目标的差异，会导致企业决策视野的差异。这种差异有可能直接影响企业的绩效。一般来说，在股票市场发达且股票行市被作为公司的"健全性公告书"的经济体制中，企业的决策视野较为短狭，内部积累能力也往往受到影响。比较一下美国和日本企业运行状况便可发现这一点。

20. 20世纪60年代以来，西方不少学者在考察现代资本主义公司股票所有制时，对所有权和管理权在结构上的统一和职能上的统一之间的差异问题，产生了一些争论。主张所有权与管理权相统一的学者认为大公司并未给资本主义所有制关系带来任何在原则上新颖的东西，反对者则强调经理的特殊作用及其在决策过程中的相对独立性，并有所谓"经理革命"之说（参见 O. Williamson, The Economies of Discretionary Behavior, Prentice Hall, 1964; R. Marris, The Economic Theory of Managerial Capitalism, Free Press, 1964）。反对者的说法当然有一定的可取之处，只是他们过分夸大了经理的相对独立性。

21. "南斯拉夫的劳动者行为与其他地方受雇的挣工资者的行为类似：他们倾向于为他们自己要求最大的短期收入，即使这意味着企业的生产设施的投资较少"（K. Haitani, Comparative Economic Systems. Organizational and Managerial Perspectives, Prentice Hall, New Jersey, 1986, p. 387）。在南斯拉夫进行的社会学调查结果显示，自治企业普通劳动者的兴趣按偏好次序排列依次是：①高收入；②好的同事；③有能力的上级；④提升的可能性；⑤自治（L.Sirc, The Yugoslav Economy under Self-Management, St. Martin's Press, New York, 1979, pp.174—176）。

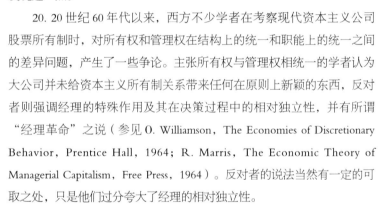

22. 参见 J.Tinbergen，"Is Communist and Free Economies Show a Converging Pattern？" Soviet Studies，Vol. Ⅱ，No. 4.（April 1961），pp.333—341，J. K Galbraith，The New Industrial State，Boston，1967。

23. 对有关"趋同"假说的不同观点的介绍，参见埃冈·纽伯格等著的《比较经济体制——从决策角度进行的比较》一书（商务印书馆 1984 年版）。20 世纪 70 年代以来，随着西方经济学界对国家干预效果的怀疑不断增长，以及随着东欧改革局面的发展和西方国家政府放松管制与推行非国有化政策，几乎不再有人提起"趋同"假说。

24. 按照国外经济学的一般说法，在信息不对称的情况下，拥有较多信息的一方将处于有利的地位和具有更大的选择余地，可以在信息较少的一方不会觉察出来的前提下，采取对信息较少者较为不利或较为有利的行动方案。因此，信息较多的一方将承担着道德风险（"Moral Hazard"或"Moral Risk"），实际上这种道德风险在排斥市场调节的社会主义集权经济体制下，也在很大范围内难以避免。

25. 在这些方面，那种把资本主义竞争等同于纯粹尔虞我诈的观点，同马克思在《资本论》中对资本主义竞争过程所做的分析，在方法论上有着根本的区别。

26. 实际上，在斯大林式的集权体制中，社会经济活动也常常在一定范围内表现为自发过程，如各种形式的盲目投资与盲目生产。由于缺乏竞争性的相互制约机制，这种自发过程往往造成浪费而不具有建设性的作用。另外，集权体制并未消除竞争性的商品经济中存在的那种经济波动。国内外学者对集权体制下的经济波动进行了广泛的研究。例如，参见 T. Bauer, Investment Cycles in Planned Economics, Acta Oeconomica, Vol. 21（3），1978, pp. 243–260；符钢战等著的《社会主义宏观经济分析》，学林出版社 1986 年版，第 11 章。

27.《马克思恩格斯全集》第 26 卷第 3 册，人民出版社 1973 年版，第 125 页。

28. 苏联科学院经济研究所编：《政治经济学教科书》，第 3 版增订本，三联书店 1979 年中文版，第 185 页。

4　多重经济结构下竞争的限制

　　正如已经指出的，第 3 章的前两节考察的是社会主义竞争的抽象形态。这一形态至少暗含着以下两个极其重要的前提：①竞争中的任何一个企业在市场上不占有持久的优势，而是同其他企业势均力敌（即均齐的竞争）；②不存在进入每个部门或行业的特殊障碍，生产要素可在不同的产业部门之间充分地流动（即充分的竞争）。

　　然而，在现实生活中，由于存在着多重经济结构，社会主义经济中的部门内竞争一般是不均齐的，部门间的竞争也是很不充分的。这里所说的多重经济结构，是指社会经济系统内部各个子系统的发展极不平衡，且处于严重的相互隔绝和多重分割状态，以致在同一部门内部和在不同部门之间存在着多种技术水平和生产力水平。例如，极其原始的农业耕作方式、非常落后的传统工业技术和先进的现代化的技术杂然并存；与此相对应的，是企业之间和部门之间经济效益与收入水平等方面的巨大差异。这些状况在我国表现得尤为突出。

　　本章将讨论多重经济结构下部门内的不均齐竞争和部门间的不充分竞争问题，然后探讨我国多重经济结构的成因。我国社会主义商品经济的迅速发展和竞争市场的发育，必将以尽可能地克服经济结构的多重化和减弱竞争的不均齐性与不充分性为前提。所以，本章所进行的理论分析无疑有助于加深对这一点的理解，有助于寻求有效的经济政策来自觉地推进这一发展过程。

4.1 部门内竞争的限制：不均齐竞争

均齐竞争，是竞争者实力相当的竞争；反之，不均齐竞争，是竞争者实力参差不一的竞争。

显然，同均齐的竞争相比，多重经济结构下的不均齐竞争，将会导致不同的市场结构、不同的市场行为和不同的市场效果（Performance）[1]。

那么，如何来测定部门内竞争的不均齐程度呢？决定或影响这种不均齐性的一般因素是什么？严重的不均齐程度会对竞争市场的运行效率产生哪些影响？

下面让我们就这些问题展开讨论。

1. 竞争不均齐程度的测定

企业经营是一个复杂的由多种环节组成的过程，这一过程涉及很多方面。相应地，部门内企业竞争的不均齐程度也是一个多维变量，可以同时用不同的指标和分配数列[2]来衡量与表示。例如，我们可以根据同一部门中不同企业在要素禀赋或投入方面的差异来判断不均齐程度，这些差异包括企业人员的构成，特别是技术人员和熟练工人的比例，人均技术装备水平和工艺技术水平，可获资源数量和资金数量，企业的研究与开发能力，等等。再如，我们可以用产出方面的有关数据来说明竞争的不均齐程度，这些数据有不同企业的单位产品的生产费用与销售费用、人均劳动生产率、产品的升级换代速度、利润量和企业盈利水平等。

为了简便起见，我们当然也可以单独用一定时间跨度内的企业利润率这一综合性的数量标志所组成的分配数列，来近似地表示部门内竞争的不均齐程度，并利用它来研究特定部门内竞争不均齐程度的动态变化和进行跨部门的乃至国际的比较分析。进一步地，我们还可以在合理确定样本的前提下，采用抽样调查的方法来完成这种单一数量标志的分析研究。

此外，我们也能够在企业利润率这一数量标志的基础上利用其他计算方法来概略地测定不均齐程度。本书给出的下述方法可被看作这方面的一个尝试：

$$u = \frac{\sum\limits_{i \in N} |\pi_i - \pi|}{n} \qquad (4-1)$$

式（4-1）中，u 为一定时期内的不均齐指数；n 为部门内的企业数目；π 为该时期内的部门平均利润率；π_i 为同期第 i 个企业的利润率（$i=1$，2，……，n）。式中使用绝对值符号是为了保证正负数不致相互抵消。u 的值越大，意味着该部门各企业之间的利润率的差异越大，从而意味着它们的竞争能力的不均齐程度越高。当 u 的数值较小时，其经济含义相反。

除利润率这种相对指标外，利润量这一绝对数额同样可以作为衡量不均齐程度的标志。例如，运用洛伦兹曲线（Lorenz Curve）来描述某一部门的利润分配情况，便可大致了解某一部门内部竞争的不均齐程度。在这里，洛伦兹曲线是通过测定拥有不同利润量的企业数目（从利润量最少的企业开始排列）占该部门全部企业的数量的累积比例，对它们在该部门利润总量中所占的累积份额而得出的。如果在足够长的时期内各企业的利润量完全相等，则洛伦兹曲线将是一条成 45° 角的直线，这时的部门内竞争逼近于均齐的竞争。[3] 反之，各企业的利润量若相差悬殊，洛伦兹曲线便向下弯曲。并且，悬殊越大，弯曲得也越厉害。这意味着竞争的不均齐程度越大。用洛伦兹曲线表现不均齐程度的统计方法，是用对角线下的总面积（图 4-1 中的 A 和 B）去除曲线与对角线之间的面积（图 4-1 中的 A）。这一计算结果称为洛伦兹系数或基尼系数（Gini Coefficient）。该系数的数值越接近于零，说明利润在不同企业之间的分配越接近于绝对平等，部门内的竞争便越接近于均齐的竞争，反之则越接近于不均齐竞争。

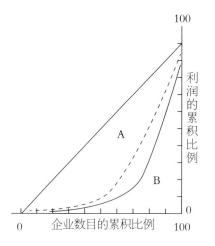

图 4-1　衡量不均齐程度的几种洛伦兹曲线

在上述关于以利润率和利润量为基础来分析部门内竞争不均齐程度的讨论中，我们一再强调对这些数量标志的统计必须保持足够的时间跨度。其原因在于，由于某些竞争能力较强的企业有时恰好处于产品升级换代过程，短期内的利润率和利润量都不够理想，但它的竞争后劲很足。而另一些即将衰退的企业的当前利润率可能很高，所获利润量也较多，但这不过是强弩之末，抑或是回光返照，难以在今后继续维持下去。在以上两种情况下，短期利润指标不能确切地反映企业的竞争潜力及其经济绩效。只有延长考察的时间跨度，才能避免"以一时成败论英雄"，避免以偏概全。

应该说，前面提到的衡量部门内竞争不均齐程度的各种品质标志和数量标志，不是相互排斥和相互替代的，而是相辅相成、相互补充的。这种多样化的测度，有助于我们从多种角度更具体、更全面地把握部门内竞争的不均齐程度，使分析结论更加充实可靠。

我国社会经济结构显著的多重化，使得很多产业部门内竞争的不均齐程度特别高。由于获取统计资料方面的困难，这里难以确切地定量描述它们。不过，分析一下表 4-1 中我国棉纺织工业重点企业 1984 年主要经济指标，我们还是可以窥其一斑。

表 4-1　1984 年我国棉纺织工业重点企业主要经济指标比较

企业名称	固定资产利税率（%）	资金利税率（%）	固定资产产值率（%）	全员劳动生产率（万元/人·年）
北京第二棉纺织厂	39.21	42.71	193.43	2.30
北京第三棉纺织厂	67.98	61.12	307. 06	1.84
天津市第一棉纺织厂	46.61	8.86	268.04	2.29
天津市第二棉纺织厂	32.37	42.24	199.68	1.92
石家庄第四棉纺织厂	78.44	69.78	395.53	2.20
上海第十七棉纺织厂	104.00	101.89	512.41	3.01
无锡市第一棉纺织厂	67.46	95.80	522.48	2.44
西北第五棉纺织厂	42.31	48.80	271.08	1.97

竞争与垄断：中国微观经济分析（校订本）

注：表中的"利税"为税收加企业的税后保留利润，也就是理论上通常所说的利润。

资料来源：《中国统计年鉴（1986）》，中国统计出版社 1986 年版，第 353 页。

1984 年棉纺织工业 8 家重点企业之间的经济效益的差别不能说不大。单就固定资产利税率这一项指标来说，最高者竟是最低者的 3.21 倍。若考虑到棉纺织部门中很多效益更低的非重点企业，利税率的差别还会更大。如果把利税率等经济指标看成竞争能力的标志，便可推断我国棉纺织部门内部的竞争是极不均齐的。绝大多数其他产业部门也莫不如此。[4] 当然，我们还可以补充一句，由于行政壁垒和事实上的"地方割据"等原因，这种不均齐条件下的竞争也未能全面有效地展开。

2. 决定和影响部门内竞争不均齐程度的一般因素

前面已经指出，企业的竞争实力差异导源于企业要素禀赋等方面的差异。而要素禀赋差异，从更广的范围来说，又同社会经济发展状况、社会经济组织形式和特定产业部门的发展过程有关。

首先，当整个社会经济发展不足但又开始艰难地迈向起飞阶段时，在地区间初始发展极不平衡却又严重隔离的条件下，同一部门内兴办于不同地区的企业的经济实力和发展潜能必然各不相同，这时出现的竞争必定是不均齐的竞争。并且，地区间的初始发展越不平衡，要素在地区间流动的障碍越大，竞争的不均齐程度也越大。这里需要着重说明的是，构成竞争严重不均齐条件的是块块分割的经济组织形式，而不是地区间初始发展的不平衡。因为块块分割遏制资金、技术的迅速流动和转移，阻止企业或公司的跨地区发展，妨碍地区间的横向经济联合，使得在落后地区创办的企业不能获得较高的发展起点和扩张速度。而在不存在这种块块分割的情况下，在落后地区建立的新企业完全有可能获得作为后起者的优势：在与发达地区企业的合作下，更方便与更迅速地完成职工和管理人员的培训，更廉价地获得成熟技术。在发达地区的企业直接投资于不发达地区和直接设立分厂（或分公司）的情况下，人员培训与技术扩散过程将更易于进行。

其次，就一个产业部门本身的发展过程而言，虽然在一般情况下，在部门的最初发展阶段，由于技术迅速变更，企业地位升降沉浮，一部分原有企业在不断地退出该部门或被合并，新的企业又不断涌现，竞争的不均齐程度在较高的水平上摆动不定。后来，随着产业技术趋向成熟，市场规模和单个企业的规模处于比较稳定的状态，竞争的不均齐程度也在降低，即逐步接近均齐的竞争。如果产业技术在以后出现新的重大变革，那么在这种变革的导入期，竞争的均齐程度又会经历新的扰动，其后复趋稳定。但在产业生命周期中，社会经济组织形式同样在发生着不可忽视的影响。它既可以加速特定产业的成熟过程，降低部门内竞争的不均齐程度，促进有利竞争格局的出现，也可以导致截然不同的效应。块块分割的组织形式在这里又一次扮演了"反派"角色。

此外，企业要素禀赋差异还涉及一国教育发展水平和科技发展水平等更一般的因素。在教育和科技较为发达的情况下，熟练的人力资源很丰富，获取新技术的渠道较多，在较高的技术基础上建造新企业便容易得多，企业之间的要素禀赋和竞争实力的差异就会比较小。

对决定和影响部门内竞争不均齐程度的一般因素所做的这些分析，其政策含义是一目了然的。为了促进竞争市场的发育和有效竞争格局的形成，就必须消除我国目前的块块分割和其他类型的分割状态，就必须大力推进人力开发等发展政策。在后面的章节中，我们还将对这些展开进一步的分析。

3. 严重不均齐对竞争市场运行效率的消极影响

部门内竞争通常是不均齐的。在一定限度内，不均齐对市场效率并无很大的消极影响。但若不均齐超过了一定的临界值，它便会显著地损害市场的运行效率。由于我国各产业部门内部分布于不同地区的大、中、小型企业在生产技术和经济实力上的不平衡十分突出，部门内部不均齐竞争的特征尤其明显，所以，细致地分析部门内竞争不均齐程度对市场效率的不利作用，是很有实际意义的。

在不均齐竞争中，企业之间的相互作用、企业创新的平均能力和领先企业的外部压力往往会减弱。并且，这种减弱的程度同不均齐程度是成正比的：企业之间的相对经济实力越是悬殊，技术"赶上"过程与模仿时滞（即落后企业成功地仿效先进企业的创新所需的时间）就越长，后进企业想独立进行创新以取得对现行先进企业的优势或与之平分秋色的可能性就越小。加之目前社会经济系统中普遍的求大于供的卖方市场形势，劣等生产者往往也能按照较高的价格售出商品，因而感受不到市场压力，不愿调动自己的全部力量去改进生产和承担研究与开发的风险。一直处于"霸主"地位的企业由于没有旗鼓相当的对手同它抗衡，没有直接的和潜在的威胁，无疑会懈怠自满。

假若先进企业的强大技术经济实力是在经济改革之前形成的，那么，那些在改革起步时要素禀赋较差的企业就会强调这些客观原因，向中央或上级管理部门要求"起跑线上的平等"，要求尽量拉平它们同前者之间的劳动者收入水平和企业可支配收入（保留利润）水平。而由于这种"起跑线上的平等"似乎是符合社会主义按劳分配原则的，中央和地方政府往往不得不对此做出肯定的反应，通过税收政策和收入政策对企业的财务收支进行干预。这一点已在我国和匈牙利的经济政策实践中得到了证实。[5] 然而，真正按照剔除自然资源、技术装备程度等方面客观条件的差别来保证"起跑线上的平等"是很困难的。简单易行的方法，就是把改革开始时各企业不等的盈利水平，作为各自的"起跑线"和计算"基数"或出发点。传统的集权模式中的"棘轮效应"在这里被继续保持下来。

我们知道，企业的盈利水平，不仅是企业的客观条件的体现，而且也是企业的经营管理水平、劳动者的工作努力程度等主观因素的体现。所以，以改革开始时各企业不等的盈利水平作为各自的"起跑线"，不仅剔除了企业生产客观要素上的差别，而且抹杀了企业生产和经营的主观努力上的差别。这种"起跑线上的平等"，实际上并没有真正贯彻按劳分配原则，而是一种"鞭打快牛"式的不平等，其结果必然削弱经济动力机制的作用，诱致先进企业"打埋伏"、隐瞒其经济潜力和自动抑制产出与效率的提高等[6]，影响竞争市场的动态效率。同时，与这种平均主义做法相适应的"抽肥补瘦"的税收政策，必定损害资源配置与再配置的效率。先进企业税负过重，难以得到迅速的发展；而后进企业税负较轻，却可以在低效率水平上毫不费力地实现扩张。社会边际投资的效率与供给水平因此相对下降。这时，虽然部门内竞争不均齐程度的发展会得到抑制，但这种以牺牲效率为代价的人为抑制并未体现经济发展的内在要求，相反，它导致市场结构的退化，阻碍了产业部门的演进和发育，从而损害而不是改善市场竞争机制。

与上述对原有企业实行"抽肥补瘦"的办法相类似的另一种情形是：在块块分割和缺乏有效的发展政策的背景下进行的社会经济结构的大规模调整，产生了很多处于发展最初阶段的落后的幼稚企业，国家往往对这些小型的发展不足的新建企业在开始几年内实行减免税收的优惠政策，用行政性质的财政手段来扶持它们的发展。

用这种单纯地软化税收约束的办法来扶持幼稚企业发展的实际效果无疑是十分有限的，同时会带来很多副作用，其中的部分副作用是政策的制定者事先未预料到的。例如，一些幼稚企业往往利用它来钻空子，采取"忽聚忽散"，或"打一枪换一个地方"的游击战术，在不同部门做"临时工"，不断地换牌（变更企业的名称）和转向（改变企业的生产方向），追求短期收益，忽视长期发展，生产技术和组织管理水平难以得到真正的改善。实质上这是通过变相的逃税来维持效率低下的经济活动，其结果并未实现幼稚企业发展的政策目标。同时，非但没有降低部门内竞争的不均齐程度，反而维持和强化了竞争的不均齐性。

如何在提高效率的前提下改善部门内部的竞争机制和尽可能地削弱严重的竞争不均齐程度，这是社会主义国家在导入市场机制以后所面临的一个重要的政策目标。目前普遍采用的软化税收约束的做法其实是南辕北辙，并不能达到这一目标。那么，什么样的措施有助于实现它呢？我们认为，这样的措施只能是那些可以普遍地提高国民的文化技术素质、企业素质和产业素质的措施，其中包括周密、协调的产业政策、技术政策和人力开发政策。只有努力改善经济组织方式，从技术上扶持新建企业，以"授之以渔"来代替"授之以鱼"，才能从实质上增强后起企业的竞争力，实现发展机会的均等，扩大创造社会物质财富的源泉，迈向共同富裕而不是共同贫困之路。[7]

在比较经济分析中也可以发现，大力推进结构性的经济政策几乎是工业化发展迅速的国家和地区的共同经验。这些经验无疑值得我国借鉴。

需要注意的是，我国经济理论界对这些结构性的经济变革的重要性一直估计不足。这包括三个方面的原因：一是我国集权模式下长期形成的不重视技术进步和结构变革的传统的惯性作用；二是对我国经济学界发生影响的当代西方主流学派宏观经济学和微观经济学对结构问题的忽视；三是人们所熟悉的东欧各国经济改革的理论和实践，把注意力完全放在如何处理国家同企业之间的关系和怎样硬化企业的预算约束上。实践在呼唤我们去努力纠正这种理论偏差。

4.2　部门间竞争的限制：不充分竞争

现在让我们转入部门间的不充分竞争问题。

首先，我们定义后面讨论所需要的几个概念：

在一个特定的产业部门的生产中，按照社会经济动态发展的比例（或马克思所说的第二种社会必要劳动时间）保留一定数量的企业所必要的收益，可以叫作该部门的保留收益。它在数量上等于社会平均收益。超过这一比例的企业在理想的竞争状态下会转向其他部门，即包括在转移的边际之中，这样的企业就叫作过剩企业或边际企业。一个企业在转向其他部门之前实际取得的收益形成原初收益，而该企业意欲进入的某个部门的当前平均收益称为替换部门的当前收益，它进入这一部门以后所形成的该部门的平均收益称为替换部门的事后收益，这时该企业本身实际获得的收益可称为实际替换收益，它在进入之前对以后的实际替换收益的预先估计则称为预期替换收益。

其次，这里借鉴现代管理理论中的工作绩效 =f（能力 × 激励）[8]这一公式，建立一个作为经济理论分析框架的双因素模型。该模型的中心含义是：经济行为和经济绩效是能力因素和动力因素综合作用的结果。能力因素和动力因素构成了社会经济运动和经济活动的纵坐标和横坐标。在既定的能力下，动力机制的变更将导致经济行为和经济绩效的变化；同样，在既定的动力机制下，能力的增衰也会导致不同的经济行为和经济绩效。对动力因素的详细分析将留待第 7 章去进行，本节主要讨论能力因素对部门间竞争行为和市场运行效率的影响。

在部门间充分竞争时，通过价格和收益机制的调节，一定时期内的供给与需求在总量和结构上有趋于平衡的倾向，部门的时序平均收益等于或接近于保留收益，作为统计平均的结果，边际企业几乎是不存在的。当一定时期内出现部门间的收益差异时，收益较低部门的企业一般会转向实际收益率或预期收益率最高的部门。因而，在充分竞争过程中，生产要素的转移或流动是最高收益导向的，是自由而不受约束的。

可以说，最高收益率导向的转移规则或流动规则[9]也是由古典学派和马克思的竞争模型、新古典的传统的完全竞争模型和鲍莫尔的完全可竞争市场模型所共有的。尽管在这些模型中，"最高收益率"中的"收益"本身的含义或数量规定是不尽相同的。在马克思的模型中，它指的是不同部门的当前收益；在新古典的完全竞争模型中，它指的是不同部门的边际收益；在鲍莫尔模型中，它指的实际上也是不同部门（市场）的当前收益。

无须强调，只有在全部必要条件都得到满足的情况下，最高收益率导向的流动规则才有可能成立。在所有必要条件中，以下两个条件是最基本的：

（1）对启动要素的流动来说，不存在动力不足的问题。

（2）不存在组织方面和其他方面的人为障碍，不存在能力不足的问题。这里所说的"不存在能力不足"的严格含义是，进入收益率最高的部门，而不留在原来的部门或进入其他收益率不是最高的部门，企业将肯定有能力获得最高的实际替换收益，且这种收益高于原初收益。这实际上要求潜在的转移企业的能力结构与部门收益（或社会收益）结构是完全重叠、始终一致的，从而保证哪一个部门的收益率最高，潜在转移者便能迅速转移到哪一个部门，并取得成功。当然，在经济系统内部开放程度较高和能够自由招聘企业职工，特别是技术人员和熟练工人的情况下，转移企业在转移之前可以不具备这种成功转移的能力，但它必须通过要素的重新组合来获得这样的能力，否则仍然会面临能力不足的问题。通过提高经济系统内部的开放程度来实现要素的重新组合和提高重组之后的经济单位的技术经济能力，无疑具有很重要的政策含义。但这里依然要求社会经济技术水平必须发展到这样的程度，在这种程度上，成功地进入收益率最高的部门所需要的人力和物力必须是可以得到的——这一点当然也具有确定的政策含义，它要求社会必须通过各种发展政策来改善要素重组的效能，为这种重组提供训练有素的人力（或为人力培训提供机会）和其他物质条件。

上述两个条件具有一般的理论意义和实际意义，任何包含着最高收益率导向的流动规则的理论模型和经济系统（假想的或实际的），都必须保证这两个条件能够得到满足。否则，最高收益率导向的流动规则就不能成立。在现实经济生活和历史发展过程中，这两个条件并非总能得到满足，最高收益率导向的流动规则因此缺乏普遍性，不具有一般适用性和广泛的解释能力。部门间的竞争也因此不可能总是充分的竞争。传统的惯性、自然条件的限制、生产技术转换的困难和各种人为的障碍等，都有可能削弱劳动者和企业的转移动力与转移能力，使得部门间的竞争难以完全展开，从而只能成为不充分竞争。

例如，在封建社会，手工业者的转移行为受封建行会制度的束缚，这时的竞争难以充分展开。在资本主义社会，劳动者的流动能力依赖于获取新的劳动技能的难易程度等，资本主义企业的转移能力则依赖转移费用的高低和获取必需的生产要素的可能性，依赖于市场结构或产业组织形式，所以，部门间的竞争通常也难以全面地展开。在社会主义现阶段中，部门间的要素流动和竞争显然也是不充分的。同时，影响要素流动过程和制约这种竞争的因素，在不同社会主义国家和同一国家的不同历史时期，也不尽相同。

现在，让我们进一步结合能力因素和动力因素对转移规则或流动规则做一般性的抽象的分析。

首先，就转移过程的动力本身而言，影响它的一般因素当然很多。例如，习惯和传统，个人的和社会的价值标准，对特定的职业、工作单位和工作地点的偏好程度，对风险的态度，以及转移收入分配规则和动力结构本身等[10]，都会促进或遏制转移过程。

同样，影响能力的因素也很多，如上面提到的自然条件和社会经济技术条件，劳动力素质，投入物资的可得性，以及市场基础结构、交通运输状况和资金市场的发育程度，等等。从广义角度来讲，各种人为的转移障碍和流动障碍，也是对流动能力的限制。因此，在理论分析中，还可以进一步扩大对能力的考察范围。

那么，动力因素和能力因素是怎样具体地决定部门间要素流动规则的呢？

显然，当能力既定时，在不同的动力型式和动力结构下，将会有不同的流动规则。流动规则的多样化，是文化传统、民族心理、经济体制和经济发展状况多样化的必然结果。实际生活中的流动规则的多样化，无疑是对传统经济学中的单一流动规则理论的否定。

在动力机制既定时，若考虑到能力不足问题，传统的最高收益率导向的转移规则或流动规则退化成一种特例和局部情况。如果撇开预期不当这一点，即假定转移企业的实际替换收益与预期替换收益相一致，那么，可以说，边际企业的资金和劳动力在部门间转移时并不遵循通常所说的"最大化"原则，并不总是以社会最高收益率为导向，而是以企业或劳动者所认为的力所能及的收益率作为导向。[11] 转移成功的企业的实际替换收益将视其能力而定，停留在原初收益与社会最高收益这一区间中的某一点上。

这里存在两种极端的情形。一种极端是，当企业或劳动者完全无能力转移时，它将继续留在原来的部门，维持自己的原初收益。即使这种收益的水平很低，它也不得不如此。任何轻举妄动都只能招致失败，使其处境变得更糟，而不是变得更好。[12] 另一种极端则是企业或劳动者具有完全的转移能力。这里完全的转移能力（或完全的转移）的含义是：最高收益率导向的转移选择是力所能及的，即处于转移可能性边界之内。这时，转移者将获得社会范围内的最高收益。这样，传统的最高收益率导向的转移规则实际上已退化成上述两个极端组成的区间的一个端点。

由此，我们推导出（更严格地说，是"发现了"）以转移者所认为的力所能及的收益率，作为转移导向或流动导向这种更一般的规则。根据这一新的规则，我们能够以简洁的逻辑，恰当地解释现实转移行为和转移结果。

对转移能力与流动能力的约束，即是对部门间竞争的约束。

4　多重经济结构下竞争的限制

严重的约束，必定使这种竞争成为不充分的竞争。下面让我们考察现阶段社会主义商品经济中部门间竞争在广义的能力方面所受到的几种主要的约束或制约。

1. 技术能力方面的制约

现在的社会主义国家在民主革命胜利之前大多是生产力十分落后的国家，各产业部门的技术经济发展极不平衡。在胜利后发展的最初阶段，处于不同技术层次的种种产业会杂然并存，且呈现出上头小（高技术产业所占比重小）和下头大（低技术产业所占比重大）的金字塔结构。后来的高度集权体制下一再出现的严重的政治决策和经济决策失误等原因，又进一步维持甚至强化了这种结构。引入市场机制以后，要从这种落后的和失调的始发结构过渡到近似于倒金字塔形的现代化的经济技术结构，其间必然会遇到首先由技术能力的限制引起的部门间不充分竞争问题。

具体来说，上述过渡需要生产要素（包括人力因素和物资因素）进行大规模的垂直转移[13]，由低技术产业转入较高的技术产业。由于处于低技术层次的传统产业部门——特别是比重较大的农业部门——长期处于发展不足的状况，简单劳动者人数众多，文化技术水平低下，从而存在着强烈的职业定势。[14]垂直转移实质上是能力与技术的升级，从而也是职业转换。但强烈的职业定式往往使原有部门中绝对量相当可观的剩余劳动力的转换在较长时期内无法实现，或者使很多劳动力的转换局限于技术水平极为相近的职业和部门，导致这些低技术部门过度膨胀。原有部门中的失衡遂传递到相邻部门，造成新的低效率的配置格局和新的不充分竞争的格局。

必须强调指出，转移能力严重不足以及与此有关的原有部门非均衡溢出效应，是现阶段我国商品经济运行和经济发展过程中的一个十分突出和亟须解决的问题。无疑，单纯地凭借国内外一些经济学家所说的硬化企业预算约束和紧缩总需求的措施[15]，是难以有效地解决这种结构性问题的（其实，在这种严重失调的状况下，企业预算约束能否顶住强大的社会压力而硬化，是很难肯定的）。第 8 章将对此做进一步的分析。

2. 企业分割型的资金配置机制与使用方式的限制

资金配置机制与使用方式决定了资金的流动能力和潜在转移者筹集资金的能力。

在现阶段社会主义商品经济中，无论是在我国和其他国家的全民所有制和集体所有制下，还是在南斯拉夫的社会所有制下，都不存在发育成熟的资金市场，不存在对企业保持相对独立性的资产经营主体和人格化的资产经营者（或人格化的所有者代表）。资金一旦投入某一企业以后，便不能再转移出来，不能在企业之间流动。这种特殊的资金使用方式，产生了资金的配置在企业这一狭小范围内长期分割的状态，使得原有资金存量只能滞留在原有企业内保存自身和实现增殖，难以流入其他企业。而且一方面，由于技术能力的限制，原有企业一般只能在原有部门中继续经营，无力进入其他部门。另一方面，不少潜在的转移者由于资金不足等原因，很难获得进入新的收益率较高的部门所需要的资金；或者，收益率较高的部门中的现有企业不能通过外部资金市场从其他部门衰退的企业中迅速地吸收资金，实现扩张。[16]

这种资金配置机制必然造成经济结构的刚性，使众多的原有企业只能"复制"出原有的产业部门结构和技术结构，阻碍资金在部门间的流动，形成不充分竞争。

应该注意的是，资金始终由企业自我支配导致产业部门结构僵化和严重的不充分竞争，是困扰现行的分权体制和自治经济的难题之一。[17]建立完善的资金流动机制和配置机制，必将成为社会主义经济改革的一项重要任务。

3. 条块分割的经济管理体制对部门间竞争能力的限制

从第 2 章对垄断的分析中可以看出，至今仍在一定程度上保留着的传统的地区分割、部门分割的经济管理体制，造成平行的不同行政管理单位之间相互封锁、相互隔绝的倾向，严重地阻碍着资金和劳动力在部门间的流动，从而束缚甚至阻止了部门间的竞争。

此外，限制部门间竞争的因素，还有同上述诸方面相联系的很多潜在的进入企业所面临的成本劣势和产品劣势。

在现实经济生活中，上述限制资源流动和部门间竞争的各种因素的作用是相互交织甚至相互强化的。例如，经济系统中严重的多层网状分割，大大地削弱了潜在的转移者获取新知识和新技术的能力。由于缺乏管理技能和生产技能，转移者举步维艰，道路坎坷，不得不小规模地经营[18]，孤立地去错了再试和边干边学，自我摸索和积累经验，无力利用规模经济和取得较高的经济技术起点。数量可观的新建企业的产销成本高居不下，产品质量十分低劣，必定造成低效益、高风险的局面，导致社会产出水平和效益水平下降，导致很高的失败概率和企业歇业率，从而带来巨大的人力、物力和财力的浪费，延缓了国民经济结构转换过程，损害了整个社会经济的长期发展能力，同时也强化了部门间竞争的不充分性和上一节所说的部门内部竞争的不均齐性，降低了竞争市场的运行效率。

4.3　我国多重经济结构的成因

本章的前两节考察了多重经济结构下的部门内不均齐竞争和部门间不充分竞争。事实上，在引入市场机制后，社会经济的多重结构在一定程度上与不均齐竞争和不充分竞争是等价的，前者直接意味着后者。那么，这种多重经济结构在我国是由何种因素促成的呢？在提出这一问题时，还有两个萦绕在笔者脑际的问题：

为什么同样是指令性的计划经济模式，苏联经济却没有表现出这种明显的多重化？通常一个国家经历 1/4 个世纪年平均 10% 的工业增长，作为其增长早期阶段特征的城乡分割的双重经济（Dual Economy）性质开始被打破，城市地区工业的迅速增长农村中的人口比例和劳动力使剧烈减少[19]，而在我国为什么并未出现这种结果[20]？显然，后两个问题同第一个问题直接相关，同时这两个问题的存在也意味着我国经济结构长期多重化的非典型性，意味着这种多重化基本上是由我国经济和社会的特殊因素以及特定的历史环境造成的。下面让我们结合后两个问题来分析第一个问题即我国多重结构的成因。

一般说来，一个后起国家要快速地实现工业增长与消除双重经济结构，就必须做到：第一，迅速提高农业生产率和农业剩余产品率，实现生存农业[21]向商业性农业的过渡，生产出大量的足以满足工业扩张所需要的食物和原料。与这一过程相伴随的，必然是大批农业剩余劳动力的出现。第二，迅速提高工业生产率和工业剩余产品率，为工业等非农业部门的扩张提供大量的机器设备和其他物质生产资料，从而为由农业部门溢出的大批剩余劳动力提供生产性就业机会，并使农业人口和农业劳动力分别占全部人口和全部劳动力的比例大幅度地下降。

苏联的经济增长过程和第二次世界大战后日本经济的发展过程都以这两点为前提。就第一点而言，苏联的经济增长是通过建立集体农庄、大力推进农业机械化和实行义务交售制等组织变革措施和技术进步措施来实现的。日本在实现这一点时，也以普及农业机械化为前提，并且也通过强制性的粮食征购制度来推进农业商品化。与苏联不同的是，日本土地改革的结果是自耕农户猛增，大部分农民成为在自己拥有的土地上经营农业生产的自耕农。[22]另外，在实现第一点的过程中，苏联和日本都出现了大量劳动力由农业部门流进非农业部门这一典型的现象。大量劳动力由农业部门流出，既是农业劳动生产率提高的结果，又是农业劳动生产率进一步提高与推行农业机械化的必要前提。

就第二点而言，苏联和日本的经济增长都是通过大规模引进国外工业技术并加以全面推广而实现的。以1930—1945年这段时期苏联的情况为例，根据萨顿提供的大量有据可考的资料[23]，在这段时期中，苏联的新技术几乎全部是从西方国家转移来的，苏联的大企业也都是在外国的帮助或技术援助下建成的。大量新技术的引进，使工业获得了较高的发展起点和具有较高的生产率，取得了较快的发展速度，从而能够大规模地吸收由农业部门溢出的剩余劳动力，并能够为农业机械化提供必需的技术装备。

那么，就上述两点来讲，我国的情况——当然是引入市场机制之前或称"改革前"的情况——如何呢？

概括地说，一方面，我国的农业部门由于劳动生产率和产品商品率长期不能提高，在很大程度上仍然带有落后的生存农业的性质，无法为工业扩张提供大量的粮食和其他原料。另一方面，工业部门本身的技术水平和效率也长期过低，既难以实现工业生产率的大幅度提高，难以提供迅速实现工业化所必需的大量物质资料，无法大量吸收农业中存在的剩余劳动力，也难以为实现农业机械化提供充足的机械设备。两个部门中的低效于是相互制约，维持并强化了城乡分割的经济格局。下面让我们对此进一步展开分析。

首先，就农业效率来看，在中华人民共和国成立以后到1979年开始全面改革之前这个时期内，它实际上经历了一个"稳步上升→急剧下降→缓慢回升与间或停滞"的周期。由于难以获得准确、全面的统计资料，我们无法从数量上完整地描述这一周期。尽管如此，表4-2中的资料还是能够大致地显示出这一周期的轮廓。

表 4-2　我国农业粮食生产劳动生产率的变动

年份	1952	1957	1962	1965	1970	1975	1976	1977	1978	1979
劳动生产率 （500 克／人）	1893	2020	1504	1663	1725	1932	1945	1931	2071	2257

注：表中农业粮食生产劳动生产率 = 粮食总产量 ÷ 农业劳动者人数。
资料来源：《中国统计年鉴（1985）》，中国统计出版社 1985 年版。

　　可以看出，我国农业劳动生产率在 1957 年之前经历了短暂的上升之后，便长期跌落，在 1957 年以后整整 20 年的时间内一直陷于停滞状态。将这种停滞同 1957 年以前和 1979 年之后农业的迅速发展进行细致的比较，不难发现，它基本上是由组织低效造成的。大办人民公社的 1958 年，把全国 70 多万个农业生产合作社并为 2.6 万多个人民公社，实行集中经营和集中劳动，造成出工上的"大呼隆"；随后又大刮"共产风"，推行平均主义和搞所谓"吃饭不要钱"[24]，造成分配上的"大锅饭"。与此相伴随的还有生产经营上普遍的"瞎指挥"。这些不可避免地造成经常性的经营决策失当，严重地削弱了经济动力机制和刺激机制，不能真正发挥农业劳动者的生产积极性，从而导致农业效率的全面下降和粮食产量的锐减。后来虽然采取了划小基本核算单位等调整措施，但由于"文化大革命"等的政治运动的持续冲击，农业经营上的严重组织低效状态并未改变。农业生产效率过低，所生产的大部分粮食不得不用于维持农业人口本身的生存，某些地区的农民甚至不能解决自己的温饱问题[25]，需要从其他农业地区调入粮食（购买返销粮）。这样，农业当然不可能为工业和城市人口提供更多的食物（见表 4-3）。于是，城乡粮食普遍严重短缺的局面便不可避免。在粮食供给瓶颈的制约下，农村人口不但无法继续向食物匮乏的城市流动，相反，在 1961 年以后还出现了不少城市人口向农村回返迁移和持续时间很长的城镇

"知识青年"上山下乡（到农村落户）的逆城市化与非工业化的现象。

表 4-3　我国粮食收购与返销比例

年份	收购量（原粮万吨）		收购量占产量的比重（%）		返销量占产量的比重（%）	返销量占收购量的比重（%）
	合计	其中：净收购	合计	其中：净收购		
1952	3327.0	2819.0	20.3	17.2	3.1	15.3
1957	4804.0	3387.0	24.6	17.4	7.2	29.3
1962	3815.5	2572.1	23.8	16.1	7.7	32.4
1965	4868.5	3359.5	25.0	17.3	7.7	30.8
1970	5443.5	4202.0	22.7	17.5	5.2	22.9
1975	6086.0	4394.5	21.4	15.4	6.0	28.0
1976	5825.0	4072.0	20.3	14.2	6.1	30.0
1977	5661.5	3756.0	20.0	13.3	6.7	33.5
1978	6174.0	4271.0	20.3	14.0	6.3	31.0
1979	7198.5	5170.0	21.7	15.6	6.1	28.1

注：收购量是社会收购量；净收购量是收购量减去返销的数量。

资料来源：《中国统计年鉴（1985）》，中国统计出版社 1985 年版，第 482 页。

应当指出，造成这种非典型的逆城市化与非工业化现象的另一主要因素，是相对于大多数经历着迅速的工业化的国家来说，我国的工业效率过低。由于工业效率十分低下，工业部门便既不能为自身的更快的扩张提供物质基础，从而无力为城市新增加的劳动力提供充分的生产性的就业机会，更无法大规模地吸收农村的剩余劳动力，也不能为实现农业机械化提供基本的工业条件（如廉价高效的农用机械）。

工业效率过低本身则是由外部和内部两类因素造成的。外部因素是，苏联在我国第一个五年计划期间援助修建了 156 个大中

竞争与垄断：中国微观经济分析（校订本）

型项目，为我国的工业发展打下了一定的基础，但后来苏联完全停止了技术援助，同时在东西方"冷战"的影响下，西方资本主义发达国家也对我国实行贸易禁令和技术封锁，使得我国难以像其他迅速工业化的国家那样大规模地全面引进国外的先进技术。内部因素是，严重的社会经济决策和政治决策的失误以及严重的组织低效，造成了国内已有工业发展资源的大量浪费。严重的社会经济决策失误最明显地表现在"大跃进"和"三线建设"上。"大跃进"时提出"一天等于二十年"的口号，动员全国"大炼钢铁"，遍地垒起土高炉——甚至在政府机关、学校和一般工厂的院子里也筑起这种"炼铁炉"，不讲科学地一味蛮干，造成了巨大的经济资源的浪费。由于对世界大战的可能性判断失当而大规模地进行的"三线建设"，也消耗了大量的人力、物力和财力，甚至大量占用了最优秀的技术力量和最好的工业建设物资。不少耗资惊人的"三线"项目几乎不能提供任何工业产出。社会政治决策失误突出地表现在"文化大革命"上。在"文化大革命"期间，社会经济系统的正常功能被破坏，甚至造成工厂停工、生产瘫痪的状态，国民经济濒临崩溃的边缘。在上述这种经济与政治环境中，企业层次上的严重的组织低效乃不可避免。劳动纪律松弛，工作时懒散懈怠，甚至出勤不出力，但工资可以照拿。这无疑起着奖励低效者的作用。同时，这种组织低效也特别不利于鼓励劳动者和企业主动去进行技术创新。以上因素共同作用的结果是，我国工业"劳动生产率实在令人失望"。[26] 在多数经济增长迅速的后起国家内，工业产量的增长有相当一部分是综合要素（即全部投入要素）生产率增长的结果，即产出的增长比总投入的增长要快。我国工业的综合要素生产率在1952—1957年有显著的增长，但到1957—1978年出现停滞现象（见表4-4）。工业劳动者的人均资金额（固定资产原值）的增加使工业劳动者的人均产量（劳动生产率）有所提高，但由于资金生产率下降的幅度较大，使得劳动生产率的提高被抵消。

表4-4　我国1952—1978年国营工业企业的综合要素生
产率指数（1957年=100）

	1952年	1957年	1978年
1. 净产出	37.6	100	673.3
2. 劳力投入	68.2	100	406.6
3. 资金投入	44.3	100	948.7
4. 综合要素投入（40%劳力，60%资金）	53.9	100	751.8
5. 综合要素投入（60%劳力，40%资金）	58.6	100	623.5
6. 劳动生产率（1÷2）	55.1	100	165.6
7. 资金生产率（1÷3）	84.9	100	71.0
8. 综合要素生产率（1÷4）	69.8	100	89.6
9. 综合要素生产率（1÷5）	64.2	100	108.0

注：表中第4行、第5行是对总投入的两种估计方法，所假定的加权数不同；第8行、第9行则为与之相应的两个不同的综合要素生产率估计值。

资料来源：世界银行1984年经济考察团：《中国：长期发展的问题和方案（主报告）》，中国财政经济出版社1985年版，第145页。

　　人们有时也把我国传统的经济模式看作斯大林模式，或看作照抄照搬苏联的传统模式的结果，但实际上，前者在不少方面偏离了后者。例如，它在社会经济决策过程中较多地倚重经验和非经济标准，不像后者那样特别重视科学论证和计划技术；在刺激机制上它则特别突出精神鼓励和说服教育，不像后者那样重视物质刺激；在经济发展方式上，它大搞"人海战术"和"群众运动"，不像后者那样重视技术进步和重视专家与技术人员的作用。这类差异还有很多，这里就不一一列举了。总的来说，即使撇开外部因素，同苏联的传统模式相比，我国传统模式的社会经济决策质量和组织效率较低，没有能够恰当地利用苏联的传统模式所具有的潜力。[27]

综上所述，农业低效造成食物匮乏，不能提供足够的商品粮来促成农村大批潜在过剩的劳动力流入城市；工业低效造成城市就业机会不足，不能提供足够的工作职位空缺来吸收或吸引农村的剩余劳动力，这是我国城乡分割的经济结构赖以形成的主要机制。

此外，错误的社会人口政策产生的巨大人口压力也对城乡分割格局的出现起了一定的作用。不过，对这种作用不应估计过高。事实上，人口压力中的一部分是由工业低效和农业低效本身造成的。例如，工业低效不能提供足够的生产性的城市就业机会和足够的城市服务设施与住房建筑，不能为发展新兴城市提供必需的物资，从而造成了相对过剩人口和剩余劳动力存量的累积效应。

在我国经济中，不仅存在着上述城乡分割，还存在着条条分割（如分别隶属于不同的中央职能部门的企业之间的分隔）和块块分割（如城市与城市之间、农村地区与农村地区之间的分隔）。

条条分割是所有集权模式的社会主义国家经济的共同特征，是集权体制的特定的经济控制方式必然导致的结果。集权体制通过无所不包的计划指令对企业进行广泛的干预。就全国范围而言，这种干预的工作量大得惊人，中央计划机构无力单独承担，于是只好在中央分设不同的职能部，对它们进行分工，让它们各司其职，并给这些职能部分别规定计划任务。对特定的职能部门来说，它当然具有自己相对独立的经济利益。在它看来，完成中央给自己规定的计划目标便是它的全部工作，它的下属企业也必须服从这一点。只要计划任务中没有明确规定需要同其他部门及其企业进行协作，那么，也就没有义务去承担"额外"的工作。否则，就会影响自己的计划完成情况。另外，在集权体制下通常存在着普遍短缺，各部门为了保证较为顺利地完成计划，尽可能地减少自己不能控制的外部因素的不利影响，便竭力在内部建立大而全、小而全的生产系统。以上局面必定导致"部门主义"，导致不同的部门各自为政、自我封闭、自成体系，从而形成条条分割。集权体制下的块块分割似乎是我国的"特产"。其原因之一是，同其他集权型的社会主义经济相比，由于工业技术水平相对落后，我国工业企业的绝对规模较小，企业数量因此也特别多。同时由于城市化程度低，工业布局特别分散，专业工业公司或企业联合体这一级机构在我国又没有得到发展，所以，大量企业只能分属地方政府，由地方政府分别管理。出于与"部门主义"形成的相同原因，"地方主义"问世，于是产生了块块分割的格局。另外，农业低效、工业低效以及与它们相联系的粮食压力、就业压力等，在块块分割的形成过程中也具有一定的作用。

　　最后，笔者在本章开始时提到了作为多重经济结构表征之一的多重技术结构，这种多重技术结构无疑也是前述造成经济低效的各种因素以及工业低效、就业压力等因素的作用所致。当然，我国的科学技术水平和教育水平比较落后，也是技术结构多重化的直接原因之一。不过，在这种直接原因的背后，我们仍能看到工业低效等更基本的因素的影子。

　　总而言之，我国经济结构长期显著的多重化大体上是一种非典型化的现象，是特定的经济管理体制、经济发展方式以及与此相联系的农业低效、工业低效等一系列为我国所特有的因素共同作用的结果。通过更深入的经济改革和更具有远见的结构性的经济发展政策来消除这种多重化，以改善竞争市场的运行效率，促进社会主义经济的迅速发展，将是摆在我们面前的一项长期而又艰巨的任务。

注释

　　1. 产业组织研究中的结构—行为—绩效或效果（Structure-Conduct-Performance），这一分析框架为贝茵所首创（参见前引 J.Bain, Industrial Organization）。

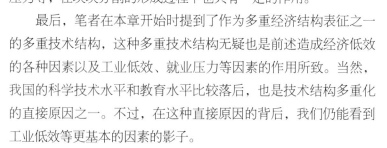
竞争与垄断：中国微观经济分析（校订本）

2. 分配数列是统计总体单位按一定的数量标志或品质标志分组后所构成的数列，它表明总体单位的分布情况。

3. 这里暗含的前提是各个企业的资金量比较接近。

4. 例如，以缝纫机工业 1983 年的情况为例，将生产成本最高的企业同成本最低的企业相比，某一型号缝纫机的成本可高出 5 倍。即使在该工业年产 12.4 万到 13.5 万台的 5 家企业间，成本的差距也超出 2 与 1 之比（参见《经济调查》第 1 期，1983 年 10 月）。

5. 有关匈牙利的情况，参见 J. Kornai, The Dilemmas of a Socialist Economy：The Hungarian Experience，Cambridge Journal of Economics, 1980，Vol.4（June）.pp.147—157。

6. 参见胡汝银：《供给、所有制关系与短缺原因分析》，《世界经济文汇》，1981 年第 2 期。

7. 就结构性的经济政策可以促进更大程度的机会均等和更迅速的经济发展而言，它在社会主义经济中比在资本主义经济中具有更为重大的社会意义和政治意义。它的全面实施，无疑会在加速经济发展和机会均等的同时，缩小收入不均等的幅度，从而改变库兹涅兹曲线（关于库兹涅兹曲线，参见 S.Kuznets, Modern Economic Growth. New Haven：Yale University Press，1966）的轨迹（如图 4-2 所示）。

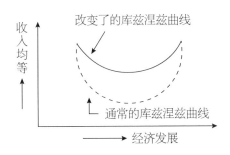

图 4-2　库兹涅兹曲线

8. 工作绩效 =f（能力 × 激励）这一公式的含义是：劳动者的工作绩效取决于他的能力和激励水平即积极性的高低。公式中的 f 表示函数关系

（参见弗·E.卡斯特和詹·E.罗森茨韦克：《组织与管理》，中国社会科学出版社 1985 年版，第 279 页）。

9. 规则通常有两种含义：一种是指制定出来供人们遵守的制度或章程，对行为主体来说，它是外生的；另一种是指特定的运动过程或活动过程本身习惯的或正常的状况和方式等，对于行为主体来说，它不是外在的。正文中的"规则"与后一种含义相同。

10. 因此，对动力问题的全面研究，要求将分析扩展到西方传统的微观经济学范围之外，以致必须涉足心理学、社会学、管理学、政治学和组织理论等极其广泛的领域。

11. 经济活动当事人在其力所能及的范围内尽可能获取较多的收益，这当然也是一种极大化行为，或者把它称作力所能及的极大化或局部极大化。显然，它不等价于新古典模型中的传统的最大化行为（也许可把它称为全局最大化）。这一点使我对是否将前者也定义为某种最大化行为，感到犹豫不决。

12. 这种维持原状的非瓦尔拉均衡，无疑也满足所谓的帕累托效率标准和帕累托最优的条件。可见，从经济动态发展的角度来看，这种静态性质的效率标准与最优条件是何等蹩脚。这种维持原状的决策，遵循的显然不是传统的"最大化原则"，确切地说，也不是西蒙的"令人满意的原则"（参见 H. A.Simon，Models of Bounded Rationality. Vol. 2: Behavioral Economics and Business Organization，Cambridge，Mass.：MIT Press，1982）——因为决策者在这时完全有可能缺乏满意感，而是力所能及与迫不得已的原则。换言之，在这里，"力所能及"的标准明显地取代了"最优的"（新古典意义上的）标准和"令人满意的"（西蒙意义上的）标准。

13. 劳动者的垂直转移是指，劳动者能够通过正规的或非正规的途径获得教育或技能，从而可以在职业或技术的阶梯上上升。它不同于在相同的技术水平上调换工作的水平转移。

14. 笔者把由一定的特殊训练所形成的就业准备状态决定后续就业范围这一趋势称作职业定势。职业定势越强，职业转换的可能性空间就越小。

15. 参见中国社会科学院经济研究所发展室编的《中国的经济体制改革——巴山轮"宏观经济管理国际讨论会"文集》，中国经济出版社1987年版。

16. 收益率较高的企业无法实现扩张，收益率较低的企业仍在勉强地运转，既导致资源在部门之间配置的低效，也导致部门内的配置低效，降低部门内竞争效率和部门产出率，妨碍市场结构的进化。

17. 南斯拉夫的经济研究人员对南斯拉夫自治制度下的投资行为所做的抽样调查显示，大部分投资仍然配置在原有企业。"这意味着，一方面，没有形成一种机制来建立新企业，另一方面，不存在除去亏损企业的途径"，从而导致投资配置低效，无法纠正结构失调（参见J. Prasnikar，The Yugoslav SeIf-Managed Firm and its Behavior, Eastern European Economics，22（2）Winter 1983—1984）。

18. 这种小规模经营，是在高度分割和能力不足的情况下，经营者为避免出现无力承担的巨大经济损失和减少不必要的风险而必然采取的创业行为型式。这是目前我国大量小规模企业存在的基本原因之一。

19. 参见 D. Perkins and S. Yusuf, Rural Development in China, Johns Hopkins University Press, 1984。由于多层网状条块分割等原因，我国的经济结构是多重的，而不是双重的。对发展中国家双重经济结构的分析，参见 W. A. Lewis, Economic Development With Unlimited Supplies of Labour, Manchester School 22, 1954, pp. 139—191。

20. 统计资料显示，1950—1979年，我国工业生产年平均增长13%，1953—1979年的同一指标为11.1%（参见董辅礽主编的《社会主义经济制度及其优越性》，北京出版社1981年版，第229—230页）。1952年，我国农村人口为50319万人，占社会总人口的比例为87.54%，同期农业劳动力17317万人，占全社会劳动力的比例为83.54%；1979年，我国农村总人口为79047万人，占社会总人口的比例为81.04%，同期农业劳动力为29425万人，占全社会劳动力的比例为72.51%（参见国家统计局编的《中国统计年鉴·1985》，中国统计出版社1985年版，第185、

213 页）。

21. 生存农业（Subsistence Farming）是指技术落后、劳动生产率十分低下、绝大部分产品不得不用来维持农业人口生存的农业。

22. 参见日本中央大学经济研究所编《战后日本经济》，中国社会科学出版社 1985 年版，第 2 章。美国经济学家金德尔伯格（C. P. Kindleberger）等人指出，日本的经验有两个方面值得重视：农业生产率极大增长和很高的农业税（参见 B. Herrick and B. P. Kindleberger, Economic Development. MeGraw-Hill Book Company, fourth edition, 1988，p. 327）。

23. 参见 A. C. 萨顿：《西方技术与苏联经济的发展：1930—1945》，中国社会科学出版社 1980 年版。

24.1958—1959 年，在作者的家乡湖北省广济县（现为湖北省武穴市）盛行着"吃公共食堂"的做法：村里建立公共食堂，各家各户皆免费到食堂去吃饭，并且要吃多少米饭就盛多少。盛器则是一种用竹子编制成的梯形器具，其容量足可盛下 20 斤米饭。不过这样的日子并未持续多长时间。村里人先是吃米饭，后来吃稻米与菜叶子混做的"菜饭"，最后则食不果腹，不得不把谷糠、树皮、野菜、地衣等也拿来充饥，以补充粮食不足。公共食堂当然无法继续办下去。

25. 直到 1978 年年初，我国农村尚有 1.5 亿农民连温饱问题都没有解决。参见高骞主编的《中国的社会主义改革》，黑龙江人民出版社 1986 年版，第 114 页。

26. 世界银行 1984 年经济考察团：《中国；长期发展的问题和方案（主报告）》，中国财政经济出版社 1985 年版，第 144 页。

27. 虽然我国的农业合作化运动较好地避免了苏联集体化时出现的农民大量宰杀牲畜的现象——国内学者常常强调这一点，但后来的人民公社化运动对农民利益和农业生产所造成的消极影响则大大超过了苏联的集体化。

5 空间竞争与要素转移机制

任何经济活动都是在一定的地理空间中发生的。经济活动的空间分布型式及其动态变化，对资源配置效率、产业结构演进过程、城乡经济和地区经济的发展均有着重大的影响。一种全面的经济理论不能不同时考虑到经济活动的空间方面。

然而，西方传统的形式主义的微观经济学并未深入分析资源的空间配置过程[1]，这无疑是它并不算小的缺陷之一。其原因有二：

一是因为西方经济学界对经济活动的空间方面的研究向来缺乏基础，在 20 世纪 30 年代以前这方面的论著可谓凤毛麟角，且未引起一般经济学家的兴趣。只是在 30 年代以后，西方有关研究资源空间配置过程的著述才逐渐多了起来，并产生了空间经济学（又称产业区位理论）、城市经济学和地区经济学等一些新的经济学分支；二是因为在一般均衡的分析框架内，关于资源空间配置过程的分析只不过是原有理论体系的简单延伸，不能增添新的实质性的经济学原理。这一点也许还可以解释，为什么在应用经济学关于资源空间配置过程的研究取得很大进展之后，仍然只有极少的理论经济学著述注意经济活动的空间方面。[2]

类似地，东方理论经济学界长期以来在社会主义经济理论研究中也未能重视这一问题。之所以出现这种情况，一方面是由于过去人们对它的研究较少，另一方面则是由于在集权体制下，产业区位等问题在很大程度上被视作工程技术问题（或生产力布局问题），似乎较少涉及作为传统社会主义政治经济学研究对象的生产关系。

随着市场机制的引入和分权模式的推行，投资主体或企业经营主体不断地多元化，资源空间配置机制也随之发生变化。这些变更对竞争市场的成长和社会主义经济系统的运行效率及其动态发展，产生了显著的影响。确定这些影响的性质及其范围，为社会主义经济体制的不断改革提供深刻的理论依据，是经济学界义不容辞的责任。

对社会主义商品经济中的空间竞争过程进行分析，即是本章的课题。

我们知道，竞争总是在一定的地域内进行的，因而常常表现为空间竞争。就前两章所讨论的部门内竞争和部门间竞争而言，它们总是同空间竞争交织与重叠在一起，或者不如说，它们总是包含着空间竞争：完整的部门内竞争必定包含着生产地点和销售地点的竞争，即包含着区位竞争；充分的部门间竞争也必定意味着资金和劳动力等要素在空间上的完全流动。对空间竞争的限制，实质上是对部门内竞争和部门间竞争的限制。因此，从逻辑上看，本章是前两章的继续，是关于部门内竞争和部门间竞争的研究的补充和深化。

无论是部门内的区位竞争，还是部门间关于进入较高收益领域的竞争，都意味着资金和劳动力在空间上的流动或转移。从目前我国的经济现实来看，资金和劳动力转移机制很不完善，所以，本章在前两章分析的基础上对资金和劳动力转移过程做进一步的"透视"，便显得非常必要。

需要说明的是，由于包括了部门间的竞争，我们的空间竞争概念具有更加广泛的含义，即不仅仅是西方空间经济学中所说的同一部门（市场）内卖者之间的区位竞争。[3]

竞争与垄断：中国微观经济分析（校订本）

5.1 空间竞争：理论分析

一般来说，空间竞争是通过区位选择为获得有利的产销条件或较高的收益而展开的竞争。

在投资主体或经营主体多元化并且具有不同程度的地方化[4]的条件下，不同的主体往往具有不同的投资目标和经营目标，具有不同的区位选择范围和区位选择规则。多种选择标准的存在，无疑增加了理论分析上的困难，使得我们不得不借助理论抽象。

这里，我们假定投资主体或经营主体的区位选择标准是收益最大化，而不管这种收益的具体内涵究竟是利润，还是财政收入，抑或是职工的个人收入等。

那么，为了实现收益最大化，经济活动主体将会选择何种区位呢？这种选择会导致何种空间配置格局？

在讨论这些问题之前，我们先引入聚集经济（Economics of Agglomeration）[5]这一概念。

聚集经济的基本含义，是指经济活动在空间上的相对集中使得这些经济活动变得更加有效率和经济合算。

产生聚集经济的主要原因是：

第一，各种密切联系、相互依存的经济活动在空间上的相对集中和相互靠拢，一方面，可以相互形成对对方产品的较大量需求，同这种大量需求相适应的是产品的大量生产，后者又促进生产者之间的专业化，产生同这种专业化相联系的规模经济，产生同种商品生产者之间的竞争和同这种竞争相伴随的经济效率的增进。另一方面，可以相对地缩小经济活动的空间范围和缩小同市场与顾客之间的空间距离，形成生产者与用户之间的密切接触，使生产者能够迅速准确地获得市场信息，全面及时地了解市场动态，减少市场摩擦，避免生产调整的迟缓，提高经营的灵活性和主动性，节省购销时间和购销费用，节约运输成本、减少原材料和产品的库存，加速流动资金的周转，提高资金产出率，从而提高市场的自组织程度。

第二，某些经济活动集中于一个特定的地区，有助于形成特定产业发展所需要的最小的需求阈限和供给阈限[6]，以促进一些辅助性产业和公共服务事业的发展[7]，有助于建立较为发达的商业系统、金融系统、教育与科研系统、交通运输系统、信息情报系统和其他服务性的系统，形成比较完整的社会基础结构体系。这些条件又进一步构成了扩大区际交往和国际经济交往的基础。所有这些共同构成了良好的企业经营环境和市场环境，并能直接降低企业的经营费用。

第三，空间集中的地区具有较大的人口规模，形成了发达的社会分工体系，在文化、社会、教育、经济等方面具有较高的组合能力[8]，使得企业能够比较容易地扩大同外部的交流，易于从外部获得技术、熟练劳动力和合格的管理人员等关键性的投入要素，从而增强了企业的适应能力和要素重组的能力，避免了市场结构和社会经济结构的刚性以及由这些刚性造成的低效。

有必要指出，在现实经济生活中，除了存在诱发聚集经济的因素之外，还存在着导致非聚集经济的因素。撇开在地理距离上不可移动的劳动对象（如农业中的土地、采掘工业中的矿床）这一点，导致非聚集经济的因素主要是现代通信手段和交通运输系统的高度发展。这种发展，提高了信息传播的速度、容量和可靠性，降低了运输成本，缩短了按单位运输成本计算的经济距离，增大了使企业得以经济地提供商品和服务的潜在市场地区或市场区域。借助空间经济学中常用的 V 形空间成本曲线或距离成本曲线[10]，可以方便地说明这一点。如图 5-1 所示，当假定企业区位、生产成本等保持不变且价格 P 处处相同时，随着 V 形距离成本曲线由 C_1（用实线表示的 V 形曲线）降到 C_2（用虚线表示的 V 形曲线），市场区域便由 X_1Y_1 扩大到 X_2Y_2。若改变这些假定，只是使分析复杂化，上述距离成本降低会扩大市场区域的结论的有效性并不会受到影响。

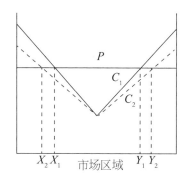

图 5-1 运输成本下降导致市场区域扩大

不过，应当看到，通信和交通运输的发展对空间集中产生的影响往往是两面的，即一方面它会促使降低空间集中的密度（如工厂密度、人口密度），另一方面它会拓宽空间聚集的范围或地域，形成较大的聚集地带。工业发达国家空间集中的发展过程完全证实了我们的这一推论。

导致非聚集经济的其他因素包括交通拥挤、环境污染等"现代城市病"、高额的城市土地费用（假定这种费用存在）等。不过，应当把这种"城市病"同城市基础设施落后区分开来。[11]

这样，考虑到非聚集经济因素的存在，我们可以看到，当技术可能性已定时[12]，在单个聚集体（如工业区）的聚集度或聚集规模同聚集经济之间，存在着图 5-2 所显示的关系。在空间集中程度很低即聚集规模很小时，聚集经济也较小；随着聚集规模的增大，聚集经济也逐渐上升；当聚集规模超过某一临界值时，聚集经济便开始降低。图中横坐标上的 A 点表示最佳聚集规模，这时聚集经济达到最大。

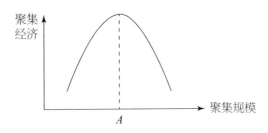

聚集
经济

聚集规模

A

图 5-2　聚集经济与聚集规模

现在让我们回过头来讨论经济活动主体在空间竞争过程中的区位选择问题。

显而易见，在不存在人为的空间进入障碍和制度性的（广义的制度）障碍的情况下，经济活动主体将会选择预期聚集经济最显著的区位。[13] 在这种区位上，由生产费用、流通费用等组成的综合费用（总成本）最低，或者收益最高（考虑到需求对价格的影响）。某一地区内众多经济活动主体共同选择的结果，必定导致进一步的空间集中效应，在该地区内形成较大的聚集规模，使得工业化与市镇化同步发展。同市镇化发展相伴随的，是市场日益突破狭隘的地方界限，在全国范围内越来越趋于一体化。在这种一体化趋势中，同一部门内生产者之间的相互作用越发明显，竞争也愈加激烈。部门间的竞争亦同样如此。从而，这也会使资源配置到全国范围内相对收益较高（在考虑运输成本的情况下）的区位上。从地区间经济差距的角度来看，这种全国性的资源流动，会在现代社会经济发展的早期阶段导致国内地区经济差距扩大。但随着地区间联系增强和发达地区市场饱和等一系列因素的出现，国内发达地区的技术、资金、熟练劳动力会越来越多地流向不发达地区，使地区间差距的发展方向逆转，即由原来的逐步扩大变为逐步缩小。地区间发展不平衡的这种变化过程，可以用威廉森曲线[14]来直观地表示（见图 5-3）。

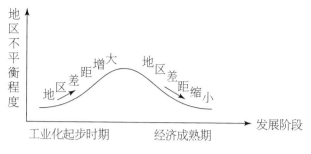

图 5-3　威廉森曲线

　　然而，在我国经济现实中，以等级行政区划为形式的多层网状空间分割，形成了一道道无形的空间进入障碍，遏制了合理的空间竞争，妨碍了资金和要素的空间流动。一方面，这使得不少区域内的工业经济活动在空间分布上过度分散，无法形成合理的聚集规模，无法利用聚集经济，不可避免地降低了社会资源的配置效率。从长远的观点来看，这种局面也将使我国的工业化在较低效率的基础上展开，并为此而付出长期的巨大的代价，从而延缓现代化的进程。另一方面，它也使得地区间的相互联系减弱，不发达地区难以迅速地从发达地区获得所急需的技术、人才和管理经验，技术水平和生产力水平很难提高，不发达状态得以继续维持，多重经济结构的特征更为明显，地区差距缩小的过程迟迟不能出现，故此阻碍了社会经济的发展。

　　这种多层网状空间分割格局是怎样形成的呢？让我们在下一节中对这一问题进行讨论。

5.2　空间竞争：经验考察

　　笔者认为，目前我国经济多层网状空间分割格局的形成，在一定程度上是特定社会条件下制定的某些社会政策和经济政策造成的结果，这一点在劳动力的空间配置上表现得最为明显；但在更大程度上它是由特定的经济体制[15]和经济机制促成的。

现在让我们分别对这两个方面展开分析。

（1）我国传统的过度集中的经济管理体制和这种体制下频繁出现的政治决策与社会经济决策的失误——正如第4章所指出的那样——造成了农业低效和工业低效，后者又同错误的社会人口政策一起造成了巨大的过剩人口压力、粮食压力和就业压力。另外，在城市中还存在住房严重短缺的压力。在上述多重压力的作用下，国家通过行政手段，严格限制人口和劳动力的流动。这种行政手段，主要是严格的居民户籍制度和同户籍相适应的粮油定点定量供应制度以及统一的就业安排制度，在城市还有住房统一分配制度。

限制人口流动的另一个原因，是在"阶级斗争"和"专政"气氛较浓的情况下，保证对众多的"专政对象"或可能的"专政对象"的严格管制[16]，以免这些"专政对象"消失在茫茫人流之中。

今天，上述后一种限制人口流动的"理由"明显地消失了。苏联和东欧国家的社会政策和社会状况可以为此提供间接的证明。

至于过剩人口、粮食、就业和住房等多重压力对劳动力流动的约束，目前仍然在一定程度上存在。但随着社会经济的不断发展，这些约束将逐步缓解，社会对人口和劳动力流动的承受能力将不断增加。事实上，在今天经济发展迅速、效率提高比较显著的地区，这些约束已经基本缓解。

另外，就结构上看，在目前的情况下，并不是所有技术层次上的劳动力都严重过剩，而是未受过严格培训和缺乏技术专长的低质量的劳动力过剩。至于熟练劳动力和技术人员，社会对他们的需求量很大。但这些劳动力的空间分布很不合理，某些单位劳动力严重"积压"，使用效率很低，很多急需劳动力的单位又苦于得不到他们。实际上，对于某些地区来说，低质量的劳动力过剩完全是因为缺乏高质量的劳动力，不能形成合理的劳动力组合来从事有效率的经济活动和不断开辟新的就业门路。这意味着在这些地区，高质量的劳动力的边际产出率特别高，改善熟练劳动力配置机制所带来的社会效益特别明显。

上述地区差异和结构差异表明，目前完全可以根据这些差异，首先按照具体的经济需要实行有限度的劳动力流动政策，日后再相机做进一步的调整和逐步开放。

但由于目前仍然沿袭着过去的一套管理政策和管理手段，劳动力流动障碍重重，这些有限度的劳动力流动机会在很大程度上并未得到利用，以致劳动配置空间分割的局面迟迟不能被打破。这样，以劳动力的空间流动为前提的空间竞争便难以充分有效地展开。

5 空间竞争与要素转移机制

（2）如果说苏联和东欧各国的传统经济体制是一种按职能部—公司—基层企业这样的纵向关系组织的"条条经济"的话，那么，可以说我国的传统经济体制基本上是一种按照多层次的行政区划组织的"块块经济"，"条条经济"在这里并不普遍。这种以多层次的行政区划分权为基础的"块块经济"[17]，筑起了层层行政壁垒，直接造成了社会经济多层次网状分割的格局。为了对"块块经济"做出全面的估价，将它同"条条经济"做一些必要的比较是非常合适的。

从起源上看，与"条条经济"相比，"块块经济"显然是一种发展水平和社会计划水平更低的经济。它是我国在长期处于国际孤立状态中由落后的技术发展水平起步加速地方工业化的产物。自"大跃进"以来，我国各地的小企业数量有了惊人的增加。多数小企业技术落后，工艺原始，设备简陋，物耗高，产品质量低，且品种庞杂，发展不稳定。由于难以将它们纳入中央计划轨道，便将它们交给地方各级政府，由地方来管理，于是形成了多层次的、以行政区划为基础的经济管理体制。在这种体制中，通常是按照企业规模的等级排列来确定它们的隶属关系的[18]，大型的和关键性的企业由中央各部直接管辖（即通常所说的"部属企业"），大多数中型企业由省或相当于省一级的政府管理，少数中型企业和素质稍好一些的小型企业由地县管辖，最后则是很多素质较差的乡镇企业（1978年以前称为"社队企业"）。这样便构成了一个金字塔形的多层网络分割的企业管理结构。同这种管理结构相适应的，是多层次的、以行政区划为基础的计划体制：除中央计划外，还存在着地方性的省、地、县计划与乡镇计划，这些地方计划部分地纳入中央计划或"国家计划"，部分地落于"国家计划"范围之外（日常用语简称为"属于计划外的"）。

从运行结果来看，"条条经济"中的决策权力主要集中在中央，其优点在于可以在全国范围内选择最佳区位来有效地配置资源，其缺点在于条条之间缺少协调，以及不能充分地动员地方资源和激活地方经济；而"块块经济"则对资源和整个经济实行切块控制，其基本优点是可以动员地方资源，发挥地方的积极性，减轻中央管理机构的负担，其缺点则在于块块之间相互封闭，资源难以在全国范围内有效地流动和配置，产生了"地方主义"和各地自给自足的自然经济倾向，并导致城乡分割。各地重复建设，重复投资，企业规模普遍地过小（见表5-1），布局过于分散，难以利用规模经济，也难以普遍地形成聚集经济。劳动力在地区之间和城乡之间缺乏流动性，部门内的横向技术转移极其迟缓，技术差距悬殊，且无法缩小。并且，在"块块经济"中的各个行政层次上仍然保留着大大小小的"条条"，所以，"条条经济"中条条之间缺乏协调的弊病在这里也被保留了下来。简言之，"块块经济"的资源空间配置效率会低于"条条经济"。

表 5-1 不同规模工业企业分布的国际比较

企业规模 （职工人数）	5 ～ 33	33 ～ 75	75 ～ 189	189 ～ 243	243 以上
中国	59.2	19.5	12.2	8.5	0.6
南斯拉夫	6.6	15.8	32.1	12.0	33.5
匈牙利	2.2	4.8	18.7	9.2	65.1

注：不同规模工业企业分布是指不同组的企业在有 5 个或 5 个以上职工的企业总数中所占的比例。表中的统计数字，中国为 1982 年的，南斯拉夫和匈牙利为 1981 年的。

资料来源：世界银行 1984 年经济考察团：《中国：长期发展的问题和方案（主报告）》，财政经济出版社 1985 年版，第 40 页。

在我国经济体制改革的现阶段，尽管引入了市场机制，但随着不少经济管理权限和部分中央企业下放到地方政府，加之财政上实行中央与地方"分灶吃饭"，地方政府对本地企业和本地经济的控制能力增强了，地方财政基础也得到扩大，原有的"块块经济"格局并未因此被打破。为了增加本地的财政收入，地方政府通常既不赞成本地资金、资源、技术和科技人员外流，不赞成本地的先进企业同外地企业联合，也不欢迎外来者占领本地的地盘和市场。实际上，在物资等投入切块由地方政府控制的情况下，外来的生产者往往难以在本地不受歧视地获得基本的投入要素和开业生产，除非它们能与本地合营，并给本地带来可观的财政收入。同时，作为财力雄厚的投资主体，地方政府热衷于发展高利润、高税收的加工工业，致使某些工业过度膨胀，加工能力严重过剩。虽然在不少情况下，由于缺乏技术，很多新建的地方企业的产品成本高，质量低劣，无法打开销路，但地方政府可以通过减免税收来"保护"和"扶持"这些企业，使它们免受市场竞争的惩罚。

在我国目前的经济结构转换过程中，"块块经济"所形成的不同地区的本位利益会给这种转换带来强烈的摩擦。例如，原来主要为外地加工企业提供资源而自身加工技术力量较为薄弱的地区，纷纷在本地建立起自己的加工企业，而原来依靠这些地区提供原料的外地加工企业只能让其生产能力或多或少地闲置起来，工业效益和产出水平因此而降低。[19] 不难推断，在不存在这种块块分割的情况下，这类摩擦将会被大大地减弱。这时，或者加工技术落后的原料产地不会自己建立加工企业，本地的劳动力也可以向外地流动；或者原料产地可以通过从原来的加工地引进人才和技术，甚或直接通过工厂迁移和工业区位变动，使在新的区位建立的加工企业具有较高的效益；等等。

　　此外，就单纯的区位选择而言，在"块块经济"所形成的多层网状分割状态下，像省、地（市）、县、乡或镇这样的不同的块块中的投资主体，通常只能在各自的块块之内选择相对区位成本较低的地点进行投资，因而存在着强烈的区位约束，不能在整个国民经济范围内形成合理的资源空间配置格局。并且，块块越小，行政层次越低，区位选择的范围往往越狭小和越不合理，投资的规模也越小和越分散，从而，投资的效率也特别低。

　　通过以上分析可以看出，在导入市场机制但仍然维持甚至强化"块块经济"体制的情况下，行政性的投资主体多元化和地方化、税收和企业管理地方化，以及区位选择地方化，会产生多层网状空间分割，严重地削弱空间竞争和市场运行的效率，使全国性的统一市场变得支离破碎，社会经济总体缺少协调，并导致一系列其他方面的消极经济后果。

　　在对空间分割和"块块经济"本身做了较为详细的讨论之后，现在，让我们转入两个有关的问题。

　　（1）关于我国"走农村就地工业化、现代化的道路"[20] 问题，或者换一种说法，是关于我国城市化的问题。

　　我们知道，首先，迄今为止，无论是在东方还是在西方，对于任何一个已经实现工业化的国家来说，其历史上经历的工业化过程同时也是城市化过程。基于本章第 1 节的理论分析，不难理解工业化与城市化携手并进的主要原因。这一主要原因即是显著的聚集经济的存在。其次，就消除农村过剩人口和农村贫困而言，直到目前为止，工业化与城市化并行发展仍然是历史上唯一解决农村贫困和吸收农村过剩人口的最成功的办法。[21] 最后，苏联、东欧国家和其他某些国家的发展历史显示，城市化过程并不必然伴随着普遍的城市拥挤、大量的城市人口失业和城市棚户区增加等一系列社会经济问题。

在我国，一方面，由于过去一系列严重的决策失误以及其他种种原因，在 1979 年之前的 20 来年的时间内，全国的城市建设基本上处于停滞状态，城市的基础结构条件没有得到改善，以致今天少数大城市患上了严重的"城市病"。另一方面，我国东部沿海各省的乡镇企业近年来获得了迅速发展。这两方面的情况是不是意味着在我国存在着一条与众不同但又同样有效率的农村工业化道路呢？是不是意味着我国可以不必再推进城市化的进程呢？

笔者认为，若不是由于一系列特殊的因素，我国少数大城市目前所患的"城市病"本来是可以避免的。前面提到的苏联、东欧诸国城市的发展状况亦可证明这一点。而且也可以由此合理地推断，如果允许我国其他中小城市今后发展的话，这些城市也并不必然重蹈少数大城市的覆辙。

我国东部地带乡镇企业的迅速发展在很大程度上无疑得益于不少有利的条件，如人口稠密、交通方便、文化发达、靠近城市，易于获取信息、资金和技术，从而享有一定的区位优势。对于中部和西部地带的一些农村地区来说，这些区位优势并不存在。另外，东部地带乡镇企业的发展还有一个十分有利的条件，即起步较早。当城市企业还在传统体制下悠悠忽忽时，当其他地带的农村还尚未大力发展乡镇企业时，东部地带的乡镇企业便捷足先登，进入市场上的空白地区，并逐步站稳了脚跟。[22] 其他地带后起的乡镇企业若再接踵而至，必遭排挤；进入其他市场，技术能力又往往严重不足，区位成本也比较高。实际上，这也是目前很多乡镇企业正面临的处境。[23] 这些乡镇企业信息闭塞，缺乏技术，缺乏经营经验和管理经验，购销困难，财务状况不佳，先天不足，后天又发展乏力，前景黯淡。例如，据统计，我国目前大约平均每 161 个乡镇企业才有 1 名专业技术人员。[24] 技术力量如此奇缺，何以在全国农村普遍实现工业化和现代化？或者说，在这样的初始条件下，在农村普遍实现工业化和现代化，要经历多长时间？

另外，还应当看到乡镇企业在空间布局上过度分散[25]带来的一系列其他的与聚集经济相悖的问题。这些问题包括：①企业布局"满天星"，导致占地过多。目前乡镇企业职工人均占地比城市企业多 3 倍以上。对于我国这样一个人均耕地面积很少的国家来说，这种代价是极其高昂的。②企业固定成本过高。分散建厂无法建立共用的基础设施，送电、变电、供水、排水、运输、通信等设施几乎一厂一套；有的还要各搞一套发电、供热、检测等设备，固定资产占用较多，利用率较低。当然，在某些情况下，企业实际上无力兴建基础设施和购买检测设备等，生产条件极其简陋，产品质量很差。③工厂分散于乡野，物资运输、信息传递、资金结算、企业之间的分工协作等都十分不便，企业往往远离城市和市场，难以迅速地感受到外界市场的变化和竞争者之间的相互作用，距离成本和购售费用过高。④企业在空间上过度分散，不利于服务业的发展，不利于企业之间的人员流动和技术扩散，等等。所有这些问题对国民经济的长远发展无疑会产生严重的消极影响。[26]

我国历来强调"两条腿走路"的方法。笔者觉得，在农业剩余劳动力的转移上也应采用这种方法。即一方面，在具有区位优

竞争与垄断：中国微观经济分析（校订本）

势的农村地区，积极发展乡镇企业（不过在这里也决不完全意味着必须"就地办工厂"，应当避免空间上的过度分散，注意适当地集中和建立工业区，搞好工业区划，形成聚集经济）；另一方面，在区位优势并不明显的农村地区，逐步地和有计划地将剩余劳动力转移到中小城市和大的集镇上，借以更广泛地利用聚集经济和规模经济，增强同农村地区的联系，实现城乡一体化。上述两种方法不是绝对地相互排斥，而是相互补充，即在同一农村地区可以两种方法兼用，实行中小城市有计划地向农村剩余劳动力和乡镇投资活动开放，同时在农村地区有条件地兴办非农企业。只是在不同的地区，这两种方法的运用可能有主有次罢了。以上两种办法同时并举的优点，也许只有经过较长的时间才能为人们所普遍地感觉出来。

5 空间竞争与要素转移机制

总之，农村工业化和就地吸收所有农村剩余劳动力的原则不应当成为我国农村发展的普遍原则，我国城市化过程应当在长期性的周密规划和计划指导下逐步推进。

（2）关于消除空间分割和尽可能地开展空间竞争的充分条件问题。

直到现在为止，导入市场机制和较为深入地进行经济体制改革的不同的社会主义国家，在改革中选择了两种不同的道路：一种是按"条条"进行层层行政性分权的道路，笔者把它简称为"条条"分权，其代表是匈牙利。波兰和苏联也显示出接近这条道路的倾向。匈牙利在推行"条条"分权的同时，建立了强有力的宏观控制系统，并仍然对微观经济运行过程进行了大量的行政性质的干预。另一种是按"块块"进行层层行政性分权的道路，笔者把它简称为"块块"分权，其代表是南斯拉夫。我国目前的状况也比较接近这种分权模式。南斯拉夫在按行政区划进行层层分权时，也几乎取消了联邦政府的宏观经济管理职能[27]，并且在国内出现了"条条"分权所没有的地区分割与地方投资膨胀以及宏观失控等一系列问题。

这里同我们的讨论有关的主要是"块块"分权模式以及上述两种行政分权模式下微观企业行为的内在逻辑。

构成我们讨论的焦点是，取消"块块"分权的形式，会不会因此就能彻底地消除空间分割？这里所说的空间分割，严格地说，既包括块块分割，也包括条条分割，还包括第 4 章第 4.2 节中所提到的企业分割。

显然，我们关于这一问题的答案是否定的，即取消块块分权还不足以彻底消除空间分割。之所以会这样，其原因是，首先单纯地取消块块分权，并未克服企业分割。而在企业分割的格局下，资金等要素难以在处于不同区位的企业之间流动，空间竞争因此不可能充分展开。要打破企业分割的局面，就必须深入地改革企业内部的经营机制和利益制约机制，形成独立于特定生产企业的人格化的资金主体[28]，建立真正发达的资金市场和完善的资金流动机制与配置机制。毋庸讳言，包括我国在内的社会主义各国的经济体制改革目前仍未实现这一点。其次，同上一点相联系的是，在企业内部经营机制不完善或企业自身功能不健全的情况下，块块分权或者难以取消，或者只能用条条分权或中央对微观过程的广泛干预来取而代之。这时，空间分割实际上只是采取了新的条条分割等形式，空间竞争也难以充分展开。

由此可见，彻底打破空间分割和充分地开展空间竞争的充分条件，是企业层次上的经济运行机制的完善或企业自身的功能完整。

这里顺便指出，在笔者看来，我国的一些学者和奥塔·锡克等人[29]将南斯拉夫的投资膨胀和通货膨胀完全归因于"地方分权"或国家控制不力，这是欠妥的。导致这些经济现象的根本原因在于企业本身缺乏自我约束机制，或者说在于企业内部经营机制不完善，应当更深入地分析投资膨胀和通货膨胀等宏观现象的微观基础。

5.3 要素的空间配置机制与转移机制

空间竞争是通过地理位置上的移动来实现的。这意味着为了克服空间进入障碍，需要建立完善的交通运输系统和信息系统，建立发达的生产资料市场、资金市场与产品市场，从而建立完善的商品流通机制和要素流动机制。[30]

在本章的前两节我们从整体上分析了空间竞争过程以及这一过程所受到的限制，本节则较为细致地考察作为空间竞争过程的一个重要方面的要素流动过程或转移过程。进行这种考察的理论逻辑在于，企业的建立及其区位的选择与变更，通常是以作为一般投入的要素的可流动性或可转移性为前提的。关于不同地域的产品市场的一体化或这些市场之间的竞争性的相互作用，我们只是想指出如下事实，而不打算做更全面的分析。这一事实是，交通运输系统和信息系统越发达，货物与信息传递越便利和越是费用低廉，地区差价就越小，不同地域的市场之间的竞争性的相互作用就越明显，这些市场便越是趋于一体化，地区性的市场垄断也越难以形成。

在市场体系下，作为基本投入要素的资金和劳动力在空间上的流动或转移，激活了空间竞争。下面让我们分别讨论资金[31]和劳动力的流动机制或转移机制。

1. 资金的空间配置与流动机制

关于资金在空间上的流动与配置过程，我们在前面从投资主体自有资金的角度进行了较多的分析。总的来说，在多层网状空间分割的状态下，这部分资金一般难以在整个社会经济系统内流向预期收益率较高的区位，大大小小自我封闭或相互封闭的"块块"的本位利益筑起了一道道无形的或高或低的屏障，使本"块块"的资金通常只能在"块块"之内配置。要改变这种局面，就

5 空间竞争与要素转移机制

必须在消除各种行政壁垒的同时，努力完善企业内部的经营机制和投资机制，并需要产生资金的人格化代表和实现资金经营的相对独立性。

对资金的空间流动与配置机制，还可以从投资者非自有资金来源的角度做进一步的考察。这里所说的非自有资金，主要是银行贷款。在我国目前情况下，由于银行系统与"块块经济"是同构的，也被高度地地方化。设在各地的银行分支机构往往成了地方政府的行政附属物，听命于"地方长官"。各"块块"的银行分支机构的贷款在地方利益的拉拽下也只能配置在本"块块"之内，而无法在"块块"之间流动和在全国范围内流动。并且，由于银行本身的经营机制不完善，银行职工的报酬与贷款的使用效率几乎完全脱钩，且贷款利率过低，供给缺口大，借贷市场成了"卖方市场"，某些努力追求自身利益最大化的银行职工往往利用这种"奇货可居"的状况，变相地索贿受贿，根据本地潜在贷款对象送来的"贡品"[32]的多少来决定是否贷款以及贷款额的大小，而不管贷款的相对使用效率如何。因此，即使在"块块"范围内，贷款的空间配置效率也是很低的，难以达到极大。

要改变以上所说的贷款的空间配置低效，就必须在完善银行内部经营机制[33]的同时，使银行独立于"块块"行政机构，从而打破银行业务块块分割的状态，避免银行过度地方化，建立独立的、全国性的银行业务系统，协调资金在地区间的流动，并促成不同银行系统之间的竞争，借以提高银行的贷款业务效率和贷款的空间配置效率。

上面我们简略地分析了资金的空间配置与流动机制，现在让我们着手深入具体地考察劳动力的空间配置与转移机制。

2. 劳动力的空间配置与转移机制

空间竞争过程的一个极其重要的方面，是劳动力在空间上的流动或转移。这些转移或者是在同一技术水平上调换工作单位，或者是不同技术水平上的垂直转移。

在水平转移的情况下，劳动者通常从特定劳动力富余的区位流向这类劳动力相对短缺的区位，从劳动的边际收益较低的区位流向边际收益较高的区位[34]，从而能够改善劳动力的空间配置效率，增加社会总产出。

在目前我国的经济现实中，劳动力水平转移的一个重要特征是这类转移的人数少，转移者的年龄及其劳动熟练程度通常偏高。其原因，一是"能进不能出"的就业制度和多层网状分割的劳动力配置方式，几乎完全堵塞了劳动力流动的渠道；二是存在着多元经济技术结构，由于教育落后和经济发展水平低，熟练劳动力的培训周期长，且严重不足，一般企业不同意将中青年技术骨干调出，而拥有一技之长的接近退休年龄的老工人则比较容易由原单位调出，进入水平转移者的行列。[35]

与水平转移相类似的是，在垂直转移过程中，劳动者一般由边际收益较低的产业部门和区位，流向边际收益较高的产业部门和区位，并因此而导致产业结构的转换和经济结构的演进，促进了社会经济的发展。

不过，由于水平转移通常不涉及劳动者获取新的职业技术的能力、费用和所需要的时间等问题，所以，它比垂直转移要简单得多。在考虑了上述这些因素以后，将会发现空间上的垂直转移是一个极为复杂的过程。对这一复杂过程进行考察，会使我们得出很多非常重要的理论结论和政策性的结论。

假定不存在人为的空间上的垂直转移障碍，并考虑到转移能力约束、信息不完全和不确定性等情况，将会发现存在如图5-4所示的转移选择决策过程及其结果。即实际上存在着一个包括所有备选方案在内的选择集合，但潜在的转移者并不了解所有这些备选方案，而只了解其中的一部分，且认为这部分方案并非都是可行的。最后，他仅在自己认为可行的那一较小部分方案中选取

5 空间竞争与要素转移机制

了那个被他看作最合适的转移方案。然而，他的转移也许能够达到原来预想的目的，获得原来所企望的收益水平，也许完全相反。

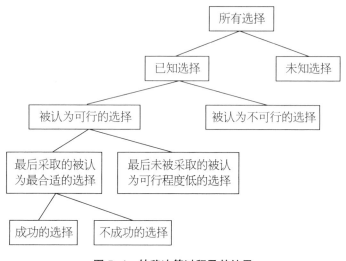

图 5-4　转移决策过程及其结果

现在让我们对上述过程做进一步的分析，并尽可能地指出其政策含义。

就存在着未知的选择集合而言，它们显示了建立有效率的信息系统和社会就业咨询机构的重要性。一般来说，信息系统越不完善，获取信息的困难越大，时间越迟缓，未知的备选方案就越多，失去真正最合适的转移机会的可能性也越大。

就存在着被认为不可行的选择集合而言，它们至少涉及转移费用、转移能力和转移风险。

空间垂直转移的费用包括滞留费用、迁徙费用和职业再培训费用。这里的滞留费用（Sunk Cost）是指获取原来的职业技术所支出的、尚未得到补偿且转移后也不再会得到补偿的那部分费用。其他费用项目的含义一目了然，无须解释。

考虑到转移费用，不难发现，只有预期收益超过原初收益的部分至少能弥补转移费用的那些转移备选方案，才具有经济可行性。若转移费用不能得到补偿，转移后的实际收益水平就会低于原初收益水平。如果用横坐标表示转移费用，用纵坐标表示特定的转移备选方案的预期收益同原初收益之间的差额（简称收入差额），那么，我们就可以得到图 5-5 所显示的静态结果。该图中的转移损益分界线上的各点，皆表示相应的特定转移备选方案的预期收益超过原初收益的部分恰好同转移费用相等，转移的结果既不会得到额外的收益，也不会引起损失。这条线左上方的阴影区域是仅由转移费用限定的（不考虑能力约束）转移可行域。包括在这一区域内的每一个备选方案所产生的收入差额都可补偿转移费用并绰绰有余，即都满足收入差额≥转移费用这样的条件。这条线右下方的空白区域的含义相反，包括在其中的每一个备选方案所产生的收入差额都不能补偿转移费用，尽管它们各自的预期收益都高于原初收益，但在经济上并不可行，即都不能满足收入差额≥转移费用这样的条件。

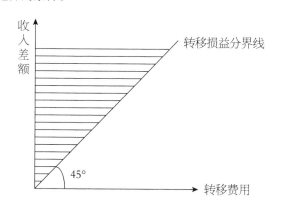

图 5-5 转移费用与转移可行域

如果进一步考虑实际转移能力的约束，那么，实际转移可行域将更小。例如，若支出一定的费用便可接受某种职业技术的培训，且这种职业的预期收益超过原初收益的部分完全能够补偿这笔培训费，那么，仅从转移费用补偿的角度来看，这种培训以及随之发生的转移在经济上当然是合算的。但若根本不能获得这种培训的机会或无力支付这笔培训费用，那么，这种转移便难以实现，因而不具有现实的可行性。这样，当我们加进能力约束曲线时，图5-5便转换成图5-6。在图5-6中，转移能力约束范围的存在，使表示转移可行域的阴影部分缩小，包括在阴影部分中的转移备选方案是合算的并力所能及的。该图中转移能力约束曲线的形状是任意画出的。对我们的抽象的理论分析来说，重要的是能力约束曲线的确存在，这条曲线的具体形状对于这种定性分析来说并不是很重要。

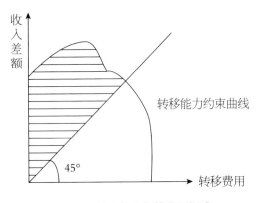

图 5-6 转移能力与转移可行域

另外，转移过程往往具有一定的风险，这种风险同垂直转移的跨度、所需时间的长短和不确定性的大小直接有关。通常，垂直转移的跨度越大和预期收益越高，转移所需要的时间也越长，不确定性因素也越多，失败的概率也特别高。如果用预期收入净差额表示转移预期收益同原初收益之间的差额减去转移费用后所余下的部分，用转移风险来代表失败的概率，则有图5-7所显示的关系，即预期收入净差额越大，转移的风险越高。这同时意味着在安全的低收入和风险很大的高收入之间存在着某种替换关系。

不难推论，在转移风险主要不由个人承担的情况下（如由乡级政府投资的乡办企业），会出现敢冒风险的转移行为；虽然由于市场信息不灵、原材料短缺、产品质量不过关或市场过度饱和等原因，这类转移常常招致失败。而在转移风险完全由个人承担且个人承担风险的能力又特别低的情况下，因转移失败所受的惩罚是极其严厉的，脆弱的物质基础使得任何较大风险都可能影响转移者的基本生活，潜在的转移者往往倾向于回避高风险和追求收入的稳定可靠。[36] 只有当他们的收入不再处于仅仅维持生存水平并大大高于这一水平时，获取较高收入的可能性才会吸引他们去冒险，而这时他们也具有较为坚实的物质基础去冒险。

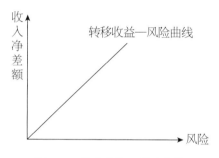

图 5-7　转移收益—风险曲线

这样，在考虑到存在转移费用、转移风险、转移的技术能力及承担风险的能力的约束等因素时，我们至少可以直接和间接地得出如下理论结论和政策结论。

理论结论是，潜在的转移者在进行决策时，往往不是面临着传统经济学所说的单一的最大化选择（即最高收益率导向的单一选择），而是面临着多种选择。较高的转移费用、严重的能力不足和由转移者本身担负的巨大的转移风险，都会缩小转移成功的可能性空间，抑制转移行为，延缓转移过程，从而降低国民经济的平衡发展（部门间平衡发展和地区平衡发展）能力和结构变换能力。[37]

政策结论是，为了提高国民经济的动态发展能力和结构变换能力，必须通过各种发展政策来尽可能地降低转移费用和转移风险，扩大转移可行域，提高转移成功的概率。这些发展政策，包括提供良好的基础设施，制定与实施计划周密的长期性的产业政策、技术政策和人力政策。实际上，前面所说的信息阻塞、转移费用与转移风险过高、转移能力严重不足等，正是我国经济目前所面临的问题。这些问题使劳动力的空间垂直转移步履维艰，难以顺利地实现。

以上我们主要从单个转移者的角度分析了劳动力在空间上的垂直转移。下面让我们从制度环境的角度分析特定的经济体制对劳动力空间垂直转移过程的影响。

同水平转移时一样，劳动力在地理空间中的垂直转移也受到多层网状分割格局的限制。在这里，我们想更具体地指出，这种分割不仅同以行政区划为基础的行政分割有关，而且也同企业的经营机制有关，同企业分割有关。

让我们举两个例子来进一步说明这一点。

一个是我国目前的全民所有制企业的例子。在目前情况下，一方面，由于不存在独立的专门管理和经营全民所有制资产的企业性机构，各个企业的资产由各企业支配使用，而企业的人员又比较固定。虽然厂长或经理原则上有权解雇原有的职工，但事实上他们常常无法做到这一点。另一方面，社会上的劳动力往往也无法进入该企业，因为企业原有人员无法流出，或者因为潜在进入者不是归属全民所有制部门的职工，甚至不是城镇户口。在实行各种经营责任制后，上述状况并未发生变化，特别是企业全员承包甚至强化了企业在劳动力配置上的自我封闭倾向（这一点也适用于资金配置）。

在更大的背景下对全民所有制企业进行分析，便可发现全民所有制企业的资产社会化程度显示出明显的等级差别：有国有企业，也有省、地（市）、县等不同层次的地方政府兴办的企业；

即使假定在企业这一层次上不存在上述自我封闭状况，但在行政区划这一层次上仍存在自我封闭倾向。例如，A 县的县办企业不会招收来自 B 县的劳动力，使他们成为本县企业的职工，即使来自 B 县的劳动力愿意接受更低的工资。同样的情况可以类推到省办企业和地区兴办的企业。在这些情况下，皆存在着大大小小封闭的行政圈子，切断了劳动力空间流动的通道。

另一个是乡镇集体所有制企业的例子。乡镇兴办企业，一是为了扩大本乡镇劳动力的就业门路，增加本乡镇劳动者的个人收入；二是为了扩大本乡镇的财政基础。这些经营目标显然决定了本乡镇的企业只会接收本乡镇的劳动力，而不会招收外来的、企图实现垂直转移的非熟练劳动力，不管这些非熟练劳动力是来自其他乡镇，还是来自城市或全民所有制单位。由于乡镇的行政区划很小，因此可以认为，在这里，劳动力的空间配置范围与可以流动的范围也极其狭小和高度分割与高度地方化。对乡办企业和镇办企业所做的这些分析，也可以推广到村办企业。当然，在村办企业，空间分割将更加严重。

总之，在我国目前的多层网状分割的情况下，劳动力的空间流动范围极其狭小，劳动力转移机制极不完善。劳动力空间配置严重分割，既阻碍了劳动力的水平转移，也阻碍了劳动力的垂直转移（在某些情况下，正是水平转移不足使得新建企业缺乏熟练劳动力和发展能力，导致垂直转移不足）。与劳动力空间配置分割相对应的，是资金空间配置严重分割。这种双重分割使资源的空间配置过于分散，配置规模特别狭小，配置效率极其低下，从而严重地削弱了国民经济发展能力和结构变换能力。要消除这种高度分隔的局面，就必须进一步通过多方面的改革措施来建立生产资料市场和资金市场，建立完善的企业经营机制、资金流动机制和劳动力流动机制。

注释

1.1926 年英国经济学家斯拉法（P. Sraffa）在他的论文《竞争条件下的收益规律》（The Laws of Returns under Competitive Conditions, Economic Journal, 36, December 1926, pp. 535—550）中指出：市场通常被分成地区，在每个地区，一家卖主处于准垄断地位。在这篇论文的启发下，琼·罗宾逊夫人在 20 世纪 30 年代写成了《不完全竞争经济学》，并且更具体地指出："在不完全市场上，如果不完全是由运输成本造成的，而且买主在有关区域的分布是均匀的，则各个生产者的需求曲线可能是凹形的。因为其中任何一个生产者所索价格的每次相继下降引起更多的顾客向该企业购买商品"（琼·罗宾逊：《不完全竞争经济学》，商务印书馆 1961 年版，第 27 页）。由张伯伦（E. H. Chamberlin）所著的、与《不完全竞争经济学》同年出版并且齐名的《垄断竞争理论》，仅仅在附录"纯粹空间竞争"中讨论了经济活动的空间方面。其原因也许在于，这本书是其作者 1929 年在哈佛大学提出的博士论文的基础上修改补充而成的，而附录"纯粹空间竞争"的主要思想来源是 1929 年 3 月《经济学杂志》上发表的霍特林（H. Hotelling）的《竞争中的稳定》这篇空间经济学经典论文，张伯伦当时还来不及把这篇论文的思想融合到他的已经定型了的著述中去。在西方后来的标准化的微观经济学著作中，斯拉法和罗宾逊夫人的上述观点仅仅在"垄断竞争"分析中用"地点、区位、差异"几个字轻描淡写地一笔带过，而对霍特林与张伯伦讨论过的空间竞争问题则不再提及。无疑，斯拉法、罗宾逊夫人和张伯伦等人有关经济活动空间方面的讨论是极不完全的。

2. 参见 J. 哈维：《现代经济学》，上海译文出版社 1985 年版第 9、第 27 章。

3. 参见 H. Hotelling, Stability in Competition, Economic Journal, 39, March 1929, pp. 41—57；A. Smithies, Optimum Location in Spatial Competition, Journal of Political Economy, 49, June 1941, pp. 423—439。

4. 笔者将地方化定义为经济活动范围的空间局部性。区位选择范围越狭小，即意味着地方化程度越高，反之则相反。

5. 参见 P. S. Florence，Investment，Location and Size of Plant：A Realistic Inquiry into the Structure of British and American Industries，Cambridge University Press，1948。

6. 在心理学中，引起感觉所需的最小限度的神经刺激称为阈限。在经济学中，建立特定产业所需要的需求阈限，是指只有当需求达到某种最小限度的数量时，进行生产才是经济可行的。否则，进行生产是不经济的，这时或者不进行生产，在开放经济条件下则通过商品输入来满足这类数量很小的需求。供给阈限的含义依此类推。

7. K·J. 巴顿：《城市经济学：理论和政策》，商务印书馆 1984 年版，第 21—23 页。

8. 这种较高的组合能力还可以形成舒适丰富的文化生活和物质生活环境，能够像较高的工资一样，对受过较高程度教育的劳动者及其家庭产生吸引力。

9. 笔者把按单位运输成本计算的距离称为经济距离，以别于按长度单位计算的地理距离。

10. 距离成本除包括运输成本外，还包括信息费用等。V 形距离成本曲线的经济含义是一目了然的。例如，当生产地点或供应地点已定时，将货物运送到越远的地方去销售，运输成本便越高。V 形距离成本曲线所采取的假定，是以前面所引的霍特林的论文中所采用的分析方法为基础的，即假定卖者和买者是沿着一条直线定位的。这种假定有助于简化分析。

11. 这种区分的界限是基础设施方面的新增投资费用对效益（包括外部经济）的关系。

12. 当技术可能性——特别是通信手段和交通运输工具得到发展——拓展时，图 5-2 中的曲线形状及其位置也将发生相应的变化。

13. 这里我们假定通过经济政策措施，将进入者的外部不经济转换成了内部成本。在不存在这种转换机制的情况下，有可能出现过度进入。关于过度进入问题，我们将在第 8 章中讨论。

14. 参见 J. G. Williamson，Regional Inequalities and the Process of National

Development，Economic Development and Cultural Change，13，1965，pp. 3—45。

15. 经济制度、经济体制、经济政策是决定和影响经济系统运行特征的三层因素。在它们中间，经济制度是最深层的，而经济政策最接近表层，最易于变化。相对于经济政策来说，经济体制则更为基本一些，其变革的难度也大一些。

16. 关于这一点的一个有趣的佐证是，在我国，人口迁移不是由移民局管理（我国不存在移民局），而是由公安局管理。

17. 因此，我们在前面所说的集权模式，严格地讲，是指经济决策权力过度集中在国家手中的管理体制。然而，在这种体制类型中，还会出现一些子类，出现决策权力在国家各级政府之间分配的不同形式。这些不同的形式包括决策权力基本集中在中央这样的行政集权形式，以及很多企业的管理权限完全下放给各级地方政府这样的行政分权模式。若要对它们进行深入的比较研究，布鲁斯的按宏观、企业、家庭或个人的经济决策权力的行政性集中或市场型分散状况来区分不同的社会主义经济模式的方法，显然是不适用的。参见弗·布鲁斯：《社会主义经济的各种体制——历史的经验和理论的构想》，刊载于荣敬本等编：《社会主义经济模式问题论著选辑》，人民出版社 1983 年版，第 57—77 页。

18.［美］黄佩华：《中国地方政府在计划和市场中的作用》。《经济社会体制比较》，1987 年第 1 期。

19. 张阿妹：《产业结构变动中的地方政府行为》。《中青年经济论坛》，1987 年第 1 期。

20. 参见《经济日报》1987 年 10 月 21 日第 4 版。

21. 参见 D. Perkins and S. Yusuf, Rural Development in China, Johns Hopkins University Press，1984. pp. 194—201。

22. 不过，这并不意味着东部地带所有乡镇企业的发展前景都很好。以江苏省无锡市为例，1986 年年底，全市乡镇企业（包括村办企业）中亏损的企业占 20%。参见《经济社会体制比较》，1987 年第 5 期。

23. 很多技术力量雄厚、设备比较先进的"三线"工厂由于距离成本较高，也难于有效地进入市场和在市场上站稳脚跟。这从另一个侧面证明了在所有农村地区——不管其距离成本如何——大力兴建工业企业是不可行的。

24. 参见《经济参考报》，1987 年 5 月 27 日。

25. 据调查测算，1985 年我国乡镇企业分布在集镇的占 12%，分布在县以上城市的不到 1%，5/6 以上的乡镇企业散落于乡村。参见《经济参考报》，1987 年 10 月 20 日。

26. 参见张济海：《乡镇企业布局问题应引起重视》，《经济参考报》，1987 年 10 月 20 日。

27. 捷克斯洛伐克经济学家奥塔·锡克认为，南斯拉夫中央计划部门不再确定消费和投资基金以及信贷资金的分配，是计划和经济政策中的一个重大失误；由于这一过程过于分散，导致了通货膨胀（参见柴野编译：《奥塔·锡克教授谈苏联、东欧和中国的经济体制改革》，《经济社会体制比较》，1987 年第 1 期）。

28. 建立独立人格化的资金主体，是社会主义经济中最深刻，也是最困难的改革措施之一。为了促成这种改革，我国部分经济研究人员提出了成立相对独立于政府和工商企业的、仅对国有资产增殖负责的投资公司或资产经营组织的政策建议（参见《经济学周报》，1987 年 10 月 4 日；中国经济体制改革研究所微观研究室：《微观改革中的市场结构与企业制度》，《中国社会科学》，1987 年第 4 期）。另外，匈牙利经济学家在较早的时候也提出建立"外在于企业的所有权组织"或"社会主义资产持有组织"这样的类似的设想（参见 M. Tardos，A Development Program for Economic Control and Organization in Hungary. Acta Oeconomica，Vol.28（3—4），1982，pp.295—315；S. Balazsy，Reform and Property：Reflections on Tamas Baueres Article，Eastern European Economics，Spring—Summer 1984，Vol. 22（3—4）pp. 96—100）。

29. 参见楼继伟：《吸取南斯拉夫经验，避免强化地方分权》，《经济社会体制比较》，1986 年第 1 期；楼继伟：《借鉴和改造"分权制"——政治经济体制综合改革思路探索》，《经济社会体制比较》，1987 年第 1 期。

30. 在分析劳动力配置过程时，西方经济学中通常运用"劳动市场"（Labour Market）这一用语。在我国近年来的经济学术语中，则出现了"劳务市场"的概念。实际上这里的"劳务"（是"Service"？还是"Labour"或"Labour Force"？）概念十分含混不清，虽然实际上它指的是"劳动市场"或"劳动力市场"。由于国内经济学界对社会主义经济中劳动力是不是商品这一问题颇有争议，为了避免不必要的纠葛，我们没有使用"劳动力市场"概念，也没有使用含混不清的"劳务市场"概念。

31. 为了避免重复，我们没有在这里专门系统地讨论生产物资的空间配置与流动过程，而只是不言而明地假定物资流动机制与资金流动机制保持一致。无疑地，要实现资金在空间上的自由流动，就必须打破旧的行政性质的物资切块管理和切块分配制度，建立面向全国的开放性的生产资料市场。

32. 这些"贡品"大部分是市场上的紧俏货物，或者是贷款对象所生产的产品，它们常常按大大低于市价的价格水平"进贡"。

33. 银行内部经营机制改革的最佳目标，是成功地建立起一种促使贷款者追求贷款的预期的相对使用效益最大化机制。

34. 这里暗含的假定是企业收益、个人收益和社会收益三者之间具有高度的相关性，否则会导致转移动力不足或转移过度。

35. 这一分析可以部分地解释转移者的总体年龄构成两极分布中接近退休年龄的一极形成的原因（参见段建敏：《现阶段就业后劳动力流动的突出形式：职工的辞职、离职》，《工人日报》，1986 年 10 月 27 日）。

36. 参见 B. Herriek and C.P. Kindleberger, Economic Development, McGraw–Hill Book Company, 1983, 4th edition. pp. 329—330；卢迈、戴小京：《现阶段农户经济行为浅析》，《经济研究》，1987 年第 7 期。

37. 可以认为，在资本主义经济中，在这些条件下，马克思在《资本论》中所阐述的平均利润法则将会被其他法则代替。

6 开放条件下的国际贸易与国际竞争

到现在为止，我们在垄断与竞争的分析中一直是把社会主义经济作为一个封闭系统来研究的，即撇开了社会主义国家的对外贸易关系。马克思曾经指出："对外贸易的扩大，虽然在资本主义生产方式的幼年时期是这种生产方式的基础，但在资本主义生产方式的发展中，由于这种生产方式的内在必然性，由于这种生产方式要求不断扩大市场，它成为这种生产方式本身的产物。"[1]事实上，马克思的这一论述可以推广到现代条件下的一般商品经济。换言之，国际市场、国际分工和国际交换的发展，体现了现代不同社会制度下的商品生产的共同要求。

国际贸易既是国内经济发展的结果，又是国内经济进一步发展的重要的外部条件。从静态的角度看，国际贸易水平与贸易结构取决于国内的要素生产率水平等因素。这种要素生产率水平决定了国内生产的并用于国际交换的剩余产品的数量和构成。而要素生产率本身既同国内已有的生产潜力或生产能力（Capacity）有关，又同与一定的经济体制相联系的生产潜力发挥程度有关，即同生产力和生产关系有关。从动态的角度看，初始对外贸易规模、贸易形式和贸易条件等因素及其变动趋势，会直接影响一个国家的工业发展速度和技术进步速度，影响一个国家的要素供给状况和资金形成状况，从而对该国国内经济的发展形成了一种明显的制约关系。

国际贸易是通过国际市场进行的。有市场必有竞争。国际贸易能力实质上也就是国际竞争能力的反映。因此，广义地说，国际贸易理论是国际竞争理论的一个有机的组成部分。

所以，当引入市场机制的社会主义国家扩展对外贸易关系时，社会主义经济中的竞争就会跨出一国的疆域，社会主义经济活动主体会直接参与或直接感受到国际竞争。对开放条件下社会主义国家的国际贸易与国际竞争进行考察，便是本章的任务。

6.1　国际贸易优势与国际竞争优势

国际贸易能力是国际竞争能力的指示器。国际贸易型式即是一国参与国际竞争的形式。那么，社会主义国家应当通过何种贸易型式来参与国际竞争和获得国际竞争优势呢？

由于多种原因，社会主义国家的经济发展水平目前在总体上仍然低于资本主义发达国家，我国更是一个经济实力较弱的发展中国家。西方的导源于英国学派的传统贸易理论，体现的完全是资本主义经济强国的逻辑，并且由于方法论上的静态性质，这种贸易理论不能反映后起国家的经济发展利益。因此，在确定社会主义经济的对外贸易型式与国际竞争形式时，必须摆脱这种流行的传统贸易理论。为了加深对这一点的认识，首先有必要对这种传统理论进行系统的批判性的分析。

构成西方传统贸易理论基础的主要是英国古典经济学家李嘉图的比较优势（Comparative Advantage）[2]理论。

在李嘉图之前，英国古典经济学家亚当·斯密曾提出绝对优势（Absolute Advantage）理论。[3]所谓绝对优势，是指在国际贸易和国际竞争中某一国家以较其竞争者低的成本提供某种商品的能力。换言之，当一个国家生产的某种商品的成本绝对地低于其竞争者时，这个国家便具有绝对优势。因此，绝对优势又称为绝对成本优势。在斯密看来，一种商品，如果其他国家生产，所需成本比本国低，那么本国就不要生产；用输出自己最擅长生产的商品换来的钱，去购买别国的廉价商品，要更便宜、更合算。在这种基础上形成的国际分工和自由贸易，不仅能使每个国家比它在闭关自守时获得更多的廉价商品，而且能促进各国的劳动和资本得到最充分和最合理的运用。

为了进一步论证国际自由竞争和自由贸易的好处，李嘉图在斯密的贸易理论的基础上，提出了比较优势学说。[4]所谓比较优势，即是一个国家在国际贸易与国际竞争中提供某种产品比之提供其他产品相对来说更为便宜合算的能力。李嘉图认为，每一个国家都应专门生产它用比较少的成本就能生产出来的商品，虽然这种商品的成本的绝对水平可能高于其他国家。在他研究中的两个国家，两种商品的理论模型中，李嘉图指出：与英国相比，当葡萄牙在葡萄酒和毛呢这两种商品的生产上都占有绝对成本优势，然而在葡萄酒的生产上却占有更大的成本优势时，葡萄牙应集中生产葡萄酒，而英国则应集中生产毛呢，然后两个国家将各自集中生产的葡萄酒和毛呢相互交换。这种国际分工和国际交换的结果，同不存在这种分工和交换时的情形相比，会使进行贸易的两种商品的产出增加，使两国都变得更加富有。

上述古典贸易学说的重要含义是，国际自由贸易与自由竞争可以使世界产出达到最大，并使参加贸易的各国都能获得好处。由于在斯密和李嘉图所处的时代，英国是世界上工业最发达的国家，在世界市场上已经压倒其工业竞争对手，所以，他们的上述贸易理论完全反映了当时英国产业资产阶级扩大国外市场和使英国成为"世界工厂"的强烈要求。

斯密和李嘉图在论述他们的贸易理论时，还突出地强调国际的地域分工是"自然"形成的，经济上落后的国家成为发达国家的工业品销售市场和原料产地，是"自然禀赋"的结果。在后来的新古典学派的国际贸易理论中，一般生产要素禀赋说取代了自然禀赋说，由此产生了比较优势的新古典之说，即要素比例理论或所谓"赫克歇尔一沃林原理"[5]。这里所说的一般要素是指劳动和资本。在标准的数理化了的赫克歇尔一沃林模型中，一个有充裕资本的国家，将会出口资本密集产品，进口劳动密集产品；相反，一个有充裕劳动力的国家，则会进口资本密集产品，出口劳动密集产品。要素比例差异决定了特定国家对外贸易和参与国际竞争的型式，决定了该国的比较优势。[6]这里我们不打算讨论西方传统贸易理论的一系列与现实情况相悖的前提条件以及这些理论的某些内在的逻辑矛盾[7]，而只是想强调以下几点：

（1）上述西方传统的贸易理论的分析，本质上是静态的或"比较静态的"。它们没有能够指出按照既有的生产状况、生产成本水平和要素比例来确定国际分工和国际贸易格局，会对暂时仍然处于落后状态的国家的经济产生何种长期性的影响。

经济落后国家的工业无疑是比较落后的。与这种落后状态相对应的，首先是工业产品的生产成本较高，既缺乏绝对成本优势，也缺乏相对成本优势；其次是相对于存在大量过剩的劳动力而言，资金短缺，资本形成不足。面对这种状况，按照西方传统的贸易理论，经济落后的国家便不应该去发展其国内工业，而只能去发展其原有的初级产品生产。不难推断，若长期维持这种初始的国际分工格局，便只会扩大而不会缩小工业发达国家同工业不发达国家之间的经济差距，使得富国更富，穷国更穷。由于这种经济格局是以牺牲不发达国家的经济发展为代价的，所以，它最终也不能使世界产出达到应有的最大。[8]

迄今为止的历史发展过程表明，世界对初级产品的收入需求弹性，要比对工业制品的收入需求弹性低得多，从而使初级产品的增长弹性要大大地低于工业制品的增长弹性。[9]在1900年至1960年，工业品的世界产出和贸易增长了4倍，而同期初级产品的贸易量仅增长50%。[10]与这种产品贸易增长差异对应的，是工业制品与初级产品的国际贸易价格剪刀差的扩大和不发达国家贸

竞争与垄断：中国微观经济分析（校订本）

154

易条件的恶化。贸易条件或商品贸易条件，是用按相同的基期计算的出口价格指数与进口价格指数之比来表示的。显然，若一个国家的出口价格相对于进口价格而下降，它将不得不出口更多的商品和耗去更多的稀缺资源来保证以前所达到的进口货物水平。换言之，当一个国家的出口价格相对于进口价格下降时，该国单位进口货物的实际机会成本将上升。贸易条件的这种恶化会"吃掉"本可促成国民总收入增长的一部分投资，抵消该国在劳动生产率方面所获得的好处。统计资料显示，在 1955 年至 1976 年，发达国家的贸易条件的绝对水平大体上维持不变，而不发达国家的贸易条件下降了 23 个百分点（以 1970 年为 100）。[11] 这意味着不发达国家为了购买一定数量的进口工业制品，不得不在国际市场上售出更多的初级产品，也意味着不发达国家在国际贸易中所处的经济地位和国际竞争能力相对下降。

由此可见，维持既有的国际分工格局并以此为基础进行自由贸易，只会使经济暂时落后的国家的处境相对地变得更糟，从而遏制世界经济的普遍发展，阻碍后起国家的经济结构和世界经济结构的改造。以上对初级产品的增长弹性和贸易条件所做的长期考察还说明，由于特定产品增长弹性的有限性和贸易条件的可变性，既有的国际分工格局和比较优势的长期保持，并不能最大限度地增加每个国家的国民收入水平和世界收入水平。这无疑是对西方静态性质的传统贸易理论结论的直接否定，同时它也表明，一个国家不会从专门以较低费用或以特定的要素密集型式生产某种一定的商品中和与此相联系的固定的国际分工中永远获得好处。

（2）同上述第一点密切相关的是，西方传统的贸易理论对生产成本和要素禀赋的分析，对绝对优势和比较优势的分析，完全缺乏动态发展的观点。

斯密和李嘉图的国际贸易理论把生产各种商品的绝对优势和比较优势看作是固定的，且以诸如各国的地理环境、土壤、气候等不可改变的自然条件和其他历史条件为基础。依赖静态分析方法的新古典的国际贸易理论也把要素禀赋差异和比较利益差异看作是既定不变的。虽然古典的国际贸易理论强调各国的成本差异和生产率差异，而新古典的国际贸易理论却以各国具有相同的生产函数为基础，排除了成本差异和生产率的差异[12]，但两者皆在各国本身的生产函数或生产率始终保持不变这样的共同的前提条件下[13]，从"比较静态"的角度来论证以既有的生产优势为基础的国际分工可以改善原有的资源配置效率，极力证明国际自由贸易是最好的政策。

然而，我们在现实经济生活中可以看到：

首先，一个国家的国际贸易优势和竞争优势（绝对优势与相对优势）是在持续地变化着的。这种变化是各个国家的资本存量、生产技术、劳动力的数量与质量、产品需求的增长趋势等一系列许许多多的因素不断变更的结果。因此，"随着时间的推移，任何既定国家都可能丧失某一产品的比较利益"[14]，丧失该种商品的竞争优势；相应地，任何既定国家都可能获得在其他产品上的新的国际贸易优势和竞争优势。原有的国际分工与国际竞争的基础在经历着不断的变化，代之而起的是新的基础和新的国际绝对利益形态与比较利益形态。国际分工格局的变化，正是世界经济发展的一种形式。力图持续维持和强化既有国际分工体系的贸易理论，无疑是一种保守的、带有反发展色彩的理论。

其次，一个国家的国际贸易优势和竞争优势的变化，部分起源于该国的对外贸易型式和贸易结构。

一般而论，参与国际贸易既可能为一个国家的经济带来扩展效应（Spread Effect），也可能与此相反，为该国经济带来倒流效应（Backwash Effect）[15]；具体结果将依参与的规模和特定的参与型式而定。这里所说的扩展效应是指国际贸易对国内经济发展产生的积极的刺激作用。倒流效应则是指国际贸易对国内经济发展产生的消极的损害作用。如果不发达国家对外贸易额的短期增长，是以牺牲国内工业的发展为代价的，其结果必定是抑制不发达国家的工业化进程，强化它们原来就不利的要素禀赋和低下的国际经济地位，将它们自己束缚在以初级产品生产的"比较优势"为基础的落后状态之中，从而损害了这些国家经济的长期发展，加大了工业发达国家和不发达国家之间的经济差距。反之，若后起国家能避免上述累积性的消极作用以及同这些消极作用有关的不利的贸易形式，那么，它们就有可能改变自己的初始的经济落后状态，不断增强自己的国际贸易优势和获得新的竞争优势。

最后，精心制定的政策在一定条件下可以改变一国的比较优势和竞争优势。这是上述分析的自然结论，也是为众多后起的非盎格鲁撒克逊工业化国家的发展经验所一再证明了的事实。

总而言之，一个国家在国际市场上的竞争优势不是固定凝滞的，而是不断变化的。从实证的角度来看，西方传统的以静态优势为基础的国际分工与国际贸易理论，明显地同实际生活中存在的国际分工与国际贸易剧烈变化的事实相左，因而缺乏足够的解释能力。

（3）从规范的角度来说，视野短狭的静态绝对优势和比较优势概念，不可能成为一个国家的长期经济政策的合适的定向标，不能仅仅根据某一部门的当前收益水平来做出今后是否发展这一部门的决策。

一方面，假如一个国家目前在某种产品的生产与贸易上占有优势，这并不意味着该国应该把自己的进一步发展完全同这种产品生产的扩大及其专业化联系起来。因为这种产品生产的规模报酬可能会随着生产的扩大而递减，或者对这种产品需求的收入弹性会逐渐降低，抑或其他国家会迅速扩大这种产品的生产，并使国际市场过度饱和，使贸易前景恶化。

另一方面，假如一个国家暂时在某种产品的生产与贸易上处于劣势，这并不必定意味着该国应该中止这种产品的生产而完全仰赖进口。因为这种产品的规模报酬可能是递增的，或者这种产品的需求弹性和增长弹性较高，具有良好的市场前景和出口前景。事实上，一个国家的经济发展过程在很大程度上是一个工业产品生产从无到有、产品种类从少到多的过程，是一个不断创造新的比较优势和竞争优势的过程。在这种创造过程中，原有的比较优势或者失去，或者得到增进，原有的进口部门或居于劣势的部门可能逐渐变成具有竞争优势的出口部门。

从上面的分析中可以看出，在对外贸易和经济增长之间存在着巨大的相互作用。后起国家所面临的主要政策问题之一，是怎样打破传统的生产与分工格局，改变自己的比较优势和竞争优势，以便最好地利用国际贸易机会来促进本国的经济发展。[16]

以上关于国际分工型式、国际贸易优势和国际竞争优势等问题的讨论，当然也完全适用于社会主义经济，特别是适用于我国经济。因此，社会主义国家应当通过与经济的动态发展相一致的贸易型式来参与国际分工和国际贸易，借以获得动态的国际贸易优势和国际竞争优势。

6.2 出口竞争、进口替代与进口竞争

第 6.1 节比较抽象地讨论了国际贸易型式、国际竞争优势与经济发展之间的一般关系。现在，让我们在第 6.1 节提供的理论背景下，具体地考察社会主义经济系统对外开放时的国际竞争过程本身。

从竞争的作用方向上看，社会主义经济中的国际竞争包括进口竞争与出口竞争。在进口竞争的情况下，生产与进口品相同的产品的国内有关部门和企业是受竞争者；而在出口竞争的情况下，

出口部门和出口企业则是国际竞争过程中的"主动出击者"。

通过进口和出口而展开的相同产业或部门中的国际竞争，是经济国际化的一个重要方面，是不同国家之间经济技术、生产能力、市场容量、不同产品的开发能力等方面发展不平衡的结果，是生产多样化和需求多样化的结果，也是社会主义经济追求提高消费效率和生产效率的结果，因而有着内在的必然性。

就国际竞争对社会主义经济运行和发展的作用而言，在出口竞争方面，我们可以看到，成功的出口竞争可以扩大商品出口，通过使用机会成本较低的本国经济资源获得附加的收入，或者可以利用国内相对丰裕的经济要素进行专业化生产以获得规模经济。出口收入的增加和出口效益的增进，又可以使社会主义国家更多地进口那些自己生产要付出更高的代价或没有条件进行生产的商品，以及进口自己在改造原有的工业部门和建立新的产业部门时所缺少的技术和设备。后面的这类技术和设备的进口，往往是进口替代工业发展的基础，也是日后这一新的部门出口竞争的基础。一方面，进口替代过程，通常也就是后起国家的工业化过程；另一方面，新的部门的出口竞争又可以造成新的竞争优势，产生新的进口能力，提高进口产品的技术等级。上述两个方面的共同作用，会使社会主义经济沿着发展阶梯不断向上攀援，从而达到更高的发展水平，形成扩展效应（见图6-1。图中单个产品的产量也可替换为单个产品的出口量，国民产出增长的逻辑曲线可替换为出口总量增长的逻辑曲线）。于是，在这里出现了一种良性的螺旋式上升过程，即出口增加→进口增加→进口替代发展和出口商品的技术等级提高→进口商品的技术等级提高→……。这种螺旋式上升的速度越快，就越是能够迅速地弥合后起国家与技术领先国家之间存在的技术差距。

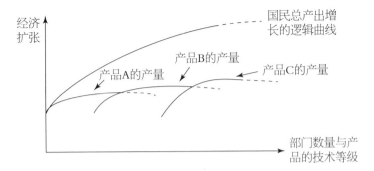

图 6-1　社会经济扩展效应

　　需要指出的是，在上述动态出口竞争过程中，进口替代的效率及其发展速度是十分重要的。下面借助我们的市场发展阶段模型（见图6-2）来进一步说明这一点。通常说来，技术等级稍高的外源创新（即由国外领先开发成功）产品会经历进口、进口替代和出口这样的市场发展阶段，并且这些不同的发展阶段往往是相互重叠的。图6-2只是为了简化起见，才舍掉了这种重叠关系。由进口阶段到进口替代阶段的发展，即是仿制进口品和导入、吸收、改进、扩散相应的生产技术的过程。模仿时滞越短，技术扩散越快，进口替代的时间就越早，替代的比重就越大，于是进口替代阶段向出口阶段的过渡就越迅速，反之则相反。

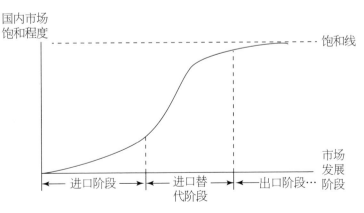

图 6-2　进口替代型市场发展阶段

影响进口替代发展的因素很多。这些因素包括进口替代部门的产业组织形式、该部门的企业素质与劳动力素质、政府的技术政策和产业政策等。在我国目前的情况下，社会经济的多层网状分隔，企业规模相对过小和生产过度分散，横向技术转移机制的缺乏，均对进口替代的发展产生了抑制作用。我国一再出现的耗资巨大的重复引进、重复进口的现象，一方面同企业经营机制不完善、出国"饥渴"与进口"饥渴"有关，另一方面也是缺乏完善的技术引进、复制与扩散机制的结果。

另外，必须注意的是，在进口替代发展过程中，不适当的过度的进口会堵塞尚作为幼稚工业的进口替代部门的产品销路，致使国内产品严重积压，影响该部门的发展，甚至危及该部门企业的生存。我国前几年曾一度滥进国外的汽车、家用电器等，这无疑在一定程度上对国内的有关工业的发展产生了遏制作用。同进口生产这些产品的技术来发展国内有关工业相比，这种一次性地大量进口最终产品的机会成本是极其高昂的，并且在成功的后起国家的经济发展史上也几乎是没有先例的。[17] 对国内工业发展的遏制，同时意味着延迟出口竞争阶段的到来，从而意味着前面所说的螺旋式上升速度的减缓。

这样，如果着眼于整个市场发展过程，似乎可以说，影响进口替代发展的因素也是影响动态出口竞争过程的因素。

出口竞争除了通过出口—进口这一链条对国内的经济发展产生积极的作用外，还会通过投入—产出链条中的不同方向上的联系效应引起其他产业部门和出口部门本身的扩大，有效地带动和推进整个国民经济的增长。这里所说的联系效应，包括同投入方向上的产业部门的后向联系、同产出方向上的产业部门的前向联系[18]以及本部门内的扩散效应或水平联系。

因此，为了强化出口竞争同国内经济发展之间的正反馈效应或扩展效应，社会主义国家需要采取一种进口推动、进口替代和增强出口竞争相结合的混合战略。由于国外的新技术市场往往具有卖方垄断的性质，难于进行合理的交易，所以，社会主义国家在实施这种混合战略时，还应当逐步建立自己的自主研究与开发体系，培养和增强自己的创新能力，进一步提高出口竞争能力。

以上我们从总体上考察了出口竞争同社会主义经济发展之间的关系。那么，在企业层次上，出口竞争有什么积极的作用呢？

与国内竞争一样，出口竞争形式包括价格竞争与非价格竞争。就初级产品而言，其中的粮食、工业原料等主要是均质产品，这些产品的出口竞争形式主要是价格竞争。这种价格竞争无疑会对国内生产者形成降低成本的外部压力。不过，由于我国某些初级产品的国内价格通常低于国际价格，这种外部压力因此不是很明显；并且，这类内外双重价格结构虽然会刺激国内初级产品的出口，但同时会抑制以这些初级产品为投入要素且附加价值高的工业制成品的出口。

就工业制成品的出口竞争而言，价格竞争与非价格竞争在这里都占有重要的地位。如上面所说，价格竞争会对出口企业构成降低成本的外部压力；同产品的内在质量、效能、款式、包装、消费档次、销售与服务条件有关的非价格竞争则会对出口企业产生多方面的影响。例如，在出口竞争中，通过与国外市场和国外竞争产品的直接接触，出口企业可以较为迅速地掌握国外新的技术信息和技术标准，及时地了解国际生产发展趋势和需求变化趋势，学习和借鉴国外的先进的企业管理经验和市场促销方法，在外部市场压力下努力克服本身的惰性和弥补自己的短处，不断提高自身的经营效率，提高自己所生产的产品的质量和技术标准，努力改进技术和组织，增强模仿和适应国外技术的能力以及增强自身的研究与开发能力，缩小同国外先进企业的技术差距和管理差距。

由于需求结构和需求弹性在空间和时间上的巨大差异，国际市场上的非价格竞争，包括空间竞争，与价格竞争相比具有越来越重要的意义。例如，服装和其他生活用品的款式的竞争，使得特定款式的商品仅仅时新一时，便很快地变得陈旧了，其价格随着时间的推移而急速下跌。这种款式竞争还使得对特定款式的商品在一定时点上不可能有很大的市场需求量，这时若同一款式的商品的供给量过多，它的售价会随着供给量的剧增而猛然下降，这种产品的消费档次也会相应地降低。国际市场竞争和市场需求的这些特点，要求出口企业提高自己的应变能力，注重产品设计和销售时机，小批量、多品种地进行生产。我国有些出口单位曾经倚仗自己的出口产品是"名牌产品"或"拳头产品"，不顾上述国际市场规律而过度地增加产量和出口数量，结果导致自己的产品身价陡跌。当然，还有更多的出口企业由于不了解国际市场的需求信息，不重视产品设计、式样翻新等非价格竞争手段，"岁岁月月货相似"，使产品销路与销价大受影响。再例如，在空间竞争方面，由于不同的国家和地区处于不同的经济发展水平和具有不同的需求水平与需求形式，因此，同样的产品在不同的地方具有不同的竞争能力和不同的平均销售收入与边际销售收入。这要求出口企业注意选择出口方向和出口的地区结构，多渠道地开辟国际市场，选择最佳销售区位。近年来，我国的一些出口单位努力开拓与我国需求形式相近的发展中国家的市场，特别是开拓这些国家的生产资料市场和技术市场，取得了一些初步的成效。

6 开放条件下的国际贸易与国际竞争

　　不过，总的来说，由于技术水平落后、企业经营机制不完善和出口系统组织低效，我国出口部门的非价格竞争能力严重不足，在产品质量、使用特性、款式设计、装潢包装、销售服务和按时交货等方面不能适应国际市场的要求。[19] 只有借助有力的经济发展政策和一系列经济改革措施，才能从根本上扭转这种局面。若考虑到我国工业制成品在出口产品结构中的比例将不断上升[20]，非价格竞争的意义越来越重要，那么，扭转上述局面便显得更加迫切和必要。

在分析了出口竞争之后，现在，让我们转入对进口竞争问题的讨论。

从理论上说，像出口竞争一样，进口竞争可以对国内受竞争部门的企业形成外部的市场压力，甚至可以打破国内特定市场上的内生垄断局面，迫使国内企业努力改进组织、技术和效率，不断提高经营管理水平。然而，在目前的社会主义经济现实中，由于下述两方面的情况，进口竞争难以达到上述预期目的。

第一，由于普遍的投资饥渴、消费饥渴和严重的物资短缺，需求的欲望水平与实际供给水平之间存在着较大的缺口。在这种情况下，进口在一定限度内仅仅只是起填补供给缺口的作用，进口竞争局面因此无法形成。

第二，由于国内企业动力不足和能力不足，效率低，成本高，产品质量差，在大规模的进口面前，企业或者反应迟钝，竞争难以激活，或者被进口产品迅速地挤出市场，陷入困境，以致无法继续维持其正常的经营活动，无法有效地同进口产品竞争，进口产品于是垄断了国内市场。与此相伴随的是巨大的国际收支逆差和其他一系列有关的宏观经济指标恶化，它们将形成紧缩进口的压力。

鉴于以上情况，笔者认为，首先，在目前的条件下，社会主义经济尚难以令人满意地导入进口竞争，而只能像绝大多数经济实力较弱的后起国家那样（其实，目前的工业发达国家在其历史上也是如此，甚至在今天仍然是这样，只不过程度不同罢了），谨慎地控制进口商品的规模和结构，避免无力承受的进口和防止它所带来的有损于经济发展的倒流效应。对进口的这种控制，不仅是为了保护国内具有发展前景，但目前仍然发展不足的产业部门，而且也是社会主义国家目前的国际支付能力使然。[21] 目前的进口，在总量上不得不受出口能力和国际支付能力的约束，在具体项目的选择上，从效率原则的角度看，则不得不考虑与进口项目相对应的出口的成本、进口项目的实际效益及其机会成本。进口项目的实际效益，是进口项目所带来的好处与进口的代价之间的对比关系。进口的代价，包括直接的代价和间接的代价。前者是支付这种进口的出口成本，后者是该进口项目对国内受竞争部门的发展的消极影响。当国内的受竞争部门被排挤出市场而这类部门在国内具有发展前景时，这种消极影响最为明显。进口项目的机会成本，是由于进口该项目而放弃的其他的最有利的进口项目。我国目前很多进口项目的选择决策过程（如前几年滥进汽车）尚缺乏机会成本概念和成本与效益分析，因而大有改进的余地。

其次，在目前的条件下，只能主要依靠国内的经济改革与经济发展政策以及出口竞争，来激活国内企业和国内市场，而不能倚重进口竞争。当然，随着社会主义经济运行机制的不断完善和经济发展水平的不断提高，随着国内的经济技术实力在总体上逐步接近于工业发达国家，将会在或大或小的范围内相机逐步地引入进口竞争。

简言之，由于经济发展水平和国际支付能力等方面的制约，我国目前还难以有效地导入进口竞争。实际引入进口竞争，不取决于人们的主观愿望，而取决于具体的社会经济历史条件。

通过以上对出口竞争和进口竞争的分析，可以合理地推论，社会主义国家目前在对外贸易上还不得不采取努力增强出口竞争能力和有条件地选择进口这样的战略。

6.3 对外贸易和对外竞争的组织与协调

在本节中，我们将讨论社会主义经济中的对外贸易和对外竞争的组织与协调问题。这一讨论集中在两个方面：第一个方面是如何提高对外贸易活动的效率和贸易过程中的对外竞争能力；第

6 开放条件下的国际贸易与国际竞争

二个方面是如何提高社会主义经济长期对外竞争的能力。

无论是短期对外贸易效率的增长，还是长期竞争能力的改善，进行旨在提高企业对成本、市场需求、利润和亏损的敏感性的内部改革和进行国内价格与国际价格密切挂钩的价格改革之必不可少性[22]，是不言自明的。这里我们将把它暂时存而不论。

就提高短期对外贸易效率和对外竞争能力来说，我国现有进出口企业所面临的两个突出的问题是内部摩擦太大和交易费用太高。

内部摩擦太大在出口方面的表现是，同类产品在向同一地区出口时，多头对外，内部竞相削价，自己拆自己的台脚，致使出口价格大乱，出口数量与出口收入下降。以我国地毯对美国出口为例：1984 年，我国地毯对美国出口雄居所有对美出口国之首，市场份额为 36.5%。然而，1985 年我国对美地毯出口价格大乱，国内出口单位互相低价竞销。低价竞销既使订货较早的客商因原先的成交价格高于后来的成交价格而蒙受无形的损失，也使新的成交价格波动不定，以致美商不敢订货，长时间地持观望态度。1986 年上半年，中国地毯对美出口数量、金额、市场份额同步下降。与上年同期相比，数量下降 18%，金额下降 9%，市场份额由 1985 年同期的 31.9% 降为 25.5%。[23] 内部价格混战最终使本国的出口受到打击，严重地损害了出口产品的声誉，削弱了出口产品在国际市场上的竞争力。

对于单个出口单位来说，在短期之内率先削价，固然可以争夺到一些客户，但这种目光短狭的做法一方面只会迫使其他出口单位进一步降价，使得"肥水外流"和单位出口商品的收入下降，另一方面则会损害国外代理商的利益，影响相互间的长期关系，使他们不再愿意经销这种风险太大、价格极不稳定的商品，从而导致出口成交数量减少和国外市场份额降低。

内部摩擦太大在进口方面的表现恰恰同上述出口竞相降价现

象相反：互相混战的不同进口单位相互争夺货源，竞相抬价，使外商坐收其利。我国各地区各部门在国外展开的羊毛争夺战便是这样。[24]

交易费用是指与交易过程有关的一系列活动的费用。[25] 这些活动包括送货或取货、寻找有利的购销地点与购销机会、交易谈判与了解一般商情等。因此，交易费用包括运输费用、信息费用、购销过程本身的费用。广义地说，它还包括信息不完全和信息迟延所造成的直接损失，或同失去有利的交易机会相联系的机会成本。

交易费用过高在出口方面的表现是，现有出口企业和潜在的出口企业在很大程度上同世界市场处于隔绝状态，信息不通，不能及时和全面地了解国际商情和海外购买者的具体要求，更难以了解国际市场上的竞争对手的状况，缺少海外销售渠道。单个企业在开始出口产品时，需要花很大的精力和代价去直接熟悉国际市场和摸索销售全过程的各个环节的经验，单枪匹马地去边干边学，无法形成信息收集过程、实际交易过程和运输过程中的规模经济。对国际市场的无知和过高的交易费用使很多潜在的出口企业对产品出口望而生畏，不愿意或没有能力去开拓潜在的海外市场，失掉了很多潜在的海外买主。实际出口的企业也往往由于对国际市场行情及其变动趋势把握不够，出口的许多产品与所销往的市场不对路，无法达到预期的出口收入水平。

交易费用过高在进口方面的表现是，国内进口者对所要进口的产品的国际商情、品质、价格、生产技术与产品本身的发展动态等缺乏必要的了解，以致进口的产品质次、价高且不合用，甚至出现花高价进口国外的已淘汰产品或已经废弃了的机器设备的现象。

不用说，以上讨论的内部摩擦太大和交易费用过高，都会不同程度地削弱我国在国际市场上作为买者和作为卖者的竞争能力，直接降低对外贸易的效率。要改变这些状况，就需要在改善企业经营机制的同时，改进进出口机制。为了消除多头对外、自我混战的现象，有必要建立全国性的进出口协调组织，制定进出口交易法规，统一对外口径，特别是统一对外报价，通过共同销售等措施来提高总体出口竞争能力和出口效益。我国传统商品的出口，要尽可能地做到价格稳定、品质稳定，避免内部削价竞争，重视运用其他促销手段来扩大在国外市场的份额。在进口过程中，也必须尽可能地通过提高组织程度来增强同外商谈判的力量。我国机械行业 12 家骨干企业在国家机械委员会等部门统一组织下，把需要引进的工程机械制造技术项目"捆"在一起，统一对外谈判和实行"一揽子"交易，经过货比三家，最后使成交价降到对方原来报价的 40%，同时取得了和外商开展对销贸易的优惠条件，并避免了引进"万国牌"技术的弊病。[26] 这种比较成功的共同采购和共同对外谈判的做法有必要进一步推广。当然，还存在着其他较为合适的做法，需要在实践中不断探索和总结。

为了降低进出口过程中的其他交易费用，有必要改善市场基础设施，在国外增设商情机构，在国内建立专业性的外贸咨询机构，并同国外咨询机构联成网络，保证进出口企业能迅速、经济地获得所需要的信息和达成交易。同时应重视利用政府系统（包括政府驻外机构）和利用外交机会来促进进出口贸易，取得外贸优惠条件。总之，应强化信息、服务、运输等外贸支持系统，提高对外贸易的组织程度，借以提高外贸效率和国际市场竞争能力。

最后，让我们讨论如何提高社会主义经济长期对外竞争能力。

一般来说，影响一国经济长期对外竞争能力的因素，主要包括资源配置与重新配置机制、动力机制和技术进步机制。而这些机制又同产权、企业组织、政府的经济发展政策等密切地联系在一起。它们共同规定了社会经济主体的行为形式和社会经济结构的变革能力——这种经济结构变革能力一方面以经济行为形式为基础，另一方面实际上又决定了一国经济长期对外竞争能力，或者不如说经济结构变革能力与长期对外竞争能力是等价的。

由此可见，要提高社会主义经济长期对外竞争能力，就必须不断改进经济组织和不断促进社会经济结构的变革。而要促成这种改进和变革，很重要的一点，就是要制定和实行一种能够实现企业主动性与国家调节相结合的政策。这种政策的实质是：在改善微观企业经营机制的同时，不断改善产业结构和产业组织；在改善产业结构方面，大力发展对整个经济来说极为重要的部门和增长弹性较高与发展前景较好的部门[27]；在改善产业组织方面，努力利用规模经济，在规模效益比较明显的部门形成一些以骨干企业为支柱、足以逐渐与国外实力雄厚的竞争对手相抗衡的企业集团，并通过各种经济技术手段来扶持这些集团的成长。在产业政策方面，日本和韩国的发展经验值得我们注意和借鉴。特别是日本，人们在评价它在同美国经济竞争中取得成功的因素时，认为它的主要竞争武器是产业政策。[28]至于韩国，它在某些领域已形成了对日本的咄咄逼人之势，人们以后在评价它同日本的竞争时也许会认为它的主要竞争武器也是产业政策。经济技术力量强大的企业集团的形成，既可使出口产品在国际市场上的份额稳步增加，又可在国内形成有效竞争的局面和合理的产业组织，推动国内的技术进步，带动国内的经济发展。

目前，我国经济仍然处于严重的条块分隔状态，先进企业往往负担过重，发展缓慢，生产难以合理地集中，企业集团不易得到适当的发展，并且企业的动力不足，它们的决策，包括企业的出口决策的视野过于短狭，中央政府的决策也往往偏重于短期宏观平衡问题，而对长期发展问题缺乏应有的认识。这些都会对我国的长期对外竞争能力产生消极影响。要消除这些消极影响，就必须更深入地进行经济体制改革，并实现政府经济管理重心的转轨，即由原来的对短期经济活动的管理（短期平衡的控制）转到对整个国民经济长期发展的管理，以改善产业组织和促进国民经济结构的变革。对后一点我们将在下面的有关章节中做进一步的讨论。

注释

1. 马克思：《资本论》第 3 卷。《马克思恩格斯全集》，第 25 卷，第 264 页。

2. "Advantage" 既可译为"优势"也可译为"利益"，故李嘉图的比较优势说又可称作比较利益说，斯密的绝对说亦然。

3. 参见斯密：《国民财富的性质和原因的研究》，商务印书馆 1972 年版。

4. 参见李嘉图：《政治经济学及赋税原理》，商务印书馆 1976 年版。

5. 参见伯尔蒂尔·沃林：《地区间贸易和国际贸易》，商务印书馆 1986 年版；Paul A. Samuelson，"International trade and equalization of factor prices，" Economic Journal, 58（June），1948，pp.163—184。

6. 虽然沃林在其名著《地区间贸易和国际贸易》的第 2 篇中讨论了"不同的自然资源""不同的资本要素"和非熟练劳动力的国际差异这些"特殊生产要素"，但由于数学分析上的复杂性，萨缪尔逊在建立数理性质的赫克歇尔—沃林模型时，撇开了这些特殊生产要素（参见上引 P. A. Samuelson 1948 年的论文）。萨缪尔逊的简单化的处理方法导致了后来的所谓的"列昂惕夫之谜"（the Leontief Paradox）以及围绕"列昂惕夫之谜"展开的一场持久的讨论 [W.W.Leontief，"Domestic production and Foreign Trade：The American Capital Position Reexamined." Economic Internazionale，7（February），1954，pp.9—38；"Factor Proportions and the Structure of American Trade，Further Theoretical and Empirical Analysis."Review of Economics and Statistics. 38（November），1956，pp.386—407]。

7. 新古典的要素比例说或要素禀赋说所面临的主要逻辑矛盾之一是卡维斯（R. E. Caves）等人所指出的要素密集性的逆转问题：由于各

国劳动和资本的相对价格悬殊极大，同样的商品在一个国家是劳动密集的，而在另一个国家会是资本密集的。在这种情况下，从逻辑上说，不可能在赫克歇尔—沃林的理论基础上确定这两国之间的贸易结构（参见 R. E. Caves, and R. W.Jones, World Trade and Payments, Boston: Little Brown, 1973; P.A.Yotopoulos and J. B. Nugent,《发展经济学》，台湾银行经济研究室 1979 年版）。梅特卡夫（J. s. Metcalfe）等人则从利润率动态变化的角度指出，一国在利润率低时具有资本密集商品的比较优势，但在较高利润率时可能会失去这种优势（J. s. Metcalfe, and I. Steedman, "Re Switching and Primary Input Use." Economic journal, 82, 1972, pp. 140—167）。梅特卡夫等人的这一观点不难推广到工资水平变化对劳动密集商品的比较优势的影响上来。在这里出现的是比较优势本身的转化。

8. 很多非新古典学派的发展经济学家，从不发达国家的角度对西方传统的贸易理论提出了广泛的批评。参见 H. Myint, "The Classical Theory of International Trade and the Underdeveloped Countries", Economic Journal, 68（June）, 1958, pp.317—337; G.Myrdal, The Challenge of World Poverty, New York: Pantheon, 1970, Ch.9; M.P.Todaro, Economic Development in the Third World, Longman, New York, 1981, pp.331—361。

9. 增长弹性同时考虑了供给和需求因素，且常常大于需求的收入弹性。某种产品的增长弹性，用这种产品的国内生产增长速度同国民收入增长速度的比率来表示 [H. B. Chenery, "Patterns of Industrial Growth." American Economic Review, 50（September）, 1960, pp.624—654]。

10.A.Maizeles, Industrial Growth and World Trade, Cambridge: Cambridge University Press, Ch.4, 1963.

11.UNCTAD, 1978.Handbook of International Trade and Development Statistics: Supplement 1977, New York, Table 2. 5.

12. 由于拒绝考虑成本差异和生产率差异，新古典的国际贸易理论完全丧失了对有着相近的要素禀赋的工业发达国家之间存在的大量的产业内贸易（Intra-Industry Trade）的解释能力。这种相同产业的产品的双向贸易在很大程度上是同规模经济密切相关的，从而是成本差异的结果。

13. 换一种说法，这一条件意味着在静态和动态双重意义上各国的规模收益始终保持不变。

14. B. Herrick, and C. P. Kindleberger. Economic Development. McGraw-Hill Book Company, 4th edition, 1988, p. 413.

15. 关于扩展效应与倒流效应，参见 G. Myrdal, Economic Theory and Underdeveloped Regions, London：Duckworth, 1957。

16. R. M. Sundrum, Development Economics. John Wiley and Sons. Chichester etc., 1983, pp. 231—232.

17. 就一般的发展中国家而言，它们对本国进口替代工业产品的贸易保护程度也是比较高的（参见巫宁耕：《战后发展中国家经济（概论）》，北京大学出版社 1986 年版，第 110—111 页）。对处于幼稚状态的进口替代工业实行贸易保护措施，是德国历史学派的先驱者李斯特反对英国学派自由贸易主张的主要理由（参见李斯特：《政治经济学的国民体系》，商务印书馆 1981 年版）。

18. 关于前向联系和后向联系，参见 A. Hirschman, Strategy of Economic Development, Yale University Press, New Haven, 1958。

19. 参见符钢战、史正富、金重仁：《社会主义宏观经济分析》，学林出版社 1986 年版，第 353 页。

20. 随着经济的发展和工业化程度的提高，工业制成品出口在商品出口总额中的比重逐步上升，初级产品的比重逐步下降，这是一种较为普遍的规律。不过，值得注意的是，我国近年来出口结构的变化与工业化进程是相逆的：我国出口商品中初级产品的比重在 1983 年为 43.3%，1984 年为 45.6%，1985 年为 50.5%；工业制成品的比重相应地为 56.6%、54.4% 和 49.5%（参见吴仁洪、程晓农：《经济发展新阶段与产业结构改造》，《经济发展与体制改革》，1987 年第 3 期）。在一定时期之后，这种相逆变动无疑会倒转过来，所以它只是一种暂时的趋势。

21. "从历史记录来看，很明显，广泛地使用贸易控制手段更多的是出于国际收支上的考虑，而不是出于保护主义的理论。虽然后者可能为限制贸易的政策提供了合理的解释，但实行这种政策的真正原因却是发展中国家国际收支上的压力"（G. Meier，The International Economics of Development，Harper&Row，New York，1968，p. 193）。

22. 参见世界银行 1984 年经济考察团：《中国：长期发展的问题和方案（主报告）》，中国财政经济出版社 1985 年版。

23. 参见《经济日报》，1987 年 4 月 1 日。

24. 参见《经济参考报》，1987 年 9 月 4 日。

25. 在现代经济学文献中，交易费用有两种含义：一种是指与交易过程有关的一系列活动的费用，另一种是指对制度（Institutions）完善运行时能够取得的绩效偏离的部分。这里我们采用的是前一种含义。

26. 参见《经济参考报》，1987 年 5 月 29 日。

27. 在制定产业结构政策时不能不注意到，由于新技术革命的发展，不发达国家的某些传统的劳动密集型产业在发达国家中已变成了知识（或技术）密集型产业，并使不发达国家在这些产业中丧失了原有的比较优势。因此，在确定产业发展政策时，我国应当把更多的精力放在人力开发与技术开发上，不能片面强调采用劳动密集型的技术，更不能通过牺牲效率和长期比较优势来维持这类技术形式。

28.B. 库德罗夫：《日本在同美国经济竞争中成功的因素》，《世界经济文汇》，1985 年第 5 期。

7　企业运行机制与竞争的发动因素

　　在社会经济系统中，企业构成了基本的组织单元或"细胞"。国民经济的活力是以企业的活力为基础的，而企业活力又取决于企业组织结构。这里所说的企业组织结构，既包括企业的外部组织结构，如企业同政府、银行和其他市场机构之间的关系，也包括企业的内部组织结构，如所有制形式、企业资产所有者同经营者之间的关系，以及企业决策结构和动力结构等。

　　特定的企业组织结构产生了相应的企业运行机制，这些机制会对竞争产生促进或阻碍的作用，并影响市场活力和国民经济的活力。

　　企业组织结构即是企业制度。因此，竞争不仅同产业组织[1]或市场结构有关，而且在更大程度上同企业制度有关。如果我们设想把具有既定结构的产业置于另一种差异较大的经济体制之下，该产业中原有的竞争状况就会发生显著的变化。所以，竞争并非仅仅是市场结构导致的结果，而是经济体制和市场结构综合作用的结果。从生产关系或社会经济组织的角度看，适合于生产力发展需要的特定的企业制度，是竞争的最终发动因素。

　　西方新古典学派的传统竞争理论，在企业追求利润最大化的假定下，放弃了对企业制度的研究。现代产业组织理论则仅仅将市场结构同竞争联系起来，它的市场结构—市场行为—市场结果（绩效）的分析链条，实际上也撇开了企业制度及其变化对市场结构、市场行为和市场结果的影响——这种影响以及它们之间的复杂的相互作用可用图7-1来表示。

竞争与垄断：中国微观经济分析（校订本）

174

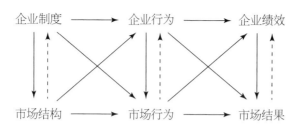

图 7-1　企业组织与产业组织之间的相互作用

笔者认为，要对社会主义经济中的竞争过程展开全面而又深入的研究，就不能在诸如利润最大化行为等假定下中止对企业制度的研究。从社会主义经济体制设计的角度来看，问题的关键是如何建立起一种能产生合理的企业行为的企业制度。[2] 可以说，市场竞争机制的完善和成功的社会主义经济体制改革，将最终依赖于成功的企业制度变革。而要把握这种变革的方向，首先就必须深入分析现有企业制度对竞争过程的影响。这一分析即是本章的任务。

第 7.1 节将考察企业组织，尤其是产权关系对竞争过程的影响，第 7.2 节更具体地考察动力机制与竞争强度之间的联系，第 7.3 节从企业的外部组织结构着手，分析税收机制对竞争过程的"自然选择"等方面的影响。

7.1　企业组织与竞争

企业制度或企业组织的核心，是企业的资产关系或产权关系。产权关系限定了企业决策结构和刺激结构，从而限定了企业经营目标和企业行为型式。特定的企业行为型式，产生了特定的要素配置机制和配置格局，形成了特定的企业发展型式和市场形势，从而直接或间接地影响着市场竞争过程，影响着部门内竞争、部门间竞争、空间竞争及动态竞争过程。

下面，我们将从三个方面来讨论企业组织对竞争过程的影响。

1. 企业组织与要素配置机制

这里所说的要素配置机制，主要是指静态或比较静态意义上的要素配置机制。

在充分竞争条件下，资金和劳动力等生产要素会流向预期收益率最高的部门、企业和区位。这时不存在部门分割、地区分割和企业分割。配置在不同部门、不同区位的不同企业中的原有资金（或称资金存量）和新产生的资金（或称资金增量），皆可以在企业之间充分地流动，导向收益率较高的地方。显然，上述状况暗含着企业资产所有者与企业经营者或投资主体与经营主体至少在一定程度上是不一致的，从而要求财产关系明晰化并或多或少地独立于经营主体。因为只有在产权关系相对独立并因此而人格化的情况下，才会存在相对独立的投资主体（个人或机构），资金存量与资金增量的流动机制才有可能产生，追求资金增殖最大化的企业性机构才有可能通过更深入的经济体制改革被"塑造"出来。

然而，在今天的社会主义经济现实中，由于企业组织等因素的作用，实际资源配置过程严重地偏离了上述充分竞争状态。

以南斯拉夫经济为例：在现有的自治体制下，实际上不存在相对独立的资产经营主体和直接的社会财产责任机制，社会财产关系弱化和模糊不清。整个社会财产为一个个自治企业所分割。[3]在各个企业内部，企业的权力不是像集权模式那样的自上而下的单行道，也不是像股份企业的由股东到董事会，再到企业经理，最后到工人这样的单行线，而是循环地进行着，即由工人到工人委员会，再到经理，接着又回到工人。[4]这种特殊的权力结构或决策结构产生了自治企业经营所特有的目标，即追求企业职工人均收入最大化。它们同企业分割、投资内部化和企业内部个人收入分配上的平均主义倾向一起，形成了独特的要素配置机制和配置格局。

就劳动力的配置而言，单个自治企业几乎形成了一种完全封闭的系统。新的作为潜在进入者的劳动力，只有在他们预期为企业创造的收入（即边际劳动者收益）等于和大于企业职工现有平均收入的情况下，才会获准进入该企业。反之，若边际劳动者预期创造的收益低于平均水平，便会被企业拒之门外，因为这会导致企业现有职工收入水准的下降。这种劳动力配置机制所导致的结果是，一方面，从低收入部门（如农业部门）溢出的剩余劳动力难以进入高收入部门中的企业，以致不得不处于失业状态。1984 年南斯拉夫国内寻求就业的人数竟超过了 100 万。同时，尚未进入失业者行列的低收入部门的其他劳动力也难以转换职业和部门，无法流动到生产率较高的部门中去。另一方面，收入较高的企业为了进一步增加现有职工的平均收入，会追加更多的物质投资，倾向于采用资金集约型而不是劳动集约型的技术，尽管企业外部存在着大量的剩余劳动力，以及在社会范围内资金相对稀缺而劳动力较为丰裕。这两方面的综合作用，使得南斯拉夫企业工人自治之后经济发展的特征表现为，同企业自治以前相比，资金存量、资金集约程度和劳动生产率加速增长，而就业的增长则呈减速之势。[5] 与此相对应的，则是巨大的剩余劳动力蓄水池和巨大的部门间个人收入差别的并存。[6] 考虑到在 30 个国家的比较研究中，南斯拉夫在部门间个人收入的差异方面居于前列[7]，以及考虑到同大量的失业和巨大的部门间收入差异相联系的严重的配置低效和产业结构失调，似乎可以说企业分割制度既损害了效率，也放弃了公平。

企业分割制度所导致的上述结果，对其他正在进行经济改革的社会主义国家来说，是足以为训的。第 4 章和第 5 章的有关分析表明，企业分割制度的上述后果也直接包含或隐含在我国目前的行政性质的块块分权体制中。只是由于同自治企业相比，我国

7 企业运行机制与竞争的发动因素

的公有企业仍然高度地依赖于政府，以上后果才未充分地显现出来。事实上，企业分割问题是正在进行改革的各个社会主义国家所共有的普遍性的问题。要消除企业分割状态和避免由这种分割所引起的消极后果，就必须在推行所有权与经营权分离和扩大企业经营自主权的同时，强化财产权或所有权，明确财产关系，确认或确立相对独立于经营者的资产所有者或所有者的代表（即独立的企业性质的资产经营机构），建立健全的资金存量与资金增量流动机制，改善企业内部的组织结构，避免企业权力的循环，以及建立合理的劳动力配置机制和流动机制。

不过，笔者认为，对非国有的公有资产（如乡办企业资产）而言，由于所有权的地方化和本地投资在取得盈利的同时可以增加本地的就业机会与劳动收入，在我国目前各个地区皆缺少投资资金的情况下，这类公有资产难以在地区间流动，除非这种流动能给所有者带来可观的资产收入，并能补偿本地由于放弃一定的就业机会而潜在地失去的劳动收入。在这种所有权格局下，为了提高地方的投资效率，将需要在尽量利用聚集经济和改善地方的投资环境的同时，尽可能地通过技术市场的发展、熟练工人和技术人员在企业间的流动等途径来加快技术扩散过程。当然，还会存在着其他的改善要素配置效率的途径，需要我们在实践中去发现和利用它们。

2. 企业组织与企业的长期发展行为

特定的企业组织，产生了相应的企业目标，产生了与这种目标相一致的积累行为和投资行为，从而直接影响着企业动态效率和市场动态竞争过程。

就积累行为而言，例如，在自治企业中，财产关系不完全，财产责任机制模糊难辨，企业层次上缺乏利益制衡机制，在追求人均收入最大化的企业目标和不完全的职业市场的作用下，企业的收入倾向较高而积累倾向较低（见表7-1）。换言之，在自治经济中，"没有一个把收入分为积累和消费的客观标准，在制度上造成了条件，使得应当转入积累的部分收入有可能直接转入个人收入"[8]。特别是当劳动生产率的增长不足以补偿预定增加的个人收入时，企业就会涨价或者降低积累。于是形成了自治企业所特有的积累原则：从企业净收入中首先减去个人收入的份额，包括减去事先确定好了的个人收入增加部分，然后才将余下的部分作为积累。[9] 在内部积累严重不足的情况下，企业转而通过寻求外部贷款来获得投资资金。在个人收入和投资信贷双重膨胀面前，出现了巨大的社会总需求缺口，导致严重的通货膨胀和普遍的短缺，对外负债有增无减。[10]

表 7-1 南斯拉夫联合劳动基层组织收入分配（%）

年份	合同义务费用	公共社会需要	共同需要	其他义务	以上各项经济负担总计	纯个人收入	积累
1971	9.5	5.1	19.1	3.4	37.1	47.1	15.8
1972	10.7	5.3	19.1	3.3	38.5	47.9	13.6
1973	11.0	6.5	17.8	0.1	35.4	48.2	16.4
1974	10.0	9.1	16.4	——	35.5	46.4	18.2
1975	10.5	2.3	23.2	0.2	36.2	50.3	13.5
19T6	12.0	2.6	26.0	——	40.6	52.6	6.8
1977	11.5	2.7	30.7	——	44.9	44.6	10.4
1978	12.1	3.0	31.3	——	46.4	42.7	10.8

资料来源：陈长源的《南斯拉夫经济中的通货膨胀问题》，刊载于《经济学动态》，1981 年第 5 期。

以上宏观经济状况意味着普遍的卖方市场的形成，使得本来就不怎么明显的市场竞争压力进一步减弱。

就投资行为来说，例如，在我国目前的企业经营承包责任制下，一方面，企业分割的格局仍然保留了下来，资金难以在企业

7　企业运行机制与竞争的发动因素

间流动，另一方面，就投资决策的时间视野而言，由于在不少情况下承包期较短，追求承包期内收益最大化的行为和时间系列上的"J"形投资成本与收益曲线（见图 7-2），导致承包者倾向于见效快的短期投资，尽量避免长期投资。我们所发现的"J"形投资净收益曲线的含义是：在一定时点之前仅有投资费用的累积支出，而不能获得收益，即投资净收益为负，净收益曲线中的相应线段位于横轴的下方；随着投资项目的竣工和投入使用，投资所带来的收益累积增加，投资净收益曲线在横轴的下方逐步上升，向横轴逼近；到一定时点时，投资费用被全部收回，此后便是投资净收益的累积上升，净收益曲线中的相应线段这时完全位于横轴的上方。在承包者力求获得承包期内最大限度的收入的情况下[11]，当投资资金由承包者自主支配时，可以推断，若正的净收益时间滞后于投资费用支出的时间，超过了承包期，承包者便会放弃这一投资项目而去寻找其他投资方案。一般来说，承包者倾向于选择那些能在承包期内带来最大限度的净收益的投资项目。这种投资项目选择规则无疑会损害企业的长期发展，牺牲长期性的投资和长期收益，从而损害动态竞争效率。下面让我们借助图 7-3 来更直观地说明这一点。在图 7-3 中，曲线 A 表示投资方案 A 的预期净收益曲线，曲线 B 表示投资方案 B 的预期净收益曲线。当承包期为 t_1 时，在承包期内，方案 A 的预期累积净收益为 R'_a，方案 B 的预期累积净收益为 R'_b，且 $R'_b < 0$，而 $R'_a > R'_b$。这时追求承包期内收益最大化的承包者显然会选取方案 A，而放弃方案 B。只有当承包期超过 t_2 时，承包者才会选取长期收益较高的方案 B，放弃方案 A。当然，还可能存在方案 C、方案 D 等，它们的费用收回期较长，长期收益更高，但在新给定的承包期内预期产生的累积净收益会小于方案 B，因而会被承包者放弃。

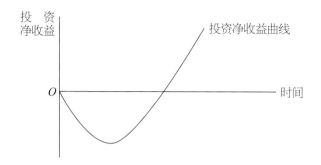

图 7-2　时间系列上的"J"形投资净收益曲线

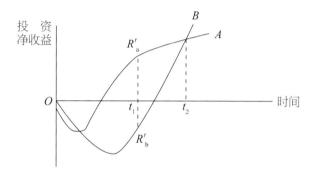

图 7-3　决策视野与投资方案选择

　　图 7-3 还意味着，长期最大不是短期最大的累加[12]，后者完全有可能在牺牲前者的情况下达到[13]。这既适用于以利润为控制目标的承包，也适用于以资产等内容为目标的承包或其他形式的经营责任制。顺便指出，我们所揭示的长期最大与短期最大的这种差异和矛盾，也表明了新古典微观经济学等缺乏时间之矢的最大化分析的局限性。

　　上述投资方案选择规则不仅适用于物质投资，也适用于企业的智力投资。一些承包者在承包之后迅速放弃了对企业职工进行的长期性的和基础性质的文化技术培训。在某些技术力量明显不足的企业中，一些急功近利的承包者甚至拒绝接收尚不能马上发挥作用的大学毕业生，拒绝为企业培养后续人才。这样做就会削弱企业的发展后劲和长期竞争能力。

此外，上述"J"形净收益曲线和投资选择规则还可推广到创新领域。在创新项目的选择上，承包者的决策视野与其承包期通常也保持着高度的一致性，长期性的和基础性的重大创新往往因此被忽视，这种反技术进步倾向显然不利于企业和社会经济的长远发展。

在投资方面，与承包等企业经营责任制有关的另一个问题是，在实际进行长期投资的情况下，长期投资的责任有可能落空。先前的企业承包者在开始进行某项长期投资时，不可能为这一项目日后的成败负责。当该项目完工后，如果这时发现这一投资项目实际上是失败的，企业现行的承包者显然也不能为这种失败承担经济责任，因为该项目的最初上马并不是由现行承包者决定的。

由此可见，如何通过改革企业组织来形成合理的积累行为和投资行为，以及形成完善的企业经营责任机制，借以促进企业行为长期化和提高动态竞争效率，将是今后社会主义经济体制改革的一项重要任务。

3. 企业组织与竞争压力

在前面我们曾经指出，由于缺乏企业财产责任机制[14]，企业内部不存在利益制衡机制和需求自我约束机制，收入饥渴症和投资饥渴症导致需求过度膨胀，普遍的买方市场无法形成，生产者之间的竞争压力被大大减弱。

财产责任机制不完全还会导致企业破产机制不完全，从而削弱了市场纪律及其惩处力量，在一定程度上削减了市场竞争压力。

所谓破产，严格地说，是指一个由法庭依法宣布倒闭的企业处于无力偿还债务的状况。其法律上的直接目的在于把债务人从其债务中解脱出来，并且通过提供一种有条不紊的债务清偿程序以保护其债权人。破产的债务人将其全部财产让与一个由法庭指定的管理人，然后由管理人将财产转交给一个选定的受托保管人，让其按债权人的利益来处置这些资产。就经济运行结果而言，破产一方面形成了对现有企业经营者的压力和鞭策作用，另一方面形成了淘汰落后企业的机制，促进了生产要素的重新组合，并改善了资源的配置效率。

在现行的社会主义企业制度下，虽然也存在着债务人和债权人的区分，但这种区分往往只是名义上的。以两个国有企业为例：假定企业甲为债务人，企业乙为债权人，前者处于无力偿还债务的状况。由于两个企业的资产都是国有的，所以，这时的实际债务人和债权人其实都是国家。破产的企业甲实质上是用国有财产来清偿其债务。尽管在某些情况下实行了以企业经营者的个人财产做抵押的办法，但这种抵押的财产同企业财产相比，往往微不足道。因此，企业破产与"负亏"的责任机制是极不完全的，在很大限度内必然会出现"亏了的，是国家的；盈了的，是自己的"这种现象，降低了经营者的个人风险和市场压力。

破产责任机制的不健全，还常常使在经济上已经处于破产状态的企业无法被宣布为破产，以致公开宣告倒闭的企业数量极少。国家或其他的社会机构与经济组织往往通过减税、提供优惠贷款等软化企业预算约束的手段，来"帮助"本该破产的企业支撑下去。企业倒闭较少，当然还有其他方面的原因。这些原因往往也同企业组织有关。例如，由于企业分割，潜在的破产企业的职工难以进入其他企业以实现生产要素的重组。

同企业组织和企业破产相联系的另一个问题是，由于条块分割和企业分割，合理的企业兼并无法发生，从而不能形成合理的产业组织与市场结构。我们知道，在通常的情况下，先进企业对落后企业的横向兼并（部门内兼并）和纵向兼并（投入产出相互关联的部门间的兼并或跨部门兼并）等，或者可以将先进的技术和管理经验扩散给落后的企业和在新的技术与管理水平上形成新的内部分工格局，以及产生更大的规模经济，或者可以使不同的生产环节密切地结合起来，减少协调障碍和降低交易费用。目前我国工业企业规模普遍过小，企业之间的技术水平和管理水平相差悬殊，善于经营管理和技术先进的企业通过兼并濒于破产和已经破产的企业，将会使资源和较先进的技术得到更有效的利用，从而能够在增强单个公司或企业的市场竞争能力和建立实力雄厚的强大工业企业的同时，改善市场组织，减弱企业间竞争能力的不均齐程度，强化竞争企业之间的相互压力和相互作用，提高动态竞争效率和竞争的激烈程度。如何通过变革企业制度和改进产权关系来打破企业分割，使以上局面成为现实，乃是今后我国经济改革和经济发展所面临的一个很重要的问题。这一点也适用于其他正在改革的社会主义国家。

7.2　动力机制与竞争强度

7.1 节我们主要从产权关系和资产责任机制的角度讨论了企业制度对竞争的影响，本节将专门从动力机制的角度讨论企业组织对竞争的影响。

根据第 4 章第 4.2 节中建立的能力与动力双因素模型，经济行为和经济绩效是能力因素和动力因素共同作用的结果。在既定的动力机制下，能力的增衰会导致不同的经济行为（如转移行为）和经济绩效。类似地，当能力既定时，动力机制的变更也会导致经济行为和经济绩效的变化。

这里，我们把动力定义为经济活动主体为增进经济效率所做的努力程度。显然，动力因素是经济组织行为的一个重要方面，同动力机制相联系的努力程度是企业经济运行过程与社会经济运行过程的一种内在变量，而不是一种始终不变的常量。社会经济体制改革和体制设计的关键，便是如何激发经济活动主体的动力。社会经济运行过程越复杂，经济活动主体的自主相机抉择的活动范围越大，劳动者个人的创造性在经济技术发展过程中越重要，激发动力的作用就越显著。

刺激结构是动力结构的一个重要的组成部分。我们所说的刺激，指的是社会经济系统中推动经济活动主体提高经济效率的那些手段（如货币形式与非货币形式的奖励和惩罚）的运用程度。正是刺激结构和刺激强度的变化，引起了经济活动主体的努力程度的变化；而前者的变化，通常又是经济组织，特别是企业组织变革的结果，是经济决策机制和收入分配机制等方面改善的结果。

衡量刺激机制与收入分配机制改善的一个重要标志，是收入水平与经济效益之间"挂钩"的密切程度。这里所提到的收入水平，不仅指企业和劳动者自身的绝对收入水平，而且指相对收入水平。只有在相对收入水平及其变动与相对效率密切相关的情况下，相对努力程度的变化才会引起相对收入的变化，经济刺激才能有效地发挥作用。

竞争作为一种经济行为当然要受到动力机制和刺激机制的影响。因为不管劳动者的技能多么熟练，企业的机器设备多么先进，如果动力与刺激严重不足，经济活动主体的积极性和工作热情很低，企业就不会有好的经济绩效，不会对市场信号做出积极的反应，不会努力去降低成本与实物消耗，不会努力去改进技术和提高产品质量，从而会减弱企业的价格竞争与非价格竞争能力，降低市场的竞争强度。相反，如果动力较强，刺激的强度较高，企业和劳动者的努力程度及其经济效率也会比较高，市场竞争的激烈程度和竞争强度因此会得到增进。

下面让我们分别从刺激对竞争企业的产量和成本曲线的影响的角度，考察动力机制或刺激机制的变化对竞争强度的影响。

1. 刺激与竞争企业的产量

为了简化起见，这里撇开需求约束、价格变动和存货问题，并且不考虑相对收入。

假定某个竞争企业的劳动者人数和劳动技能是既定的，该企业仅生产一种产品，在生产该种产品时仅使用一种要素投入即劳动。

现在我们引入"潜在劳动供给"和"实际劳动供给"这两个概念。若将劳动复杂程度或熟练程度存而不论，那么，可以说劳动供给既涉及劳动时间的长度，也涉及劳动强度。换言之，劳动时间和劳动强度都必须作为变量来处理，二者都会直接影响到劳动供给量和人均劳动生产率。

这样，该企业的最大生产能力或潜在生产能力被定义为：

$$Q* = L*/\alpha* \qquad (7-1)$$

式（7-1）中，$\alpha*$ 代表单位产品潜在的劳动消耗系数；$L*$ 代表该企业潜在的劳动供给总量，它是该企业潜在的人均劳动时间长度和潜在的人均劳动强度的函数。

该企业的实际产量或实际生产能力为：

$$Q = L/\alpha \qquad (7-2)$$

式（7-2）中，L 代表该企业的实际劳动供给总量，它是该企业实际人均劳动时间和实际人均劳动强度的函数；α 代表单位产品实际劳动消耗系数。如果同时把 L 和 α 看作与动力和刺激相关联的劳动供给意愿的函数，Q 便可称为该企业的意愿的产出水平或供给水平。

不难理解，$L \leq L*$，$\alpha \geq \alpha*$，以及 $S \leq S*$，即该企业的供给意愿会小于或等于其潜在产量。

随着经济动力机制和刺激机制的改善或削弱，劳动供给意愿和该企业的产品供给意愿也会发生相应的变化，实际产量可在一定区间内发生变动，该企业的实际产品供给因此具有一定的弹性。换句话说，实际产量是刺激变量的函数。这种函数关系可以借助图 7-4 明确地表达出来。

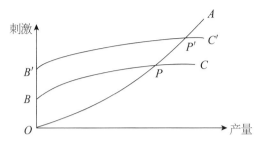

图 7-4 实际产量与刺激之间的关系

图 7-4 中的曲线 *OA* 表示该企业的产品供给意愿或实际产量是刺激的函数，其中 *A* 点表示生产潜力得到充分发挥时的产量或潜在生产能力。曲线 *BC* 则进一步表示该企业的劳动者收入是实际产量的函数。这些函数关系的经济意义是：一方面，若刺激增加，例如实行某种比较完善的经营责任制或收入与经营效益密切地挂钩浮动，那么，生产者的积极性便会上升，劳动生产率便会提高，企业产出水平和劳动者的实际收入水平因此增加，曲线 *BC* 上移到 *B′C′*，收入和实际产量则由 *P* 点增加到 *P′*。另一方面，也可以看到，企业产出水平和劳动生产率提高得越快，该企业为社会创造的财富越多，劳动者的实际收入便增长得越多，并进一步强化刺激机制，形成企业经济运行过程中的良性循环。即：

在这种良性循环过程中，某个竞争企业的产量增加和劳动生产率提高，显然会对其他竞争企业形成较大的压力，促使后者也做出积极的反应，以便同前者抗衡，从而能够提高市场竞争强度和动态效率。

反过来说，动力机制和刺激机制越不健全，企业的效率和产出水平就越低，实际收入水平也越低，从而进一步削弱了经济动力，形成恶性循环。这时的市场竞争强度也会降低。

需要强调的是，以上所说的竞争企业实际产量的变化，是以既定的技术条件为前提的。在既定的技术条件下，随着动力和刺激的变化，企业和劳动者的生产积极性也发生变化，企业的生产潜力的发挥程度亦发生变动。这意味着在既定的技术水平下，生产函数或投入产出关系不是唯一的；在技术状况和劳动力等投入要素的存量不变时，对应于不同的动力机制和刺激结构，会存在不同的生产函数和投入产出关系，存在不同的实际产量和劳动生产率；只有在技术水平和刺激同时保持不变的情况下，才能勉强地说生产函数和投入产出关系是唯一的。

实际产量与动力和刺激之间的上述函数关系，显示了经济组织与经济体制等因素在社会经济运行与发展过程中的重要性。它的政策含义是一目了然的，即单纯的制度创新或微观经营机制的明显改善，也可在短期内和在给定的技术条件下使生产效率和人均劳动生产率迅速提高，使实际产量迅速增加。20世纪70年代后期以来，我国农业和其他部门推行的各种形式的经营责任制，在很短时间内便使传统体制中滞留的潜力迅速释放出来，增加了国民经济活力和市场活力，提高了企业产出水平和市场供给水平，促进了生产者之间的有效竞争，从而产生了举世瞩目的效果。这有力地证明了上述理论结论。

实际产量与动力和刺激之间的函数关系的存在，也表明了新古典学派生产函数理论的局限性。按照通常的说法，生产函数是生产一定数量产品所需的不同要素（当投入要素在一种以上时）的各种不同组合，它表示一定数量的各种必要的投入物所能生产的最大可能的产量。根据新古典学派的分析，每一种生产函数都假定一个已知的技术水平；只有在出现技术创新和技术进步时，生产函数才会改变。这就是说在既定的技术水平下，生产函数是唯一的。不难看出，新古典学派完全忽略了实际产量与动力和刺激之间的函数关系。这种忽略无疑同新古典学派的静态分析方法有关。它完全抹杀了经济组织变革和制度创新对投入产出效率和经济增长的影响，看不到体制差异同企业经营效率差异之间的内在联系，从而不能充分揭示组织和体制问题在社会经济运行过程中的重大意义，不能揭示这些问题在比较经济分析中的重要地位。

2. 刺激与竞争企业的成本曲线

上面我们考察了在技术水平和投入要素既定时，动力和刺激的变动对实际产出水平的影响。实际上，在这种情况下，产出水平的变化，往往也同时意味着企业的成本曲线的移动。

这里我们仍然保留上面的假定条件，并另外假设企业的成本曲线是凸状的或"U"形的，即企业的规模报酬先是递增的，后来逐渐变为递减。

现在我们引入"潜在成本曲线"与"实际成本曲线"这两个概念。前者是指在存在足够的动力和刺激的情况下企业和劳动者的潜力得到充分发挥时的成本曲线，后者是指与现实中特定的动力机制和刺激机制相对应并直接实际地表现出来的成本曲线。潜在成本曲线的形状和位置主要同技术水平有关。因此，我们可以说，在既定的技术条件和投入存量下，会存在一条相应的潜在成本曲线。但这时的实际成本曲线却可以多种多样，其具体形状和位置则视动力结构和刺激结构的不同而不同。换言之，在既定的技术水平下，可以存在不同的实际成本曲线（见图 7-5，图中 AC_0 表示潜

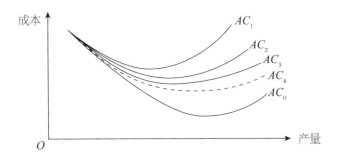

图 7-5　潜在平均成本曲线与实际平均成本曲线

在平均成本曲线，AC_1、AC_2 等表示与不同的动力结构相对应的实际平均成本曲线）。这意味着在其他条件相同的情况下，由于动力机制和刺激机制不同，不同经济制度或经济体制下的企业的实际成本曲线是不同的。与此等价的另一种说法是，就同一企业而言，在其他技术工程条件相同的情况下，随着经济体制的转轨，或者随着动力机制与刺激机制的改善或削弱，其实际成本曲线也会发生相应的移动。这一点当然也适用于竞争企业。我国和其他一些正在进行经济改革的社会主义国家在引入市场机制的同时，努力改善经济动力机制和刺激机制，经济运行效率得到了明显的增进，市场竞争开始被激活。特别是我国的一些工业企业，在实行经营责任制后，在人员、设备保持不变的初始条件下，本单位的生产效益和产出水平得到了大幅度的提高，显著地降低了企业的物资消耗和实际生产成本，使企业的实际成本曲线向下移动，从而增强了企业的竞争能力和市场竞争强度。竞争企业实际成本曲线的这种变动可借助图 7-6 来说明。

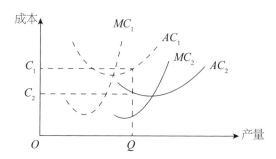

图 7-6　刺激变化导致竞争企业实际成本曲线移动

在原来的动力结构和刺激结构下，企业和劳动者的生产积极性不高，经济效益较差，企业的实际平均成本曲线 AC_1 和实际边际成本曲线 MC_1 的位置较高。随着经济运行机制的改善，动力与刺激增加，竞争企业的原有生产潜力在一定程度上释放了出来，生产积极性和经济效率提高，企业的实际平均成本曲线向右下方移动，形成新的实际平均成本曲线 AC_2，实际边际成本曲线也转换为 MC_2。这时，生产同样数量的产品 Q，其单位成本由原来的 C_1 降至 C_2，竞争企业的效益和有效产出水平因此而上升。当其他竞争企业也显示出同样的趋势时，市场上的价格竞争强度会得到提高。

无须强调，随着动力结构和刺激结构的进一步改善，竞争企业的运行效率会进一步上升，而它的实际成本曲线则会进一步下降。无疑，从动态发展过程的角度来看，动力和刺激的增加，会在提高既有资源和技术的利用效率的同时，加速技术创新和技术进步过程，导致竞争企业潜在成本曲线不断下移。当然，动力和刺激的增加，除会对竞争企业的产出水平和实际成本产生明显的影响外，还会对产品质量等非数量方面产生积极的影响，能够促进非价格竞争。

基于第 1 章第 1.3 节中给出的有关定义，可将与经济组织的动力结构和刺激结构相联系的经济潜力的发挥程度称为组织效率。上述实际产出水平和实际成本曲线的变动，即是组织效率提高的结果。动力结构、刺激结构和组织效率分析的引入及其系统化，使我们在微观经济研究中开拓出一个新的领域。这一领域是新古典的传统微观经济学未曾涉足过的。新古典学派在生产者成本最小化行为[15] 的假设下，把投入与产出之间的关系看作是单一的，即当技术水平既定时，实际成本曲线也被看作是既定不变的。平均成本曲线和边际成本曲线都分别是唯一的。它们缺乏经济潜力和组织效率的概念，缺乏潜在成本曲线的概念，从而对很多经济现象不能做出合理的解释。顺便指出，科尔内在他的著作《短缺经济学》中对传统社会主义体制下生产能力利用程度的描述，也像新古典学派的传统分析一样，包含着单一投入产出关系这样的极其片面的假定。[16] 所谓"传统社会主义经济的平均社会生产能力利用度接近于极限"[17] 的说法，无疑忽略了潜在成本曲线的存在，忽略了由于动力与刺激不足和组织低效而在传统的社会主义经济中普遍存在的生产消耗过高和实际成本曲线的位置过高的问题。

导入市场机制的社会主义经济改革，实质上是企业组织和企业制度的改革，是组织效率的提高。竞争不仅同市场结构有关，而且在很大程度上依赖于企业制度。在动力和刺激严重不足和严重的组织低效的情况下，有效的市场竞争局面是难以出现的，足够的竞争强度也难以达到。企业对市场信号反应不敏感和效率过低、动力不足，仍然是社会主义各国普遍存在的问题。所以，我们在上面建立的理论框架，既较好地解释了迄今为止社会主义经济改革初步取得的成就的基本原因，也明确地指出了完善的竞争市场形成的基本条件，因而对确定今后的改革重点来说有着重要的政策含义。

以上我们分析了动力和刺激的变动对现有竞争企业的行为的影响。最后，我们想顺带地讨论一下动力和刺激问题对创办企业行为的影响。这里所说的创办企业，主要指在新兴的产业部门创办企业。显然，新兴部门中创办企业的速度越快，成功者越多，该部门就越能够较早地形成有效竞争的格局，社会经济结构也会随之得到改善，国际竞争能力则会因此而提高。但总的来说，在目前致力于改革的各个社会主义国家中，这种状况仍未出现，新兴产业部门的发展，特别是内源发展，仍然显得十分迟缓。其原因不仅同企业分割、原有部门效率不高和市场系统发育不全等因素有关，而且同创业动力和刺激严重不足有关。[18] 例如，大多数专业科研人员仍满足于做实验、撰写实验报告和论文、召开科研成果鉴定会，而对将实验室里产生的（或潜在的）具有开发前景的科研成果迅速实用化和商业化则不感兴趣。很少有人去冒险创业。大量的智力资源不能得到开发和利用。其结果是新兴产业部门（也许与军事直接有关的部门除外）内源发展和内源创新的速度较慢，经济结构老化，新兴产业部门国内竞争的发展比较迟滞，这些部门的国际竞争能力也比较低。如何建立完善的创业机制和促进新兴部门中的成功的创业活动，如何充分开发国民的智力资源和充分发挥人的潜力，以适应高技术时代国内竞争和国际竞争的需要，将是今后社会主义经济改革和经济发展所面临的最关键和最困难的任务。

7.3 税收机制对竞争过程的影响

我们把收税的政府同纳税企业在收税与纳税过程中所形成的关系型式，看作企业的外部组织结构的一个组成部分。

可以认为，劳动者和企业从事生产活动，通常不是为了向政府纳税，而是为了能取得税后收入或可支配收入。这些可支配收入，或者被用来满足目前的个人消费需要，或者被用作积累与投资，以满足经济活动主体本身的成就需要和以后的个人消费需要。在企业总收入既定时，纳税部分作为企业收入的"漏出"，同可支配收入之间存在着此增彼减的关系，虽然在长期内二者之间的关系并不一定如此。因此，通过同可支配收入之间的作用链条，税收形式会直接影响经济活动主体的经济动力和经济行为，影响企业发展与社会经济发展的型式，从而影响市场竞争过程。

下面让我们进行更具体的分析。

一般来说，存在着两种税收规则，即统一税制与个别税制。前者包含着一套适用于所有企业的固定的税收比率，通常是一种"硬的"规范化的规则；后者则对不同企业区别对待，没有统一的标准，以个别协商或讨价还价为基础，几乎对每一个企业都实行不同的税率，因而是一种"软的"非规范化的规则。

由于价格扭曲等原因，我国目前采用的基本上是一种个别税制，并实行中央和地方在财政上"分灶吃饭"的方法。

这种税收机制的实行，固然含有某种程度的合理性，但也存在不少缺陷，最终会对市场竞争过程产生直接的或间接的消极影响。

首先，纳税的非规范化往往使企业税后可支配收入的多少，不是取决于企业本身的经营努力和经济效率，而是取决于企业同政府部门之间的"博弈"过程和同税收人员及税务机构之间的"关系"，税收额的确定因此带有一定程度的主观随意性。这一方面导致企业同政府部门之间不断地讨价还价，促成企业更多地依赖于政府，而不是更多地着眼于市场与提高企业内部经营效率。另一方面则为税收过程中不正之风的出现提供了缝隙。这些不正之风包括税务人员公开地或暗示性地以提高税额相威胁，或以减少税额为条件，向纳税者索收贿赂。这样做无疑会削弱竞争企业的动力和降低劳动者的积极性，从而会影响企业绩效和损害竞争市场的效率。

其次，在不少情况下，非规范化税收必定同歧视性的税收和棘轮原则联系在一起，出现"鞭打快牛"和对先进企业竭泽而渔的现象。先进企业的税收年年加码，使得这些企业为了保证以后上缴的税额能逐年增加而不得不在目前留有余力，限制产量和效率，企业潜力因此不能得到最大限度的发挥。

与此相对应的是，落后企业的税负较轻，它们的税后可支配收入和奖金往往接近，甚至超过先进企业的可支配收入和奖金。可支配收入和奖金分配上的这种平均主义与反刺激倾向，显然会打击先进企业的经营积极性，削弱它们的经济动力，抑制先进企业的正常发展，保护并鼓励了落后和低效率，造成资金分配扭曲。

在这种隐蔽的企业之间交叉补贴下，先进企业的基金实际上被间接地转移到落后企业。先进企业的经营规模无法扩大，有时在竞争中甚至处于不利地位；而落后企业则乘隙而入，填补由前者留下来的空白，并依靠歧视性的税收生存下去。其结果必定在损害动力机制的同时，阻止有效的产业组织的形成，使企业竞争力扭曲，妨碍市场竞争过程的自然选择。先进企业既不能兼并极其落后的企业，也不能保证本身直接的、迅速的发展，难以产生规模经济。从而，不可避免地导致边际投资效率的相对下降和资源配置低效，在很大程度上取消了市场纪律和市场压力，减弱了市场竞争的强度，阻碍了产业组织的进化。

再次，非规范化税收还往往和重税及滥收税（费）结合在一起。各种名目繁多的收税（费）降低了企业自我积累、自我改造和自我发展的能力，无法实现内涵的扩大再生产。高额税收也使闲暇的机会成本降低，刺激劳动者增加对在职闲暇的需求，导致特定形式的就业不足。同时，收税（费）过重也往往为行政机构和行政费用的膨胀，提供了财政基础。近年来，我国行政费用支出的年增长率呈递增之势，且已超过 40%，远远高出国民收入的增长速度。[19] 不少政府机构纷纷修建高标准的楼、堂、馆、所和政府人员的住宅建筑，购置大量的高级办公用品和小汽车，动辄举办豪华的酒宴，等等。相形之下，不少企业因税（费）负过重，发展的后劲不足，生产领域因此相对萎缩。这不能不削弱国力增加的基础，妨碍社会经济增长，并为奢逸之风的存在提供了机会，损害了国民的勤俭奋斗精神和生产积极性，从而会降低国民的经济动力，并对企业的经济行为和市场绩效产生消极的影响。由此可见，一个清廉、高效的行政机构是社会经济有效运行的前提之一，我国的政治体制改革势在必行。同时，以上的分析也说明，政府税收收入的迅速增加，并不一定表明社会经济的健康发展，相反，它可能是一种不正常的现象，是征税过度的结果。

最后，财政上的"分灶吃饭"往往为地方保护主义提供了动力和手段。这一点前面已有所论及，不再赘述。这里需要强调的是，为了打破块块分隔的地方割据状态和加强宏观整体协调能力，有必要逐步使政府的调控权、不同管理层次所辖企业的资产所有权和企业经营权相互分离[20]，并过渡到规范化的、统一的分税制。

在目前的块块分割、各自为政的情况下，税收、信贷等宏观经济政策工具无法集中在中央政府手中，这无异于取消了中央政府借助经济手段进行宏观管理的能力。块块各自为政，必定会加剧各地重复投资和重复建设，损害竞争市场的运行效率和破坏全国市场的统一性。

从以上的分析中可以看出，税收不仅是一个分配问题，而且是一个生产问题。不同的税收结构，会导致不同的市场结构、不同的企业行为和市场行为，以及导致不同的企业绩效和市场结果。不合理的税收结构会在某种程度上损害社会经济动力机制，导致资源配置低效，造成社会财富的浪费，阻碍经济发展和竞争市场的发育与完善。合理的税收结构则会产生相反的效应。随着我国社会主义经济改革的深入，实质性的税制改革必定会提到议事日程上来。

注释

1. 所谓产业组织，是指同一市场上同一类商品生产者之间的相互关系结构。这里的"产业"与现代微观经济学中的市场的含义相同。

2. 这里所说的"合理"（Rationality），不是指合乎行为主体的行为逻辑（这种含义的"合理"实际上是指一种必然性），也不是指伦理学意义上的合理，而是指合乎效率标准和最能促进效率的提高或生产力的发展。顺便指出，在芜湖市举行的全国首次企业经济行为学术讨论会上，曾经有过"企业行为短期化是否合理"的争论。其实，"合理"论者与非"合理"论者对"合理"的理解并不一致。这种语义不一、"各吹各的号"式的无谓的争论，在我国学界似乎屡见不鲜。

3. 南斯拉夫的法学界和经济学界曾经流行着"社会所有制具有非所有制性质"的观点。按照这种观点，南斯拉夫的社会所有制的生产资料为整个社会所有，属于全体劳动者；社会所有制是对包括个人垄断、集团垄断和国家垄断在内的生产资料所有权的一切垄断形式的否定（参见马尔塞尼奇：《南斯拉夫经济制度》，人民出版社 1981 年版）。然而，根据我们的分析，南斯拉夫的实际情况似乎并非如此。当然，即使在南斯拉夫国内也存在着不同的观点（参见伊万·马克西莫维奇：《公有制的理论基础》，中国社会科学出版社 1982 年版）。

4. 埃冈·纽伯格等：《比较经济体制——从决策角度进行的比较》，商务印书馆 1984 年版，第 239—240 页。

5. 参见 S. Estrin，The Effects of Self-Management on Yugoslav Industrial Growth，Soviet Studies. Vol. 34，No. 1，January 1982，pp. 69—85。

6. 这意味着职业市场远离市场出清状态。

7. 参见索·波波夫：《南斯拉夫的个人收入与费用膨胀》，《经济学译丛》，1986 年第 7 期。

8. 同注释 7。

9. 参见 J. Prarsnikar，The Yugoslav Self-Managed Firm and Its Behavior，Eastern European Economics，Vol. 22.No. 2，Winter 1983—1984。

10. 参见 L. A. 泰森：《南斯拉夫经济的结构与概况》，载《经济研究》编辑部编的《国外经济学者论中国及发展中国家经济》，中国财政经济出版社 1981 年版，第 139—164 页。

11. 承包者的行为形式当然依赖于承包方式、承包条件和承包期限。在我国目前的情况下，大多数承包企业的承包期限较短，承包人无法长期稳定下来（这是周期地竞争性发包与承包的特征之一），承包的内容则是一定量的利税额。这样便形成了承包者追求承包期内最大限度收入的行为型式。

12. 现代西方经济学中的"大道"定理（参见 R.Dorfman，P. A.Samuelson and R. M. Solow. Linear Programming and Economic Analysis，New york：McGraw-Hill，1958），实际上也从另一个角度证明了这一点。该定理说明，一个达到远距离目标的问题，可借助从总体上考虑这一问题而不是把它分解成一系列单独的、短期的问题，来更有效地得到解决。然而，迄今为止，在西方经济学中，该定理仅仅被应用于宏观经济增长分析，而未能应用于微观企业行为分析。

13. 在投资以外的领域中，以长期效益为代价来换取短期效益增加的一个有力例证是，在我国实行短期经济承包的一些企业中，承包者为了短期经济收益，往往采取挖企业的老本或"杀鸡取蛋"式的掠夺性经营方法，拼设备，拼人力，不愿意进行费时很长的新产品研制与开发工作，不愿意对企业进行技术改造。这种只顾"砍柴"，不愿"磨刀"的短期化行为形式，也适用于租赁制企业（参见《经济参考报》，1986 年 11 月 2 日、12 月 10 日）。

14. 把预算约束软化归结为缺乏财产责任机制等因素，而不是像科尔内那样归结为国家的父爱主义，可能更接近问题的实质。因为预算约束软化不仅适用于国家所有制企业，也适用于南斯拉夫的社会所有制企业。

15. 莱本斯泰因（H.Leibenstein）以其 X 效率理论为基础，对新古典的成本最小化的假设进行了分析批判。当然，莱本斯泰因的 X 效率理论尚未形成一个基本的理论框架。参见莱本斯泰因：《微观经济学与 X 效率理论》，载丹尼尔·贝尔等编《经济理论的危机》，上海译文出版社 1985 年版，第 134—150 页；Allocative Efficiency VS. "X-Efficiency"。American Economic Review, Vol. 56, No. 3, June 1966, pp. 392—415; Beyond Economic Man, Harvard University Press, 1980.

16. 参见科尔内：《短缺经济学》，经济科学出版社 1986 年版，上卷，第 273—302 页，下卷，第 43—46 页。

17. 参见注释 16。

18. 这些无疑也是 20 世纪 70 年代末以来匈牙利和南斯拉夫等东欧国家存在的滞胀现象的基本原因的一部分。关于匈、南两国的滞胀现象，参见哈·比奇托尔德和安·赫尔弗：《社会主义经济中的停滞膨胀问题》（《经济社会体制比较》，1987 年第 5 期）。

19. 匈牙利 1979—1981 年的有关统计资料也显示，"当生产的增长完全减慢时，行政机构费用的增长却保持上升趋势，并且这种趋势略有加速倾向"（参见科尔内：《增长、短缺与效率》，四川人民出版社 1986 年版，第 178 页）。

20. 关于政府的调控权与国家的所有权分离，可参见《应当拓宽改革企业机制的思路》一文（《经济日报》，1987 年 11 月 7 日）。

8 市场失灵与竞争过程的社会组织和社会调节

在第 3 ~ 7 章中，笔者考察了社会主义商品经济中的部门内与部门间竞争、空间竞争、国际竞争，以及企业组织对竞争过程的影响等问题。本章将分析导致市场失灵（Market Failure）的某些因素，探讨保证竞争市场运行效率和促进动态竞争过程的某些社会协调机制和经济政策。

谈到竞争效率和竞争过程的协调，人们总是很自然地联想到西方新古典学派的完全竞争理论、具有新古典传统的福利[1]经济学和传统的一般均衡理论，联想到竞争均衡与帕累托最适度标准或帕累托效率[2]。我们在第 1 章第 1.1 节中曾对新古典的完全竞争模型进行了分析，这里不做更详尽的评论。我们强调的只是：

第一，在社会主义商品经济中，如同资本主义经济那样，绝大部分商品的市场并不是完全竞争市场。经济活动当事人的信息始终是不完全的；在某些情况下，市场交易双方的信息是不对称的。当缺乏完善的经济运行机制和制约机制时，经济活动主体追求最大限度的自身利益的行为并不必然导向社会整体利益的最大化。[3]

第二，社会经济运行的常态是非均衡，而不是均衡。一种全面的经济理论应当对非均衡状态及其成因展开考察。

第三，社会经济发展过程同时也就是社会经济结构变革过程，一种周密合理的结构性的经济发展政策可以减少结构变换过程的摩擦和代价，从而加速这一变换过程。同时，动态发展过程不是意味着始终保持原有经济状态的稳定或所谓均衡的稳定[4]，而是意味着持续向新的状态跃迁。在动态发展过程中存在着积累活动与投资活动，积累能力、投资能力和投资方向是决定企业和社会经济发展前景的基本要素，并且在收入既定时，积累部分与消费部分是此长彼消的。缺乏时间之矢的静态性质的西方福利经济学和完全竞争一般均衡理论完全放弃了对积累与投资问题的研究，从而放弃了对经济发展和经济结构变革的研究。[5]投资是一种连接现在和未来的经济活动。市场力量并不一定导致最佳投资决策，因为当前的价格并未反映将来的成本和需求条件[6]，未反映将来的供求对比关系。若进一步考虑能力不足和与此相联系的要素流动不充分，市场力量本身不能保证经济的协调发展这一点，更加显而易见。

第四，与低度开发状态或发展不足状态的社会经济相对应的，是市场发育不成熟。适当的社会经济政策可以促进市场的发育，推动竞争过程的发展，为完善的竞争市场的形成提供合适的社会条件和社会经济环境。

第五，经济自由放任主义不仅在理论上露出了越来越多的破绽，甚至在资本主义国家经济政策方面也被证明不是最可取的。日本经济的发展过程为此提供了合适的例证。若指望在社会主义条件下单纯依靠市场力量来保证既经济又和谐的经济发展，这也许不过是天真烂漫的幻想。[7]对中国这样极不发达的商品经济来说，尤其如此。一种较为理想的备选方案也许是将足够的企业活力、市场活力和有效率的社会协调与社会组织结合起来，特别是同长期性的或战略性的经济活动（如战略性的经济结构变革和基础性的研究与开发）的事前协调或总体组织工作结合起来，借以提高市场运行的有序程度和组织程度。

因此，社会主义经济改革和经济发展不是面临着要计划还是要市场这样的选择，而是面临着如何通过社会调节机制、组织机制和计划机制的改善，来提高市场运行效率和避免市场失灵、组织失灵与计划失灵这样的选择。

在本章的第 8.1 节中，我们将考察同市场机制不完善相联系的不公正竞争，第 8.2 节分析与能力不足等因素有关的过度进入与进入不足，第 8.3 节讨论旨在改善产业组织和促进长期增长的经济发展政策和政府的组织功能。

8.1 不公正竞争行为

前几章所讨论的竞争无疑指的是公正的竞争，本节考察的则是它的对立面，即不公正竞争。显然，只要存在市场，便存在着不公正竞争的可能性，而这种不公正竞争会直接损害市场机制和市场运行效率，在一定限度内导致市场失效。作为一种畸形的市场行为，不公正竞争自有其经济方面的原因。正视不公正竞争，分析其内在原因，而不是讳疾忌医，才有可能制定出行之有效的对策和采取行之有效的步骤，以尽量消除它们。

通常来说，不公正竞争是指那些欺骗性的、不正当的或有害的竞争方法。

下面，让我们对常见的不公正竞争行为、不公正竞争产生的原因及消除的途径分别进行研究。

（一）常见的不公正竞争行为

在现实经济生活中，不公正竞争行为是多种多样的。具体来说，它们主要包括：

（1）采用贿赂或变相贿赂等手段推销商品和采购商品。

贿赂与变相贿赂的花样很多，其中最典型的是卖方在销售滞销商品时向买方采购人员或订货人员塞"回扣"和"奖品"。

例如，浙江省温州市某五金厂决定从 1987 年 1 月 1 日起实行有"奖"订货，对订购该厂产品的买方经办人员，赠给相应的奖品。该厂还在《告客户书》中详细列出了赠送奖品的名目（见表8-1），并将《告客户书》寄给有关厂家，以拉拢主顾，推销产品。[8]

再如，根据黑龙江省哈尔滨市审计局对该市信托公司、工业品贸易中心、同记商场、电池厂等10家工商企业的专项审计，从1986年8月至1987年8月，这些企业为推销滞销商品，共向买方采购员的腰包塞进了总金额达55.1万元的"回扣"和实物"奖酬"。用现金支付"回扣"的方式是颇费心机的。电池厂推销电池时，以支付旅差费为由，从银行套出现金支付"回扣"。买方采购员收下"回扣"，无须签名盖章。而实物奖酬亦名目繁多：从录音机、电饭煲、计算器、缝纫机，到手表、毛料等。为了掩人耳目，在搞实物奖酬时，偶尔也象征性地向买方人员收取少量现金，如1台48元的石英钟收5元，一个64.7元的电饭煲收10元——但又怕买方人员感到"吃亏"，收了钱后再回赠1床尼龙缎被面作为"纪念"。[9]

表8-1　温州市某五金厂有奖订货奖品名目

货金额（元）	奖品
100～300	电子打火机1只，或"日产888"电子计算器1只
300～500	电水壶1只，或沪产高级不锈钢餐具加不锈钢酒杯1套
500～1000	"三角牌"电饭煲1只，或太阳能电子计算器1只
1000～2500	"香港产"放音机1台加磁带3盒，或西铁城牌手表1只
2500～4000	日本生产的Franka X—500照相机1架
4000～6000	"9090摩星"收录机1台加珠江35#照相机1架
6000～10000	日本生产的四喇叭双卡收录机1台
10000以上	根据具体数额，相应给予更高级奖品

资料来源：《经济日报》，1987年2月18日。

这种变相贿赂的结果，或者使得买方采购人员中饱私囊，而买方企业却因此而蒙受损失。如哈尔滨一家百货商店的采购员，在 1987 年 5 月以前从哈尔滨信托公司家电部购入 10 台千叶牌双卡录音机，私得 5 只电饭煲，后者价值 312.5 元；而这批录音机由于滞销，后来不得不削价处理，仅账面损失就达 2368 元。或者导致价高质低的劣货排挤价低质好的良货，在取劣弃优的同时损害了最终消费者的利益。上海益民食品厂生产的素享盛誉的光明牌冷饮，被杂牌冷饮挤出上海大部分公园的销售点 [10]，即是一例。

（2）弄虚作假与欺诈行为。

弄虚作假和欺诈的形式有很多，它们包括：在商品标记牌号上弄虚作假。某些企业或销货者为了推销自己的劣质商品，假冒或仿冒其他生产经营者已经注册或已经使用的商品，特别是冒用名牌产品的包装和标记牌号。如用低质酒冒充名酒茅台，用由劣次零部件拼装成的自行车冒充市场上紧俏的凤凰牌、飞鸽牌等名牌自行车。

在商品品质上弄虚作假。或者粗制滥造，产品的质量标准远远低于国家规定的正常水平；或者以次充好，以劣充优，掺杂使假，坑害用户。例如，辽宁省大连市金州区有个不挂厂牌的"庆丰复肥厂"，生产的"二元复合肥"有效氮和磷的含量分别只有 1.8%。这种劣质化肥竟以每吨 310 元的售价，销往山东文登、栖霞等地。[11] 又如，根据广州市白云区对 9 个农贸市场 296 档肉贩的检查，发现出售灌水猪肉的有 169 档，每头猪灌水 3 ~ 5 千克，有的竟多达 10 千克。[12]

在商品说明书和广告宣传中弄虚作假。某些企业在自己生产的产品的说明书和销售广告中向用户提供虚假的信息，任意抬高产品质量，伪报原料构成，夸大产品的用途或功效，谎报商品产地和商品来源。如某些生产化妆品的工厂，其产品原料明明是蚌壳粉，却对外伪称是珍珠粉。有些企业为了逃避消费者和社会的监督，竟然生产不标明厂家和产地的"匿名商品"。

在销售数量上弄虚作假。如在销售按长度计价的商品时克扣尺寸，在销售按重量计价的商品时短斤缺两，甚至在衡器上（如秤砣上）做手脚。

此外，还有一些不法之徒，利用购货者缺乏商品知识和商品鉴别技术等条件，在市场上兜售十足的假货，进行各种形式的诈骗和投机，甚至在食物和饮料市场上推销危及人命的物品。如销售用剧毒的工业甲醇勾兑成的"白酒"和病死的或变质的畜禽肉品，结果导致食用者中毒，甚至死亡。广州市 1987 年 3 月至 4 月在市区 4 个区的农贸市场上，共查出卖病死猪猪肉和变质猪肉的达 70 人次，相应的肉品共计 3800 千克，[13]即是这方面的例证之一。

（3）搭售安排、价格歧视与销售数量、销售对象等方面的歧视。

例如，将紧俏的物品和滞销的物品硬性地搭配在一起，迫使顾客购买，强迫用户接受其并不需要的商品。

又如，为了逃避本地政府的价格管理，退出本地市场，把商品运到外地涨价出售，而本地商业企业不得不到外地生产点去组织货源，从而造成交叉供应、重复运输和交叉涨价，并提高了流通费用和消费者所支付的代价。

再如，某些国有商业企业职工和个体商贩相互串通"卖大户"，内外勾结，套购紧缺商品，从转手高价倒卖中牟取暴利。

（4）强买强卖，欺行霸市，强迫交换过程中的对方接受不合理的交易条件；甚至结帮成伙，在市场上为非作歹，对竞争者进行恫吓，或以其他方式直接干涉竞争者的行为，严重地扰乱了市场的正常秩序。

（5）销售者互相串通，联合行动，一致抬高价格，形成行业垄断价。

（6）编造和散布有损于竞争者商业信誉、产品信誉的不真实消息，或用其他手段来干扰竞争者的正常经营。

当然，还存在着其他类型的不公正竞争行为[14]，这里就不再详细列举了。

（二）不公正竞争产生的原因

我们知道，一切商品对它们的生产者是非使用价值，对它们的潜在的消费者是使用价值。[15]公正的市场竞争具有一种值得称道的作用，即在卖者与买者之间、卖者与卖者之间和买者与买者之间形成一种相互制约的关系。这种关系使商品生产和市场交易沿着与社会需要相一致的方向发展，约束和抑制与这种需要相悖的经济活动和经济行为，从而建立起一种利己行为（如生产者通过交换与销售获得收入和满足本身需要的货币手段）与利他行为（如生产者通过交换和销售满足了他人对使用价值的需要）合而为一[16]的机制，使信誉和效率成了企业生死攸关的问题，并因此而提高了商业道德水准，增进了现代商业文明，产生了用户至上之类的现代商业哲学。

不公正竞争行为的出现，意味着公正竞争受到阻碍，市场机制、商业道德和社会需要受到损害，意味着"商业就是欺诈"这一古老的格言在这里成为现实。从根本上说，不公正竞争行为的存在，是市场管理和市场监督工作跟不上，法制不完善，价格机制、市场交易机制和企业经营机制不完善等多种因素造成的结果；不公正竞争行为的最终原因则在于经济方面。

具体地说，不公正竞争行为的产生与经济活动主体具有相对独立的经济利益有关，同特定类型的利益差异有关。

正是后者构成了不公正竞争活动的内在动因。以贿赂这一不正当竞争行为为例，行贿者与受贿者分别属于不同的企业，在卖方行贿而买方采购人员受贿时，一方面，对于行贿者来说，存在着可以直接用货币衡量的行贿成本和行贿收益；在不考虑非经济风险的情况下，只要行贿在经济上带来的好处（即货币行贿收益）大于货币行贿成本[17]，便存在着行贿的刺激。这即是人们时常形象地描述的行贿可以收到"送出一只羊，牵回一头牛"的"效果"。另一方面，对于受贿者来说，存在着货币受贿收益和货币受贿成本的区别。其中的货币受贿成本可区分为企业（或社会）的货币受贿成本和个人的货币受贿成本。前者指受贿者接受受贿条件给企业（或社会）带来的经济损失，后者指受贿者接受受贿条件给本身带来的经济损失（如与接受受贿条件相联系的企业收入下降造成受贿者的奖金额减少）。同样，在不考虑非经济风险的情况下，只要受贿的货币收益大于受贿的个人货币成本，就存在着接受贿赂的诱惑力。当然，如果潜在的受贿对象同时是企业的所有者，或企业收入与个人收入高度相关（如个人承包时那样），按照以上分析，行贿机会和受贿现象便不会出现。因为这时的企业货币受贿成本与个人货币受贿成本一致，而行贿的条件要求行贿收益（它在数量上等于企业受贿成本）大于行贿成本（它等于受贿收益），受贿的条件则要求受贿收益大于个人的受贿成本，两方面的条件这时不能同时成立或不能同时得到满足。换言之，只有在企业（社会）的受贿成本高于受贿者本人的受贿成本且后者又低于受贿收益的情况下，通过"明亏暗补"（即企业或社会受损失，而受贿者本人却得到了更多的好处），才存在行贿与受贿的可能性。[18]

上述贿赂经济学分析，表明了完善社会主义企业经营机制和将个人收入与企业经营效果密切挂钩的重要性，也表明了在企业经营机制不完善的情况下，依靠各种经济手段和法律等非经济手段的配合使用来制止对社会主义经济十分有害的贿赂行为的必要性。以上结论显然也适用于各种形式的变相贿赂，以及对外贸易中作为买方采购者的国内人员的受贿行为与外商的不公正竞争方法。

从更广的范围来说，某些不公正竞争行为与商品短缺、价格机制尚不健全和商品经济与市场体系不发达等因素有关。例如，在某种生产资料严重短缺的情况下，由于市场不能出清，某些急需这种生产资料的企业为了能购买到货物，便会使出浑身解数来取悦卖方同销售有关的人员，包括向他们支付所谓的"酬劳费"。这种"酬劳费"当然是一种变相的贿赂。在价格双轨制和生产资料市场不健全的情况下，那些不能得到计划分配的原材料的企业，尤其会这样做，并且在一定程度上它们也许不得不如此。如果把这种严重短缺条件下的卖方受贿与买方行贿同商品滞销时的卖方行贿与买方受贿进行细致的比较，不难发现：形式上，短缺时卖方的企业的货币受贿成本和个人的货币受贿成本为零，因而是一种"净赚"。但实质上由于这种"净赚"没有进入卖方企业的积累和投资过程，没有被用来扩大短缺货品的供给，而是落入了受贿者的个人腰包，造成个人收入分配不合理和扩大了消费基金，故此降低了动态资源配置效率，并会损害经济动力机制。至于这种类型的贿赂像其他贿赂一样，会腐蚀经济行为主体，这一点是自不待言的。

再如，"卖大户"和商品搭售等不公正竞争行为，显然也同特定商品的严重短缺有关。当然，应当看到，严重短缺本身则是由一系列更基本的原因造成的，并涉及整个经济体制。

最后，我们可以说，无论是哪一种不公正竞争行为，它的大量存在，都与市场管理薄弱和法制不健全或不完善有关。由于社会经济体制尚处于转换过程之中，社会主义经济导入市场竞争机制的时间仍比较短，人们对各种不公正竞争行为的认识与了解，以及建立消除这类行为的市场监管系统和法律，也需要一个过程。在这一过程中，会存在一些市场交易管理空白地带和法制空白地带，使得不公正竞争者可以"钻空子"而不至于受阻。

另外，顺便指出，在现实生活中存在着一种这样的误解，这种误解把不公正竞争行为的出现看作经济改革和开放的结果，而没有认识到它们是市场发育不全、经济机制不完善和法制不完善的结果。随着时间的推移和社会主义商品经济的不断发展，这种误解无疑会逐渐消失。

（三）消除不公正竞争行为的途径

前面对不公正竞争行为产生或存在的原因所做的分析，实际上已经包含了关于消除这些行为的途径的讨论。归纳起来，这些途径主要有：

第一，制定贸易法，明确地禁止不公正竞争行为，并对不公正竞争者进行制裁和处罚，包括没收不正当收入、赔偿损失、罚款、责令停业整顿和承担刑事责任等。以保护和促进公正竞争，维护经济活动主体的正当权益和正常的市场秩序，强化市场压力，形成有效的优胜劣汰机制，促使企业将自己的经济活动纳入正常轨道，努力通过改善经营管理，提高生产技术水平和产品质量，改进销售与服务工作，来取得真正的竞争优势，从而推动社会主义商品经济的健康发展。匈牙利和波兰等国家在贸易立法方面比其他社会主义国家已先行一步，率先制定了禁止不正当经营活动和制止垄断等法规。我国的上海、沈阳等城市的政府也制定了地区性的禁止不正当竞争暂行规定或保护消费者权益暂行规定。但迄今为止仍缺少一个全国性的贸易法规。随着我国商品经济的发展，越来越需要填补这一法律空白，使经济活动和市场交易管理有法可依和规范化。当然，为了保证贸易法的质量和积累起足够的立法材料，也可先制定一些暂时性的政策和统一的规定。

第二，建立完善、高效的市场交易管理系统和监督系统，包括建立完善的会计系统和审计系统，迅速查处不公正竞争行为。

第三，通过更深入的经济改革，不断完善企业经营机制，使个人收入与企业效益密切挂钩，促进市场发育，建立完整的市场体系，逐步消除普遍短缺的局面，努力改善市场环境，尽可能地消除产生不公正竞争行为的经济条件。

总的来说，随着社会主义经济改革的深入和商品经济的发展，随着法制的完善和国民素质与企业素质的逐步提高，不公正竞争行为会在越来越大的程度上受到抑制。

8.2　过度进入与进入不足

我们知道，新古典学派的完全竞争模型和新瓦尔拉学派的一般均衡模型都以不存在能力不足[19]这一点为前提。换言之，它们都假定竞争者具有完全的能力，生产要素的流动是以最高利润率（或最高收益率）为导向的。

在第 4 章中，我们曾经分析了潜在转移者的技术能力不足对部门间竞争过程的影响，并指出，在能力不足的情况下，部门间的转移和要素流动并不遵循通常的最大化规则，不是以社会最高收益率为导向，而是以力所能及的收益率为导向。本节将在上述分析的基础上进一步考察与严重的能力不足相联系的过度进入[20]与进入不足问题。显然，严重的过度进入与进入不足会降低竞争市场的运行效率，并对动态竞争过程和竞争市场的发育产生消极影响，同时它们也使目前正在进行的社会主义经济改革面临着更加严峻的经济社会环境。只有深刻并正确地把握过度进入与进入不足的形成机制，才有可能找到解决问题的有效方案。关于后一点，我们将在本章的下一节中做进一步的讨论。

下面我们将分别探讨能力不足条件下的部门失衡的外溢效应与过度进入之间的关系、过度进入的经济学原理和进入不足问题。

1. 部门失衡的外溢效应与过度进入

社会经济发展过程，实质上是一个不断的经济组织变革和经济结构变革的过程。

中华人民共和国成立以来，由于一系列社会经济决策和政治决策的失误，以及由于我国传统的经济体制的特殊作用，我国原有的多重经济结构被长期维持下来，甚至被强化。在我国的农业部门中一直存在着大量的被累积起来的过剩劳动力，同时他们的文化技术素质较低，大部分人缺乏起码的工业技能和现代工业生产经验。此外，在城市地区和在原有工业企业中，也存在着数量众多的剩余劳动力。

1978 年以后，一方面，随着农业经营责任制的推进，我国农业劳动生产率迅速提高。这种提高与较低的农产品需求的收入弹性和预期的较低的农业增长弹性一起，促使大量剩余劳动力从农业部门溢出，大规模地转向初级加工工业等非农产业。

另一方面，随着城市经济改革的推进和地方政府投资能力的迅速增强，在块块分割、财政"分灶吃饭"和技术能力不足的情况下，各地（特别是原来的原料产地）政府也纷纷发展初级加工工业和其他加工业。同时，原有某些加工工业中的一些开工严重不足的企业也纷纷转向其他力所能及的产品生产。

上述两方面的综合作用，导致不少初级加工工业和其他工业部门出现过度进入和过度膨胀现象。这些工业部门的过度膨胀又会同农业部门中仍然存在的大量过剩劳动力一道，溢出到其他技术相近的部门或与转移者技术能力相匹配的部门，从而进一步导致后者的失衡。后者的失衡又可能同先前的仍未消失的失衡力量一起，进一步导致新的部门失衡。

上面所说的部门失衡的外溢过程可借助图 8-1 直观地表示出来。

图 8-1　部门严重失衡的多级外溢效应

一般来说，在技术能力严重不足的情况下，相对于在其他各个部门就业的劳动者人数来说，某一部门剩余劳动力的绝对量和相对量越大，劳动力供求失衡越严重，失衡向邻近部门外溢或传递的范围和势能也越大，并有可能形成多级外溢的乘数效应，以及使国民经济结构严重失调以放大的形式保留下来。[21]

应当指出，传统的竞争理论由于忽略了能力不足问题，忽略了转移费用（包括滞留费用），严重地低估了结构重新调整和资源重新配置过程中的障碍和代价。事实上，在机器设备和劳动分工高度专业化的工业部门中，滞留费用往往是相当可观的，这一点或者使企业不断转产或要素在部门间不断转移时，必须付出极高的代价，或者常常会阻止过度扩张的工业部门中原有企业的退出。加上在我国目前的经济条件下获取新的资金和新的工业生产技术的困难，原有企业在很多情况下实际上也无力进行生产要素的重组，而只能迫不得已地留在现有部门，使该部门中的过剩的生产能力、过剩的投资和过剩的劳动力继续保持下去（见表8-2）。

表8-2　我国近年部分过度进入部门的生产能力过剩情况

生产能力过剩率	10%以下	轧钢、电梯、摩托车、空调器、中长纤维等
	11%~30%	毛纺、原油加工、铝型材加工、复印机、黑白电视机、录音机等
	30%以上	拉链、塑料壁纸、电扇、洗衣机、单门电冰箱等

资料来源：吴仁洪、程晓农：《经济发展新阶段与产业结构改造》，刊载于《经济发展与体制改革》，1987年第3期。

因此，与某些工业部门的过度进入相伴随的，必然是一定时间内和一定程度上的工业资源配置的刚性和生产要素的就业不足，从而导致社会资金的闲置和浪费。对于我国这样一个发展资金严重短缺的国家来说,闲置资金的社会机会成本无疑是非常高昂的。

我国块块分割与技术能力不足的格局下的过度进入,不仅意味着大量资金和生产能力的闲置,而且也意味着部门产出额的减少和产出质量的下降,从而意味着部门经济效益和原材料生产率[22]的降低。以我国过度膨胀的毛纺织业为例,近几年,新疆等羊毛产区纷纷建起一批小的毛纺织厂（工厂规模较小,当然与技术能力不足等因素有关）。这些县办或乡镇办的小毛纺织厂大多本着"肥水不流外人田"的观念,搞纺、织、染、针织的"小配套"。小型全能厂在数目上的过度发展,一方面同效益高的大厂争原料,导致大厂原料不足,生产能力不能充分利用,经济效益下降;另一方面带来"细粮粗做"的现象。[23]这一现象的表现,一是新建的小毛纺厂以粗纺为主,当地粗毛原料不敷使用,就用细毛代替,而生产 1 米粗纺呢绒用毛量要比精纺呢绒多 1 倍,这种不经济的强制替代和"优材劣用"造成了羊毛资源的严重浪费;二是由于小厂生产设施简陋,技术力量薄弱,用优质细羊毛生产的产品的质量却不高;三是建厂规模偏小[24],前后工序不配套,不能带来规模经济,增加了产品成本。另外,毛纺织业的过度进入导致对羊毛的需求量激增,本来与羊毛购销无关的一些企事业单位及商贩,见经营羊毛有利可图,也蜂拥到羊毛产区,竞相抢购,然后囤积居奇,在羊毛中掺杂兑污,混级抬价。有些产毛地区为了阻止羊毛外运,层层设卡收费。这些现象必然会降低羊毛市场的运行效率和显著地提高羊毛市场的交易费用,从而对毛纺织部门的经济效益产生进一步的消极影响。

2. 过度进入的经济学原理

与过度进入有关的因素很多,如前面提到的块块分割和财政上的"分灶吃饭",以及投资机制和企业经营机制不健全,市场竞争强度过低等。在某些情况下,过度进入也许是有关的进入者信息不灵和预期不准确（如对预期收入估计过高）的结果。

不过，并非所有的过度进入都必定同上述因素有关。某些过度进入状态往往是同进入者的事前预期相吻合的，换言之，是进入者预先有意识地做出过度进入决策的结果。即使在潜在的进入企业的预算约束很强的情况下，也是如此。

造成这种局面的重要原因之一，是潜在进入者缺乏进入其他收益更高的部门的能力，以及边际进入者的个人收益与进入部门的社会边际收益不一致。下面让我们对这种有意识的过度进入行为展开分析。

为简化起见，我们假定有 A、B、C、D 四个部门（其中的部门 D 为待开发部门），各部门均只需要劳动力这一种投入要素，但各部门所需要的劳动力的质量是不同的。部门 A 所需要的劳动力的质量最低，部门 B 其次，而部门 C、D 所需的劳动力质量特别高，部门 A、B 的原有劳动力无力进入部门 C、D。再假定每个部门中的所有单个劳动者的就业时间、劳动生产率和个人收益皆相等[25]，充分就业时每人每日的劳动时间为 8 小时，社会经济的初始状态如表 8-3 所示。在初始状态中，部门 B、C 的劳动力处于充分就业状态，但部门 A 的劳动力就业不足，人均就业（实际工作）时间仅为 7.2 小时。这意味着在部门 A 存在着剩余劳动力，他们的边际产品为 0。

表 8-3　社会经济初始状态

部门	劳动力人数	部门劳动总时数（小时）	人均就业时间（小时）	部门总收益（元）	人均收益（元/人）	小时工资率（元/小时）
A	100	720	7.2	800	8	1.11
B	100	800	8	1000	10	1.25
C	100	800	8	1200	12	1.5
D	待开发部门					

由于部门 A 就业不足，且收益水平较低，故该部门的剩余劳动力有外溢的倾向。因为缺乏足够的技能或获取所需技能较为困难，这些外溢的劳动力不能进入目前收益水平最高的部门 C 和具有开发前景的部门 D，而只能进入部门 B。假定部门 B 所生产的产品的市场已饱和，部门总收益不变，同时部门 A 的总收益也保持不变。在追求尽可能高的个人收益水平的前提下，将会趋向表 8-4 所显示的次生状态。由初始状态出发，在达到这种次生状态之前，部门 A、B 同时存在着就业不足；部门 B 中出现的就业不足则导源于部门 A 中原来存在的就业不足，或者说是过度进入的结果。这种过度进入虽然降低了部门 B 中的个人收益水平（由原来的 10 降至 9 左右），但却提高了进入者的收益水平（由原来的 8 上升到 9 左右）。这种降低与提高的原因，则在于边际进入者与部门 B 中原有劳动者获取收入的机会是均等的，而边际进入者的个人收益或替换收益与社会边际收益（边际进入者所产生的部门总收益的增量或追加部分；在表 8-4 中它的数值为零，实际上它的数值还可以为负）不一致[26]，前者高于后者。在这里因此存在着如下关系式：

边际进入者的替换收益大于边际进入者的原初收益；

同时，边际进入者的替换收益大于进入部门的社会边际收益。正是这种数量关系构成了过度进入的刺激，并引致过度进入。

表 8-4 能力不完全时通过转移形成的次生状态

部门	劳动力人数	部门劳动总时数（小时）	人均就业时间（小时）	部门总收益（元）	人均收益（元/人）	小时工资率（元/小时）
A	89	712	8	800	8.99	1.12
B	111	800	7.21	1000	9.01	1.25
C	100	800	8	1200	12	1.5
D	待开发部门					

表 8-3 与表 8-4 所显示的过度进入过程，可用图 8-2 概括性地说明。图中的曲线 W_1 和 W_2 分别表示部门 A 和部门 B 的收益水平与劳动力人数之间的函数关系。曲线向右下方倾斜意味着收益水平与部门内的劳动力人数呈反比。在初始状态时，部门 A 和部门 B 的劳动力人数皆为 N_0，它们的人均收益水平分别为 R'_0 和 R''_0，且 $R'_0 < R''_0$。随着部门 A 中的剩余劳动力涌入部门 B，部门 B 出现就业不足和人均收益水平下降的情况，部门 A 则由于就业不足的缓解而出现人均收益水平上升的情况，两个部门的收益水平因此从不同的方向趋近于 R_1。但两个部门的劳动力人数则此长彼消地反方向变动，分别逼近于 N'_1 和 N''_1，且 $N'_1 < N''_1$。

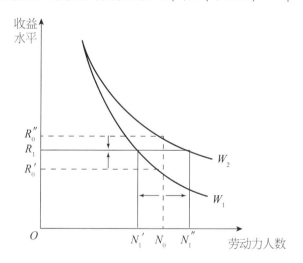

图 8-2 与部门间转移相联系的收益水平的变动

实际上，为了更加符合我国目前的情况，我们可以进一步放松上面关于部门 A 的假定条件，即容许部门 A 的人均相对收益并不增加（由于价格固定不变等原因），就业仍然是不充分的。我国农业等部门的情况显然与这时的部门 A 的情形相近。另外，也可放松部门 B 中人均收益水平相等和部门总收益维持不变的假定，而只需要保持进入者通常的收益水平高于进入之前的初始收益水平这样的条件，便足以使上述过度进入的结论继续成立。因为在现实生活中，对很多转移者来说，其转移的机会成本是他们的原初收益，所以，只要替换收益高于原初收益，转移便具有经济上的吸引力。他们并非总是企望或总是有能力获得所要进入的部门的平均收益。

此外，就表 8-4 和图 8-2 而言，如果我们假定劳动者所追求的目标是尽可能高的小时工资率与尽可能多的闲暇的结合，或者追求的是某种其他形式的混合目标，部门 A、B 间的劳动力配置格局将发生相应的变化，过度进入的程度也会有所不同。

以上关于过度进入行为的分析，既适用于单个劳动者，也适用于作为劳动者集合体的企业。对于很多企业来说，尤其对于我国的很多乡镇企业来说，它们的创办首先是为了给剩余劳动力提供就业机会或"就业门路"。[27] 同时，在这些企业中就业的劳动者往往并不企求或没有能力保证本企业的投资获得社会范围内或部门范围内的最高收益。只要企业的创办能够提供创办者认为可以过得去的收益水平，哪怕市场已经饱和或所投资的部门的生产能力已呈过剩之势，企业的投资仍然会进行下去，从而出现了有意识的过度进入。

由此可见，在劳动者的技术能力不完全或无力在所有部门间充分流动的情况下，劳动者会在力所能及的那些部门之间流动，由低收益部门进入较高收益的部门。规模较大的进入常常导致进入过度，出现重复投资、重复建设，造成大量生产能力闲置，产生新的就业不足，引起严重的资源配置低效，带来巨大的人力、物力和财力的浪费。并且，由于边际进入者在进入之后所获得的收益与进入部门的社会边际收益不一致，加之在一些情况下进入者所获收益同时意味着该部门中原有企业的收益减少和效益下降，因此，竞争性市场本身并不存在一种可以阻止或矫正这种过度进入的自动的有效率的机制。同时也可以说，过度进入标志着市场调节失灵。这种过度进入既同社会经济结构变换有关，又同这种变换的不成功有关。对它们的矫正涉及政府的结构性经济政策问题。关于后者我们将在本章的下一节中讨论。

3. 进入不足

在一定程度上，过度进入与进入不足是同一个问题的两个方面。某些部门出现过度进入，总是意味着另外一些部门进入不足或开发不足。同时，在差异产品的情况下，在同一部门内部也往往出现部门总的生产能力过剩，但该部门中的名牌产品和优质产品却严重地脱销或供不应求。这当然也是一种形式特殊的进入不足。

进入不足在一定限度内同动力不足和与此相联系的创新不足有关，前面的有关章节对此进行了较多的分析，这里无须赘述。现在我们打算强调的是，即使在存在足够的动力的情况下，进入不足仍然会在很大范围内出现，其基本原因则在于能力不足。后者又同社会经济组织协调机制不完善有关。当然，能力不足本身又可能间接地同动力不足有关。

对能力不足的考察，可在劳动者个人、企业和广义的产业组织 [28] 这些层次上展开。

就劳动者个人而言，由于长期以来我国的教育系统和职业培训系统十分落后，决策机构往往用"人海战术"和"搞运动"的方式组织工农业生产，倚重劳动者的热情和以体力为基础的干劲，忽略开发全体国民的智力，加之多次政治运动对原有的教育系统和智力开发系统的巨大冲击，特别是"文化大革命"更使这些系统陷于瘫痪或半瘫痪状态，因此，我国国民的文化技术素质普遍偏低，文盲累积性地增加，我国农村地区尤其如此。据1982年进行的第三次全国人口普查资料，我国文盲、半文盲占12岁及12岁以上人口数的百分比高达31.90%，12周岁以上的文盲与半文盲人口多达2.3582亿 [29]，其中12岁至44岁年龄组中的文盲与半文盲人口有 1 亿多（根据 10% 抽样资料所做的推算）——这意味着中华人民共和国成立后新产生的文盲与半文盲人口超过 1 亿。文盲与半文盲人口如此之多，无疑从一个侧面表明了我国的人口素质和劳动力素质普遍过低。在这种初始条件下，严重的技能不足和转移能力不足乃是必然。与此相联系的则是劳动力垂直流动迟缓，转移前的等待过程与转移后的学习与适应过程较长，转移的代价过高。在目前社会组织不力的情况下更是这样。

就企业和产业组织这些层次而言，在全社会所有单个劳动力素质给定的情况下，若存在比较发达的技术扩散机制和分工与协作机制，创办新的企业，特别是在农村地区兴办工业企业，就会变得相对容易一些，所遇到的技术障碍便会大大地减少。因为发达的技术扩散机制同时包含着完善的劳动力流动机制，通过城市地区熟练劳动力的流入，农村地区便可以得到兴办特定的工业企业所需要的劳动力组合，从而能够克服自身工业技术能力不足的困难。当然，发达的技术扩散机制也包含着农村地区原有劳动力以"走出去"的方式进入城市地区接受工业培训，或在本地通过"请进来"的方式接受工业培训，从而可以促使农村的工业熟练劳动力迅速增加，保证农村地区的劳动力结构与工业发展相适应。显然，这些分析也适用于城市地区本身，适用于城市地区的先进企业、已有的落后企业和将要兴办的技术力量原本不足的企业。

完善的分工与协作体系，一方面可以通过高度的分工，容许后起的农村工业企业承担相对不那么复杂与精密的零部件加工任务或较为简单的工序；另一方面可以通过密切的协作，使先进企业将自己的较为成熟的管理经验和管理方法介绍给后起的工业企业，向后者转让有关工业生产所必需的技术，帮助后者培训必要的熟练工人和技术人员，以及通过其他各种有效的途径来帮助后者改善企业经营。以上两个方面的作用，都可以降低同整体能力（全能生产能力）不足相联系的进入障碍，减轻以至消除进入

竞争与垄断：中国微观经济分析（校订本）

不足。

　　然而，在我国目前的多重经济分割状态下，企业生产绝大部分是按照等级行政区划来组织的，所有的公有企业都具有确定的行政隶属关系[30]，各级政府皆投资兴办企业并借此建立或加强自己的财政基础，从而具有不同的企业管辖范围和自身的利益范围。与此相对应的，是附属于等级制中不同行政机构的企业普遍存在的自成体系、自我封闭的倾向。行政壁垒与高度的条块分割、城乡分割和企业分割，使技术扩散的渠道淤塞不通，分工协作和分属于不同行政机构的企业之间的横向联合无法得到发展，大大小小的效益相差悬殊的全能型工厂遍地开花，落后地区和落后企业难以获得必需的技术力量，或难以通过分工协作的方式进入现代化生产领域。虽然有些较为落后的地区和落后的企业希望同先进地区和先进企业"联姻"，但这种"高攀"的意愿往往只是一种"单相思"。

　　关于分工协作问题，需要特别加以强调的是：第一，现代工业、现代农业和现代商品经济的发展，是以现代分工的发展为基础的。[31] 如果说在斯密和马克思所处的时代，大部分工厂的成品生产是自成体系的，那么，在现代发达的商品经济中，过去的企业内部分工已在很大程度上被外部化，即发展成企业之间的分工，甚至发展成国际分工。分工的深化和扩展过程，同时是生产社会化的发展过程与市场发育和成长过程，从而也是社会经济发展过程。正是社会分工的发展，才有商品经济的发展，才将整个社会生产纳入现代化的经济发展轨道，促进了劳动生产率的迅速提高和社会经济的快速扩张。[32] 第二，我国经济的行政性质的多重分割严重地束缚了现代分工的发展，以小生产方式或准自然经济的方式兴办的无数大而全、小而全[33]的企业的存在，既意味着低下的生产效率和极低的生产社会化程度[34]，又意味着将很多已有的企业和潜在的进入者排斥在现代化的生产过程之外和发达的分工体系之外，从而导致产业组织（广义的）落后和明显的进入不足，阻碍了社会经济结构的演进和商品经济的发展，降低了竞争市场的运行效率。

综上所述，不难得出这样的结论：要尽可能地克服技术能力不足和进入不足，就必须对我国现有的经济体制和社会经济组织结构进行比较彻底的改革，包括对整个产业组织进行改造，并按照这一要求来变革企业组织和社会资产经营机制，转换政府的经济职能和社会经济政策的重点。关于后一点，我们将在本章的下一节中做进一步的探讨。

8.3　不发达商品经济条件下政府的组织职能和发展政策

商品经济的发展过程，既是企业组织的变革过程，也是产业组织和社会经济结构的变革过程，是市场发育成长和竞争机制不断完善的过程，从而是市场自组织能力逐步提高的过程。在这一过程中，国家或政府的有效作用是由一国经济发展的绝对水平和相对水平的具体程度来确定的[35]，并且是以足够的微观经济动力为基础的。不少国家的经济发展史表明，自由放任政策并不是普遍适用的能产生最佳经济成果的经济政策，对初始发展水平低的后起国家来说尤其如此。

我国的商品经济目前尚处于不发达状态，市场发育不全，产业组织极不完善，经济结构严重失调，市场基础设施明显不足，市场自组织能力和自我协调能力较低，独立运行的商品市场的价格波动和数量波动过大，不确定因素太多，不确定程度太高。由于动力不足和普遍的技术能力不足，单个劳动者和企业承担风险的意愿和能力很低，竞争机制极不健全，社会经济处于多重分割状态和发展不足状态。

要从根本上改变上述状况以促进市场的发展和社会主义商品经济的发展，以下两类政策措施和改革措施是无法担此重任的：一类是把国家经济政策的重心放在保持短期宏观经济均衡上，同时在微观层次上单纯地强调硬化企业的预算约束；另一类是所谓政府调节市场，市场引导企业。

就前一类措施而言，它显然无法解决结构问题和长期发展问题。同时，视野短狭的短期宏观均衡政策既不能解决普遍的技术能力不足的问题，也难以保证社会经济的稳定增长，而只能落入传统经济中的周期性地收放交替的窠臼。另外，在严重的技术能力不足的情况下，单纯地硬化企业的预算约束无疑会遇到强大的社会压力，并会带来诸如大量的失业和企业倒闭等一系列严重的社会经济后果。

就后一类措施而言，在很大程度上它会变成"无的放矢"。因为在我国目前的情况下，市场体系不完整，很多市场处于高度分割的状态，或者过分弱小，甚至根本不存在。这时政府如何调节市场？至于这类措施像前一类措施一样，不能解决结构问题和发展问题，这是一目了然的。

笔者认为，为了促进我国竞争性市场的发育和提高竞争市场的运行效率，必须利用国家的组织职能来建立各种能促使竞争市场发展的经济条件，包括建立完整的市场体系，改善产业组织，消除行政壁垒和行政割据这些阻碍全国市场一体化进程的人为的障碍，以及通过各种长期的结构政策和发展政策来降低进入市场的技术障碍和进入费用，尽可能地减少经济发展过程的波动和不确定性（包括减少政府本身的政策和行动的不确定性——这种不确定性被某些发展经济学家看作发展中国家企业计划的头号敌人[36]），避免市场失灵，提高市场运行的组织程度和有序程度。

这意味着必须在重新塑造企业组织和建立完整的市场体系的同时，重新构造整个国民经济的组织结构，转换或重新规定政府系统的经济职能，并将国家的经济管理重点由对短期宏观经济变量的调节或总需求管理（短期平衡或短缺的"正常状态"[37]的控制），转到整个国民经济长期发展的组织和引导上来[38]，特别是进行战略性的组织工作，制定同社会经济长期发展趋势相协调的产业政策、技术政策和人力政策等结构政策或发展政策。

下面让我们结合结构问题和发展问题着重讨论政府职能和管理重心的转换问题。

我们知道，一方面，社会经济结构的演进是社会经济发展的结果；另一方面，经济结构的变化又是经济发展的条件。一个国家的经济发展能力，实质上取决于该国的经济结构转换能力。政府的结构政策和发展政策的目的，即减少经济结构转换过程中的摩擦，增强结构转换能力，使经济结构变化与社会经济的长期发展趋势相适应，从而迅速而顺利地实现经济结构的不断转换和加速社会经济的发展。

经济结构既包括产业结构，又包括技术结构和劳动力结构。并且，由于劳动力是基本的投入要素，因而在很大程度上劳动力结构规定了产业结构。这一点决定了人力开发在政府的结构政策和发展政策中及经济结构转换过程中占有重要的地位。在我国目前的情况下，劳动力（特别是农村地区的劳动力）的文化技术水平很低，很多企业人才奇缺，甚至不存在熟练劳动力，从而无法依靠自身的力量独立地进行人力开发。同时，在一定限度内，正是人力开发不足，导致本章上一节所说的严重的过度进入与进入不足。技术人员和熟练劳动者的严重短缺已构成了我国经济发展的重要"瓶颈"。当然，人力开发不足同政府的组织不力直接有关。为了促进我国产业结构的顺利转换，有必要借鉴工业发达国家和新兴工业化国家的经验，大规模地、有计划和有组织地进行人力开发。有必要强调的是，广泛的人力开发不仅有助于实现经济增长，而且有助于实现机会均等和提高劳动者的垂直流动能力[39]，从而可以减少社会冲突的可能性，避免引起剧烈的社会震荡。

要有效地促进经济结构的顺利转换，不仅需要大力进行人力开发，而且需要制定和实行全国性的产业政策和技术政策。

在目前的经济结构急剧转换时期，我国的地方政府纷纷制定自己的经济发展战略，然而，在国民经济这一层次上却缺少一个总体性的全国经济发展战略和相应的产业政策与技术政策，社会经济结构转换实际上处于放任自流的状态。这无疑会导致各地的盲目发展、盲目建设和盲目投资，导致市场秩序的混乱，以及各地区的相互摩擦和冲突。在这种摩擦和冲突中，中央机构往往只是担任"消防队员"的角色，哪里有"火"（摩擦与冲突比较激烈），便往哪里"泼水灭火"。整体协调机制的缺乏，不仅导致结构性的矛盾，而且也意味着宏观调控权的分散，为宏观总量失衡提供了机会，从而进一步加重了结构转换过程的摩擦和加剧了市场秩序的混乱。

因此，为了推动我国的商品经济进步和经济结构转换，提高竞争市场的组织程度和运行效率，必须加强国家或中央政府的社会经济整体协调职能和组织职能，将税收、投资信贷等主要宏观经济政策工具和调控权集中在中央政府手中[40]，根据国民经济长期发展的需要，来实施宏观管理[41]和制定全国性的产业政策与技术政策，并依照它们的要求来协调和引导国内各个地区的经济活动，改善产业组织结构。同时根据上述总的组织框架调整地方政府的经济职能，使地方政府在与国民经济发展的总体要求一致的前提下，协调和引导本地区的经济活动。特别是组织和协调本地的技术开发和人力开发，对本地企业进行技术扶持和技术指导，改善本地的产业组织；大力兴办各种技术开发中心、人力开发中心和技术服务中心，大力兴办地方文化教育事业和进行地方的基础设施投资；对本地的产业布局进行规划，为地方企业的经营创造良好的外部环境和社会服务条件，为地方经济的长期发展提供有力的技术支持和组织支持。

　　不用说，上述这些职能正是我国目前的经济管理体制所缺乏的。由于市场发育不全、产业组织不发达和缺乏足够的企业经营人才，这种缺乏不仅会损害短期效益和降低竞争市场的运行效率，而且会损害我国的长期经济发展能力，损害市场发展和竞争机制的完善。应当指出的是，即使是一些后起的经济发展迅速的资本主义国家，也注意在经济结构急剧转换时期强化政府的上述职能。社会主义国家在改革企业组织和引入市场机制之后，更不应放弃对国民经济长期发展过程的组织、引导和协调，否则，社会将会付出沉重的代价，甚至使经济改革受到重大挫折。

注释

　　1. 西方福利经济学中的"福利"（Welfare）一词"并不含有它的通常意义，而是指'效率'。一种有效率的经济能取得最大的经济福利"（参见 D.R. 沃森和 M.A. 霍尔曼：《价格理论及其应用》，中国财政经济出版社 1983 年版，第 345 页）。

　　2. 帕累托效率的含义是：若一个社会经济系统不减少给予某个人的好处就无法增加给予另外一个人的好处，那么，这个经济系统便是有效率的。

　　3. 撇开外部效应（Externalities）不谈，在理论上，现代博弈论有关"两个囚犯的困境"的分析表明，"理性的"选择并不必定导致最大的社会利益；阿罗的社会福利函数的一般可能性定理则表明，以个人偏好为基础的市场机制不能保证产生合理的社会选择（参见肯尼思·阿罗：《社会选择与个人价值》，四川人民出版社 1987 年版，第 5 章）。

　　4. 均衡的存在与稳定，是一般均衡理论所研究的两类中心问题之一（参见 J. Kornai, Anti-Equilibrium, North-Holland Publishing Company, 1971, pp. 24—26）。然而，"现实世界并不是处于稳定状态中的。绝没有，也（很可能）决不会有稳定状态"（参见约·希克斯：《经济学展望》，商务印书馆 1986 年版，第 10 页）。

5.西方福利经济学只讨论既定收入在作为消费者的个人之间的分配，从而完全避开了积累问题，完全竞争条件下的一般均衡理论仅讨论消费者均衡、生产者产品生产过程的均衡及二者的综合均衡，也避开了积累问题和投资问题。事实上，按照帕累托标准无法确定消费与积累之间的"最佳"比例，也无法形成统一的尺度来比较相互冲突的消费支出与积累和投资支出之间的使用效果。另外，帕累托标准无法考虑同收入分配格局和动态效率相联系的刺激问题。可见，帕累托最佳标准其实是一种很蹩脚的标准。

6.Chenery，H，1979. Structural Change and Development Policy. Oxford University Press，p.276.

7. 奥塔·锡克：《社会主义的计划和市场》，中国社会科学出版社1982 年版，第 293 页。

8. 参见《经济日报》，198T 年 2 月 18 日。

9. 参见《经济参考报》，1987 年 11 月 16 日。

10. 参见《文汇报》，1987 年 6 月 14 日。

11. 参见《经济参考报》，1987 年 9 月 5 日。

12. 参见《经济参考报》，1987 年 8 月 24 日。另外，据国家工商行政管理局提供的统计材料，从 1985 年年初到 1987 年 6 月，全国查获伪劣商品案件达 9.4 万多起，罚款和没收的金额为 1.7 亿多元（参见《经济参考报》，1987 年 11 月 25 日）。

13. 参见《经济参考报》，1987 年 8 月 24 日。

14. 在其他类型的不公正竞争行为中，较为突出的是由于封建主义残余所造成的不公正竞争。例如，少数干部亲属凭借其特殊的社会地位进行"投机性的"交易，获得普通人难以得到的资金、物资和开业机会。又如少数干部"吃干股"，运用手中的权力捞取个人好处，为其亲属谋取私利而"找关系""开后门"，或直接大开"绿灯"，等等。要消除这类不公正竞争，不仅需要进行深入的经济改革，而且需要进行深入的政治改革，包括完善社会主义法制系统和监督系统，完善社会主义民主机制。

15. "一切商品对它们的所有者是非使用价值，对它们的非所有者是使用价值"（马克思：《资本论》第 1 卷。《马克思恩格斯全集》，第 23 卷，第 103 页）。

16. 笔者认为，这种利己行为与利他行为的合二为一，与马克思关于实际交易中商品生产者的私人劳动真正取得了二重的社会性质的说法实质上是完全一致的："一方面，生产者的私人劳动必须作为一定的有用劳动来满足一定的社会需要，从而证明它们是总劳动的一部分……。另一方面，只有在每一种特殊的有用的私人劳动可以同任何另一种有用的私人劳动相交换从而相等时，生产者的私人劳动才能满足生产者本人的多种需要"（马克思：《资本论》第 1 卷。《马克思恩格斯全集》，第 23 卷，第 90 页）。

17. 这里的货币行（受）贿成本和货币行（受）贿收益是指用货币衡量的代价和"收益"，而不是指货币形式的行贿与受贿。

18. 我们用 R_a 表示货币行贿收益，用 C_a 表示货币行贿成本，用 R_b 表示货币受贿收益，用 C_{b1} 表示企业（社会）货币受贿成本，用 C_{b2} 表示个人货币受贿成本。显然，行贿与受贿的前提条件要求：

$$R_a - C_a > 0 \qquad\qquad (1)$$

$$R_b - C_{b2} > 0 \qquad\qquad (2)$$

又因为：

$$C_{b1} = R_a \qquad\qquad (3)$$

$$C_a = R_b \qquad\qquad (4)$$

将式（3）、式（4）分别代入式（1）、式（2）得：

$$C_{b1} - C_a > 0 \qquad\qquad (5)$$

$$C_a - C_{b2} > 0 \qquad\qquad (6)$$

由式（5）、式（6）推导出：

$$C_{b1} - C_{b2} > 0 \qquad\qquad (7)$$

因此，行贿与受贿的可能性，只有在式（1）、式（2）、式（7）同时得到满足的情况下才存在。反过来说，当式（7）未得到满足时，式（1）、式（2）也必定不能得到满足，行贿与受贿的可能性这时便不存在。

19. 这里的"能力不足"是指技术能力不足（其中的能力可用英文中的"Ability"来表示），而不是指与供给不足相联系的生产能力不足（这里的能力是用英文中的"Capacity"来表示的）。

20. 人们常常用"过度竞争"这一并不确切的术语来表示过度进入，而笔者则宁可用企业数量过多和生产能力严重过剩（相对于市场需求或原材料来源）来表示过度进入。

21. 国民经济结构失调的这种持续——这是很多工业化程度较低的发展中国家的共同特征，意味着社会经济并非像新古典学派所说的那样，可以在马歇尔的长期（通常指"几年之长期"，或指固定资本存量调整所需要的、与固定资本使用周期相一致的时间）内达到均衡；也意味着在这种长期中，特定部门中所配置的资金和劳动力在很大程度上是根据技术能力或转移能力加以调整的，而不是像马歇尔所说的那样是根据对该部门的"产品的需求而加以调整的"（马歇尔：《经济学原理》下卷，商务印书馆 1965 年版，第 66 页）。

22. 原材料生产率是指用一定单位的原材料所生产的产品的数额。

23. 参见《经济参考报》，1981 年 9 月 9 日。

24. 纺织工业部规定粗纺厂的生产规模以 1500～2000 锭为宜，而这些小粗纺厂往往只有 480 锭左右（参见《经济参考报》，1987 年 9 月 9 日）。

25. 部门内个人收益相等的假定，与新古典完全竞争模型所暗含的不同厂商的生产函数相同的假定，以及与马克思以部门利润率为基础考察平均利润率的方法，在形式上是相似的。

26. 一般而论，如果某一部门原有劳动者人数为 N，人均收益或平均收益为 R，在过度进入条件下新增加一个劳动者造成其他劳动者就业不足或生产能力闲置而使平均收益减至 $R-\triangle R$，这一劳动者的进入使劳动者人数达到 $N+1$，那么，该部门的社会边际收益便是：

$$(N+1)(R-\triangle R)-NR-R-\triangle R-N\triangle R$$

因此，社会边际收益比相应的平均收益少 $N\triangle R$。然而，对于边际进入者来说，他的个人收益和所有其他劳动者的收益相等，即等于 $R-\triangle R$。

27. 为提供就业机会而投资，意味着投资决策并不遵循单一的利润最大化规则。对于一个自我经营的投资者（如集体经营企业和个体企业）来说，本企业的投资既可为自己带来就业机会和劳动收入，又可带来一定的盈利或资产收入。在只有依靠本身的投资才能就业的情况下，只要劳动收入加上相应的盈利，高于资金投向他处时所带来的预期资产的收入，投资者便不会将自有资金投向他处，即使他处投资的盈利高于自我投资经营时的盈利。这种倾向是造成过度进入和资金流动不充分的原因之一。以上分析也适用于资本主义经济，适用于"自我雇佣"等类型的企业的投资行为。

28. 笔者所说的广义的产业组织，不仅包括同一市场上同一类商品生产者之间的相互关系（竞争关系或非竞争关系等）结构，而且包括企业之间分工与协作关系的发展程度或最终产品生产的各个环节上的分工和协作关系的发展程度。

29. 国家统计局：《中国统计年鉴（1984）》，中国统计出版社1984年版，第97、第87页。我国文盲与半文盲人口过多，当然是过去社会政策和经济政策的战略性失误的结果。相比之下，苏联和东欧各国的文盲与半文盲人口要少得多。下表是这些国家的成人（指15岁以上人口）识字率统计资料：

国家	1950 年		1960 年		1970 年		1980 年	
	男	女	男	女	男	女	男	女
苏联			99.3[1]	97.8[1]	99	99	99	99
波兰	95.2	92.5	97.1	93.8	99	97	99	99
匈牙利	96.2	94.6	97.5	96.4	98	98	99	99
南斯拉夫	83.8	63.2	87.6[2]	66.4[2]	91	75	94	80
罗马尼亚			93.9[3]	83.7[3]	98	93	98	94
保加利亚	85.8	65.9	95.5	85.9	96	90	97	92

① 1969 年统计的数字。

② 1961 年统计的数字。

③ 1956 年统计的数字。

资料来源：《国际经济和社会统计资料（1950—1982）》，中国财政经济出版社1985年版，第454页。

30. 有必要指出，这种行政隶属关系是导致企业分割和条块分割的直接原因，但不是全部原因，因为在南斯拉夫自治经济中也存在着企业自我封闭的倾向。因此，取消企业的行政隶属关系——虽然这种取消是竞争市场有效运行的必要前提——并不意味着块块分割和企业分割的消失。在缺乏健全的企业经营机制和资产经营机制的条件下，行政隶属关系的取消并不能取得令人满意的社会经济结果。

另外，需要补充的是，企业的行政隶属关系和企业分割构成了企业合并或兼并的障碍——先进企业兼并落后企业，往往使落后企业的原有经营绝处逢生——从而阻碍了产业组织的进化过程，并造成资源配置低效。

31. 斯密对制针工厂的著名考察，马克思对协作、工场手工业和机器大工业的发展过程的考察，充分肯定了分工对经济增长和社会生产方式变革的巨大促进作用（参见斯密：《国民财富的性质和原因的研究》上卷，商务印书馆1972年版，第1章；马克思：《资本论》第1卷，《马克思恩格斯全集》，第23卷，第11—13章）。当然，这些考察主要集中在工场或工厂（企业）的内部分工上。相比之下，东、西方的现代经济分析一直忽略了分工的发展同经济发展之间的巨大的相互作用。

32. 能够证明这些论点的例子几乎可以信手拈来。例如，发达的社会分工与协作，使瑞士的钟表业把家庭工厂纳入了现代化的钟表生产轨道，使美国的农业把一般的家庭农场普遍变成了用高技术生产农产品的基地，使日本的工业通过等级企业组织结构把缺乏整体技术能力的中小企业吸纳进现代化的产品生产过程。

33. 低效率的小而全的企业是不能与高效率的小而专、小而精、小而尖的企业同日而语的。在评价我国企业规模分布时，人们往往忽略了这两种小企业之间的实质性的差别。

34. 笔者认为，生产社会化程度是以分工程度来衡量的，而不是以生产规模的大小或在一起分别从事同一种生产活动的人数的多少来衡量的。由此可见，由于分工极不发达，在人民公社这样的组织形式基础上进行的农业生产，其社会化程度是很低的。过去，国内在生产社会化的看法上存在着一种片面的观点，这种观点把农业生产上的"大呼隆"混同于农业生产社会化。

35. 参见金万堤：《政府在经济发展中的作用——南朝鲜的经验教训》，《经济社会体制比较》，1987 年第 4 期。

36. 参见 R. M. Sundrum, Development Economics：A Frame Work for Analysis and Policy, Jone Wiley and Sons, Chichester etc, 1983, p. 287。

37. 参见科尔内：《短缺经济学》上卷，经济科学出版社 1986 年版，第 7 章；《增长、短缺与效率》，四川人民出版社 1986 年版。

38. 笔者认为，"二战"后美国政府倚重需求管理而相对地忽视结构问题和长期发展问题，导致美国工业的国际竞争能力不断衰退，并出现了所谓"非工业化"（Deindustrialization）过程。相形之下，日本和德国一直注重结构问题和发展问题，实行以经济长期发展或成长管理为中心的政府政策，其国际竞争能力在不断上升，经济的发展前景也似乎更好一些。这些历史事实促使我们不得不对总量性的宏观经济政策工具的有效性重新进行评价。

39. 无疑，广泛的人力开发还有助于实现"使每一个社会成员都能够完全自由地发展和发挥他的全部力量和才能"（恩格斯：《共产主义原理》，《马克思恩格斯选集》第 1 卷，人民出版社 1972 年版，第 217页）这样的社会主义目标。

40. 这意味着由目前的财政"分灶吃饭"过渡到分税制，意味着银行系统独立于地方政府。

41. "对发展中国家来说，放在第一位的应当是发展政策，宏观管理政策应服从和包含于发展政策之中。"（中国经济体制改革研究所赴日考察团：《"日本模式"给我们的启发》，《经济日报》，1987 年 11 月21 日。）

附　录

计划悖论与计划失灵

　　第 8 章考察了市场失灵问题及导致市场失灵的某些因素。市场失灵问题的存在，是不是必定意味着要用计划机制来全面地取代市场机制，以至取消市场呢？显然不是。其原因在于计划也会在一定范围内失灵。换言之，市场机制和计划机制分别具有不同的有效边际，超过了这些边际，便会导致计划失灵或市场失灵。市场失灵与计划失灵在某种限度内是两个相互对称的问题。广泛流行的"计划与市场相结合"的说法实际上承认了这两个问题的存在，承认计划机制或市场机制不是万能的，从而不能完全取消市场或完全取消计划，而只能不断改进市场机制和计划机制，使它们形成互补效应，构成功能完整的、统一的社会经济协调机制。至于计划机制与市场机制的成功结合，必须以完善的企业经营机制为前提，这是自不待言的，下面将把这一点存而不论。

　　无论是市场失灵，还是计划失灵，皆可以看作社会经济组织失灵和协调失灵。就计划失灵本身而言，这类失灵可能是计划力量（相对于"Market Force"）过于弱小的结果，也可能恰恰相反，是计划过度的结果。与这种计划过度相伴随的，是企业经营机制极不完善和市场名存实亡，甚或根本不存在。

　　对计划失灵进行研究的目的，一方面在于证明社会主义经济系统导入竞争性市场机制的历史必然性，另一方面则在于证明为适应社会主义商品经济发展的需要而改进计划机制的必要性。

　　以上所说的计划无疑指的是集中的社会计划。在何种范围内这种计划会失灵？失灵的原因何在？特别地，计划过度为什么反而会导致计划失灵？对这些问题的探讨构成了附录的内容。

笔者认为，对市场失灵和计划失灵问题展开深入的研究，固然不能导致一种完美社会的设计——相反，它会打破以往的关于完全竞争市场或关于无所不包的社会计划的理论偶像——但它可以对改善目前的社会经济组织机制做出贡献，帮助人们认清这种改善的方向。

计划过度导致计划失灵，这显然是一个逻辑悖论。下面让我们对这一计划悖论进行分析。

通常来说，计划本身只是促进社会经济发展的手段，而不是最终目的。制订社会经济计划的目的包括：①尽可能地增强社会经济运行过程的协调性。列宁曾经有这样的名言："经常地、自觉地保持的平衡，实际上就是计划性"[1]。②最大限度地增进社会经济运行效率。马克思指出，社会化的人，联合起来的生产者，将合理地调节他们和自然之间的物质变换，把它置于他们的共同控制之下，而不让它作为盲目的力量来统治自己；靠消耗最小的力量，在最无愧于和最适合于他们的人类本性的条件下来进行这种物质变换。[2]

不过，在理论上应当看到，首先，制订和实施社会经济计划需要直接消耗社会资源。我们可以把这类直接消耗称为计划的直接成本。通常说来，计划的范围越广泛，内容越具体，制订和实施整个社会计划所耗费的人力、物力和财力便越多，计划的直接成本便越高。与此等价的另一种说法是，计划越具体和越广泛，制订和实施计划的工作量就越大，计划机构和有关的经济管理机构便越庞杂。

其次，社会经济运行过程本质上是一个不断变化，从而在时间上缺乏对称性的过程，未来是不可确知的。因此，制订将所有细枝末节均包括在内的完全的计划，实质上是不可能的。这不是一个计划技术问题，而是一个基本的经济哲学意义上的方法论问题。不确定性因素的存在，使得任何制订完全计划的企图都只能变成空想。面临着不断变更的经济前景，事前计划越详细，根据这种计划安排所从事的实际经济活动就越是缺乏应变能力和灵活性；或者，要保证这种实际经济活动具有足够的灵活性，事前计划越详细和越是较少地留有余地，这些计划就越是徒有空名和徒具形式，从而白白地耗费经济资源和导致计划在一定限度内"虚拟化"³。

　　再次，复杂的社会经济系统本质上不同于孤岛上的鲁滨孙的世界。在复杂的社会经济系统中存在着众多的生产者和消费者；为了协调生产和需求，在对具体经济活动直接进行社会控制的计划体制下，必定会产生具有严格等级结构的管理系统。这种经济运行格局，导致处于等级结构不同层次上的经济组织皆具有各自相对独立的经济利益和效用函数。由于缺乏竞争性的相互约束机制和完善的经济责任机制，上述经济运行格局不仅难以避免严重的"官僚集权制偏差"，而且也难以避免自治经济条件下会出现的"集团偏差"⁴。这种"集团偏差"的表现之一，是指令性计划体制下普遍存在的"部门主义"⁵和地方主义。"官僚集权制偏差"则主要表现为屡见不鲜的"瞎指挥"和反复出现的重大决策失误。社会利益与本身利益的不一致和竞争机制的缺乏，意味着不存在一种有效的经济机制促使经济当事人和单个经济组织去追求最大限度的社会利益。个人精力和知识的有限性以及远离所有生产现场，决定了中央计划者不可能具有完备的计划信息，计划过程中的主观臆断和"拍脑袋"现象于是不可避免。这意味着在逼近于完全计划的经济体制中存在着同重大决策失误相联系的重大浪费的可能性。由于"官僚集权制偏差"和"集团偏差"的存在，因此，从理论上说，人们并不能断定上述类型的计划体制必定能够保证社会经济协调和有效率地运行。

此外，计划越详细，等级管理系统便越复杂，整个系统的总体协调就越困难，各个子系统之间的摩擦也越大。企图无所不管的计划体制于是陷入以下两难选择：中央计划管理的范围越广，内容越具体，社会经济的整体协调就越是失灵；在这种情况下，中央或者以牺牲经济系统运行的灵活性为代价来维持直接的控制，或者在或大或小范围内放弃直接控制，听任部门经济或地方经济在一定限度内自发地、盲目地发展。在理论上可以认为，这种僵硬的直接控制和盲目地自发发展分别存在着一种正常的（Normal）[6]限度，传统的指令性计划体制的运行轨迹正是围绕着这种正常值而周期地上下摆动和循环变化的。所谓"一统就死，一死就叫，一叫就放，一放就乱，乱了再统……"便直接反映了这种周期波动情形。因此，在实践中，指令性的计划体制并没有消除社会生产的"无政府状态"[7]和经济发展中的自发过程，没有消除严重的经济失调和经济波动。正如兰格所指出的：在高度集中的计划和管理期间的一切社会主义国家中，经济中有大量的这种自发过程。有时候，自发过程的数量变得这么大，以致人们可以问，计划经济是否还存在。[8]

最后，恩格斯认为，在社会占有生产资料的情况下，社会"必须按照生产资料，其中特别是劳动力，来安排生产计划。各种消费品的效用（它们被相互衡量并与制造它们所必需的劳动量相比较）最后决定这一计划。人们可以非常简单地处理这一切，而不需要著名的'价值'插手其间。"[9]然而，长期的社会主义经济实践证明，制定和实施实物经济计划并非易事。在排斥货币关系和市场交易关系的情况下，直接生产者与最终用户之间的联系不是变得更简单和更直接，而是变得更复杂和更曲折。在这里，货币的媒介作用被一整套等级管理系统代替。并且，社会生产过程越复杂，社会计划集中的程度越高，直接生产者与最终用户之间的联系链条便越长，上述非市场形式的"交易"费用便越高。

至少到现在为止的经验已经表明，同市场交易相比，实物经济条件下的非市场"交易"机制常常导致舍简就繁，舍近求远，从而增加了"交易"费用。[10]

因此，除计划本身的直接费用外，企图无所不包的指令性计划还会由于导致经济僵化、周期波动、"交易"费用增加和第2章第2.2节所提到的多种类型的低效等，使社会付出巨大的代价。我们将这些代价称为计划的间接费用。后者同直接费用一起，构成计划的总费用（以下简称计划费用）。

一般来说，计划费用是与计划的完全程度或计划的详细程度一起按同一方向变动的。另外，从效率的角度来看，计划越详细，计划视野会越短狭，经济控制行为也越短期化，经济系统的运转便越不灵活，效率就越低。在一定限度内，计划的详细程度或完全程度的降低，会改善经济系统的运行效率，提高收益水平。特别是，在相应地改善微观企业运行机制的情况下，通过计划机制的改善和减少对微观经济活动的直接控制，计划机构能够从繁杂的日常事务和短期计划活动中解脱出来，集中全力制订社会中长期计划和社会经济总体发展方案，显著地提高计划的质量，并能采取相应的政策措施有效地组织和指导社会经济发展过程，从而可以最大限度地提高社会经济效率。当然，若计划的内容过少，不管它们是指令性计划还是其他类型的计划，都难以改善社会经济效率。基于以上分析，我们可以得出附图1所显示的关系。在现实生活中，计划从来不可能是完全的，某种程度的无计划是不可避免的。然而，在理论上我们则可以假定存在完全的计划这种极端的情形。在这种极端情形下，每一时点上的所有经济活动都被纳入预定的计划轨道，从而扼杀了经济系统的变通能力，无法对各种随机因素——现实历史进程正是由这些随机因素和决定论因素的共同作用所决定的——的作用做出恰当的反应，并导致巨额计划费用，以及严重地牺牲了经济系统的运行效率。

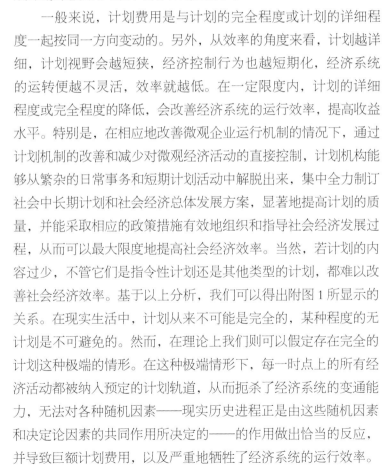

这时候，系统看起来是在计划轨道上运行，但社会经济效率却不能达到把经济机制和计划机制设计得能充分挖掘劳动者、单个经济组织和整个社会经济组织的潜力时那样的效率。由此可见，并非任何形式的社会经济"有计划发展"都能达到合意的经济结果。

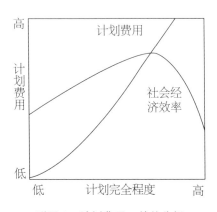

附图 1　计划费用—效益分析

应当指出的是，附图 1 中所说的计划详细程度或完全程度的降低带来社会经济运行效率的提高，虽然适用于传统的集权社会主义经济模式下的计划行为，适用于指令性的计划活动，但它同时也意味着通过计划体制的改革、计划机制的完善和计划型式的改变，可以提高计划的质量，增强经济系统的协调能力，提高社会经济效率，从而能够使得附图 1 中曲线的形状和位置发生变化。当然，这些必须以经济动力机制的改善为前提。后一点正是我们所要强调的。

前文我们从整个社会经济系统的角度分析了有关的计划经济学问题。下面再从单个企业的角度进一步展开研究。

这里先让我们再次讨论恩格斯《反杜林论》中的有关构想。恩格斯认为，社会一旦占有生产资料并且以直接社会化的形式把它们应用于生产，每一个人的劳动，无论其特殊用途是如何的不同，从一开始就成为直接的社会劳动。那时，一件产品中所包含的社会劳动量，可以不必首先采用迂回的途径加以确定；日常的经验就直接显示出这件产品平均需要多少数量的社会劳动。社会可以简单地计算出一定量产品所包含的劳动量，从而可以直接地和绝对地知道这些劳动量，并以此为基础，根据各种消费品的效用来决定生产计划。[11]

任何理论在未经证实之前都只能是一种假说（Hypothesis）。对恩格斯的以上假说不应抱着教条主义的态度，而应当根据历史经验来进行验证和修改、补充等。

附

录

这里我们不打算讨论公有制条件下的劳动是不是名副其实的直接社会劳动问题，而只想强调：

第一，从计划技术的角度来看，处于持续的发展变化状态的现代经济运行过程在时间上是不对称的，未来的经济运行轨迹绝不是过去的经济运行轨迹的简单重现。生产技术、设备工艺、物资消耗、要素投入比例、产品结构、产业结构和需求结构等，都在不断地经历着事先无法精确地预测的变化，从而，它们的未来发展趋势带有一定程度的不确定性；至于那些同创新相联系的纯粹的非常规性经济活动的结果就更难测知。因此，计划者本质上无法根据以往日常经验和外推法来科学地、合理地确定绝大多数产品生产应当耗费的劳动数量和企业与劳动者的生产任务。这是直接计划难以逾越的技术障碍之一。

第二，在实践中，以直接的劳动时间和直接需求为基础制订直接的计划和组织社会生产，必须"以需求的直接可测性和经济发展的完全可预测性为先决条件"[12]。然而，这些条件实际上并不具备。于是，直接计划体制或者只能以既往经验和已取得的经济成果制订稍微"客观"一些的计划，由此形成棘轮原则（经验表明，这一原则是直接计划体制下的一般计划规则之一，从而是这一体制下必然存在的现象），并衍生出米考伯原则[13]，或者由高层决策者和计划机构主观任意地确定国民经济计划指标，然后再由上而下层层分解，最后规定企业的计划指标。在上述两种情况下，计划指令取代了市场信号，关于计划指标的讨价还价和行政压力取代了市场竞争关系，持续着的有关计划制订与执行过程中的讨价还价的自发性取代了市场自发性，企业隐瞒经济潜力的"打埋伏"行为取代了竞争市场上企业不断增进经营效率的努力。为了减少完不成计划的风险，企业会争取获得尽可能多的投入要素，或者争取将计划指标定在尽可能低的水平上。由此导致企业需求与供给的双重扭曲，导致经济系统中囤积与短缺并存，并导致严重的经济结构惰性和周期性的经济波动。与此相伴随的是企业生产和其他经济活动常常发生不规则的变化，计划在实施过程中不断地调整变动——即使如此，计划的实施结果仍然经常性地偏离预定的计划目标，以至于人们有充分的理由怀疑这种经济计划是不是本来意义上的名副其实的计划。不用说，以上状况也充分反映了直接社会控制和直接计划调节的失灵。

综上所述，与市场机制相比，以直接的劳动时间和直接需求为基础的直接社会计划的制订和实施，决非更简单得多和更清楚得多，同时，它也无法实现前面所说的经济发展的协调性与高效率这样的预定的计划体制目标。

就经济运行过程越复杂，制订和实施社会范围内的指令性的直接计划便越困难这一点而言，包括我国在内的一些社会主义国家开始在较大的范围内导入市场竞争机制的基本原因，不是生产力太落后，而是社会生产过程太复杂。正像罗杰·A. 克拉克所说的那样 [14]，社会经济所达到的发展水平和工业化水平越高，传统的苏联型经济体制就越不那么合适，因为包含在产出计划和投入分配中的工作量不成比例地增加，结果导致低效与浪费迅速增加。这里所说的低效，在笔者看来，不仅包括配置低效、组织低效和动态技术低效，而且包括计划低效和信息低效。

需要对信息低效加以补充说明的是，20 世纪 60 年代，随着电子计算机和投入产出分析、活动分析（又称为规划问题）方法的发展，在东西方经济学界曾经出现过一阵对如下这种观点的狂热：计算机和投入产出分析将能使传统的苏联型集中计划的制订有效得多。[16] "完全计算"（Perfect computation）[16] 这一概念即是用来描述计算机和投入产出分析使得完全计算体系将成为可能的经济体制。计算机在制订经济计划和进行预测时的价值是毋庸置疑的。然而，人们很快就认识到，完全地计算整个国民经济计划的计算量使这种计算变得不可能，并且，计算机的使用并不能解决计划者只能依赖于从并非没有偏见的企业得到原始信息这一问题。上述种种因素使得计划计算学派借助计算机和其他计划技术制订完全计划的设想，变成了贻笑于天下的"计算机乌托邦"。

顺便指出，在讨论市场失灵和计划失灵问题时，笔者认为有必要根据社会主义经济理论和经济实践的发展，对 20 世纪 20 年代至 40 年代早期西方关于计划经济的论战实事求是地重新进行评价。

一方面，我们在肯定兰格—迪金森模型的历史作用的同时，应当看到这一模型所包含的一系列重大的理论缺陷。单以兰格的理论模型为例。[17] 该模型在很大范围内是以本书第 1 章第 1.1 节中提到的瓦尔拉世界为蓝本的。所不同的只是后者的定价者是拍卖商或经纪人，前者的定价者是中央计划局（the Central Planning Board）。兰格模型所描述的也主要是一种静态均衡局面。在兰格看来，通过中央计划局对企业经理规定出选择使平均生产成本最小的要素组合和将产量确定在使边际成本等于产品价格的水平上这样两条规则，借助试验和排除错误（Trial and Error）的方法，中央计划局最终可将物价定在保持供求均衡和保证市场出清的水平上。我们对兰格模型的评论主要集中在两点上：①兰格未能阐明上述两条规则得以有效地发挥作用的实际机制。譬如说，有何种动力驱使兰格模式中的社会主义企业经理去选择使平均生产成本最小的要素组合？中央计划局又怎么可能确切地知道企业经理实际选择的是这种成本最小的组合？②兰格模式未能提供有效的经济机制来避免企业预算约束软化问题。而在企业预算约束软化的情况下，企业的需求缺乏弹性，由中央计划局模拟的物质生产资料市场无法达到均衡和市场出清状态。这样，兰格的所谓像竞争市场中一样用一种试验和排除错误的方法来确定社会主义社会中经济均衡的说法，便只能是一种空想。以上两点涉及企业运行机制和企业组织结构中的一系列更深刻的问题，如刺激机制、责任机制和所有制关系等。要解决所有这些问题，就必须在兰格模式的基础上进一步推进社会主义经济改革，并用实际的市场竞争来代替中央计划机构对竞争市场的笨拙的模拟。

　　另一方面，对哈耶克等人的观点不应采取一概骂倒的态度。实际上，不管是不是巧合，哈耶克在论战的第三阶段提出的社会主义经济重新引入实际竞争来解决价格决定问题的方案[18]，同兰格模式相比，更接近今天有关社会主义国家经济改革的方案。并且，哈耶克在 40 多年前对集中定价模式等所做的很多批评，以及他对利用试验和排除错误方法集中定价同动态现实的冲突所做的深入分析，至今仍然显得较为中肯并值得我们注意。

　　要同时避免计划失灵和市场失灵，保证计划效率和市场运行的效率，社会主义国家就必须进一步深入地进行经济改革。成功的经济改革将要求包括计划方法、计划执行工具、经济组织结构和社会经济政策在内的诸方面同时的和综合性的变化[19]，从而为真正的完善的竞争市场体系的形成铺平道路。这绝不是一个仅铺满鲜花而没有任何痛苦的过程。然而，我们相信，无论如何明天总归是新的一天。

注释

1. 列宁：《非批判的批判》，《列宁全集》第 3 卷，第 566 页。

2. 参见马克思：《资本论》第 3 卷，《马克思恩格斯全集》第 25 卷，第 926—927 页。马克思的下述论断也集中地表达了社会计划的目的："时间的节约，以及劳动时间在不同的生产部门之间有计划的分配，在共同生产的基础上，仍然是首要的经济规律。这甚至在更加高得多的程度上成为规律"（马克思：《政治经济学批判（1857—1853 年手稿）》，《马克思恩格斯全集》第 46 卷上册，第 120 页）。

3. 参见竹浪祥一郎：《经互会对经济效率重新评价——集权和分权之争处于转折点》，《世界经济译丛》，1979 年第 4 期。

附
录

4. 参见奥·兰格：《社会主义经济理论》，中国社会科学出版社 1981 年版，第 137—142 页。

5. 参见百百和等：《经济计划论》，陕西人民出版社 1986 年版，第 231 页。需要注意的是，这里所说的"部门"是指行政性质的管理系统，而不是前面第 3 章和第 4 章所说的产业意义上的部门。

6. 这里所说的"正常的"，是指符合一般的或平均的情况，而不包含任何价值判断。

7. "无政府状态"的德文或法文原文为"Anarchie"，英文为"Anarc-chy"，它们既可作"无政府状态"解，也可作"混乱、无秩序"解。将"die Atlarchic innerhalb der gesellschaftlichen Produktion"译作"社会生产内部的混乱（或无秩序）"，而不是译作"社会生产内部的无政府状态"将更为确切和更加通顺。

8. 参见奥·兰格，《社会主义经济理论》，中国社会科学出版社 1981 年版，第 126 页。

9. 恩格斯：《反杜林论》，《马克思恩格斯选集》第 3 卷，人民出版社 1972 年版，第 348 页。

10. 事实上，马克思在《资本论》第 1 卷第 1 篇所研究的价值形式的发展，以及货币的出现和货币形式的发展，包括现代信用卡制度的发展等，其内在的推动力即是交易费用的节约。换言之，交易费用的节约为我们提供了理解交易形式和货币形式发展变化的钥匙。

11. 参见恩格斯：《反杜林论》，《马克思恩格斯选集》第 3 卷，人民出版社 1972 年版，第 348 页。

12.T.Bauer，The Second Economic Reform and Ownership Relations，Eastern European Economics，Spring—Summer 1984，Vol. 22，No. 3—4，p.35.

13. 米考伯原则的基本含义，是奖励完成计划者，而不奖励未完成计划者（参见戴维·A. 戴克尔：《权力分散与指令原则——从苏联经验中汲取的一些教训》，载《现代国外经济学论文选》第 11 辑，商务印书馆 1987 年版，第 125 页）。

14.Roger A. Clarke，The Study of Soviet—Type Economics：Some Trends and Conclusions，1983，Soviet Studies 35（4）：pp.525—532.

15. 兰格当时亦是这类盲目乐观者之一（兰格，《计算机和市场》，见其前引著作第 183—186 页）。

16. "Perfect Computation" 与 "Imperfect Computation" 最早出现于 P. J. D. Wiles 所著 "The Political Economy of Communism"（Harvard University Press，1962）一书。

17.O. Lange，On the Economic Theory of Socialism，Review of Economic Studies，Vol. Ⅳ，Nos. 1 and 2（October，1936，and February，1937）.

18.F.A. Hayek，Individualism and Economic Order，London and Henly：Routledge&Kegan Paul，1949，pp.181—208.

19.J. G. Zielinski，New Polish Reform Proposals，Soviet Studies，Vol. 32，No. 1，January 1980，pp. 5—27.

参考文献

[1] J Arrow. The Potentials and Limits of the Market in Resource Allocation[J]. In Feiwel, 1985（January）：107－124.

[2] E Bailey，A F Friedlaender. Market Structure and Multiproduct Industries[J]. Economic Literature，1982，20（3）：1024－1048.

[3] S Bain. Barriers to New Competition[M]. New York: Harvard University Press，1956.

[4] S Bain. Industrial Organization[M]. 2nd ed. New York: John Wiley and Sons，1968.

[5] S Balazsy. Reform and Property，Reflections on Tamas Bauers Article[J]. Eastern European Economies，1984，22（3－4）：96－100.

[6] T Bauer. Investment Cycles in Planned Economics[J]. Acta Oeconomiea，1978，21（3）：243－260.

[7] W J Baumol. Contestable Market：An Uprising in the Theory of Industry Structure [J]. American Economic Review，1982，72（2）：1－15.

[8] W J Baumol. Industry Structure Analysis and Public Policy[J]. Issues in Contemporary Microeconomics，1985（January）：311－327.

[9] W J Baumol，J C Panzer，R D Willig. Contestable Markets and the Theory of Industry Structure[M]. San Diego：Harcourt Brace Jovanovich，1982.

[10] H B Chenery. Patterns of Industrial Growth[J]. American Economic Review，1960，50（September）：624－654.

[11] H B Chenery. Structural Change and Development Policy[M]. Oxford: Oxford University Press，1979.

[12] R Dorfman, P A Samulson, R M Solow. Linear Programming and Economic Analysis[M]. New York: McGraw-Hill, 1958.

[13] S Estrin. The Effects of Self-Management on Yugoslav Industrial Growth[J]. Soviet Studies, 1982, 34（1）: 69-85.

[14] G R Feiwel. Issues in Contemporary Microeconomics and Welfare[M]. London:Macmillan, 1985.

[15] P S Florence. Investment, Location and Size of Plant: A Realistic Inquiry Into the Structure of British and American Industries[M]. Cambridge: Cambridge University Press, 1948.

[16] J K Galbraith. The New Industrial State[M]. Boston: Houghton Mifflin Company Boston ,1967.

[17] V P Goldberg. Production Functions, Transactions Costs and the New Institutionalism[M]. London: Palgrave Macmillan, 1985: 395-402.

[18] K Haitani. Comparative Economic Systems: Organizational and Managerial Perspectives[M]. New Jersey:prentice-Hall, 1986.

[19] R L Hall, C J Hitch. Price Theory of Business Behavior[J]. Oxford Economic Papers, 1939, 2（May）: 12-45.

[20] B Herrick, C P Kindleberger. Economic Dovelopment[M]. 4th edition. New York: McGraw-Hill, 1983.

[21] A Hirshman. Strategy of Economic Development[M]. New Haven: Yale University Press, 1958.

[22] H Hotelling. Stability in Competition[J]. Economic Journal, 1929, 39（March）: 41-57.

[23] N Kaldor. The Irrelevance of Equilibrium Economics[J]. Economic Journal, 1972, 82（328）: 1237-1255.

[24] A M Kamarck. Economics and the Real World[M]. Oxford: Basil Blackwell, 1983.

[25] A D H Kaplan, J B Dirlam, R F Lanzilotti. Pricing in Big Business[M]. Washington: Brookings Institution, 1958.

[26] J Kornai. Anti—Equilibrium[M] .Amsterdam: North—Holland, 1971.

[27] J Kornai. The Dilemmas of a Socialist Economy: the Hungarian Experience[J]. Cambridge Journal of Economics, 1980, 4 （June）: 147—157.

[28] M Kuznets. Modern Economic Growth[M]. New Haven: Yale University press, 1966.

[29] H Leibenstein. Beyond Economic Man[M]. New York: Harvard University Press, 1976.

[30] W W Leontief. Domestic Production and Foreign Trade: The American Capital Position Reexamined[J]. Economic Internazionale, 1954, 7 （February）: 9—38.

[31] W W Leontief. Factor Proportions and the Structure of American Trade: Further Theoretical and Empirical Analysis[J]. Review of Economics and Statistics, 1956, 38 （November）: 386—407.

[32] A Lewis. Economic Development with Unlimited Supplies of Labour[J]. Manchester School, 1954(22): 139—191.

[33] H Lydall. Yugoslav Socialism [M]. Oxford:Clarenton Press, 1984.

[34] A Maizeles. Industrial Growth and World Trade[M]. Cambridge: Cambridge University Press, 1963.

[35] R Marris. The Economic Theory of Managerial Capitalism[M]. New York: Free Press, 1964.

[36] G Meier. The International Economics of Development[M]. New York: Harper and Row, 1968.

[37] J S Metcalfe, I Steedman. Re—Switching and Primary Input Use[J]. Economic Journal, 1972(88):140—157.

[38] H Myint. The Classical Theory of International Trade and the Underdeveloped Countries[J]. Economic Journal, 1958, 68 （June）: 317—337.

[39] G Myrdal. Economic Theory and Underdeveloped Regions[M]. London: Duckworth, 1957.

参考文献

[40] G Myrdal. The Challenge of World Poverty[M]. New York: Pantheon, 1970.

[41] D C North ,R P Thomas. The Rise of the Western World[M]. Cambridge: Cambridge University Press, 1973.

[42] A Nove. The Economics of Feasible Socialism[J]. Journal of Comparative Economics,1983(August): 44-45.

[43] J C Panzer ,R D Wiltig. Economies of Scope[J]. American Economic Review, 1981, 71（May）: 268-272.

[44] D Perkins , S Yusuf. Rural Development in China[M]. Washington :Johns Hopkins University Press, 1984.

[45] J Prasnikar. The Yugoslav Self-Managed Firm and Its Behavior[J]. Eastern European Economics, 1983—1984. 22（Winter）.

[46] P A Samuelson. International Trade and Equalization of Factor Prices[J]. Economic Journal, 1948, 58（June）: 163-184.

[47] H A Simon. Models of Bounded Rationality[M]. Cambridge :MIT Press, 1982.

[48] L Sirc. The Yugoslav Economy under Self-Management[M]. New York:St.Martin's Press, 1979.

[49] A Smithies. Optimum Location in Spatial Competition[J]. Journal of political Economy, 1941, 49（June）: 423-439.

[50] P Sraffa. The Laws of Returns under Competitive Conditions[J]. Economic Journal, 1926（December）: 535-550.

[51] R M Sundrum. Development Economics[M]. Chichester etc: John Wiley and Sons, 1983.

[52] M Tardos. A Development Program for Economic Control and Organization in Hungary[J]. Aeta Oeconomica, 1982, 28（3-4）: 295-315.

[53] J Tinbergen. Do Communist and Free Economics Show a Converging Pattern？ [J]. Soviet Studies, 1961, 12（4）: 333-341.

[54] M P Todaro. Economic Development in the Third World[M]. New York：Longman，1981.

[55] L Walras. Elements of Pure Economics[M]. London： George Allen and Unwin，1954.

[56] J G Williamson. Regional Inequalities and the process of National Development[J]. Economic Development and Cultural Change，1965，13：3−45.

[57] O E Williamson. The Economics of Discretionary Behavior：Managerial Objectives in a Theory of the Firm[J]. Economica，1965(11)：174−182.

[58] A Young. Increasing Returns and Economic Progress[M]. Economic Journal，1928，38：527−542.

[59] 肯尼思·阿罗. 社会选择与个人价值 [M]. 成都：四川人民出版社，1987.

[60] 丹尼尔·贝尔，等. 经济理论的危机 [M]. 上海：上海译文出版社，1985.

[61] 伊·戈·布留明. 政治经济学中的主观学派：下卷 [M]. 北京：人民出版社，1983.

[62] K J 巴顿. 城市经济学 [M]. 北京：商务印书馆，1984.

[63] 弗·布鲁斯. 社会主义经济的各种体制——历史的经验和理论的构想 [M]// 荣敬本，等. 社会主义经济模式问题论著选辑. 北京：人民出版社，1983.

[64] 索·波波夫. 南斯拉夫的个人收入与费用膨胀 [J]. 经济学译丛，1986（7）.

[65] 哈·比奇托尔德，安·赫尔弗. 社会主义经济中的停滞膨胀问题 [J]. 经济社会体制比较，1987（5）：39−42.

[66] B 乔西奇. 社会主义政治经济学 [M]. 北京：中国社会科学出版社，1985.

[67] E H 张伯伦. 垄断竞争理论 [M]. 北京：商务印书馆，1958.

参考文献

[68] 柴野 . 奥塔·锡克教授谈苏联、东欧和中国的经济体制改革 [J]. 经济社会体制比较，1987（1）：20-21.

[69] 段建敏 . 现阶段就业后劳动力流动的突出形式：职工的辞职、离职 [N]. 工人日报，1986-10-27.

[70] 董辅礽 . 社会主义经济制度及其优越性 [M]. 北京：北京出版社，1981.

[71] 符钢战，史正富，金重仁 . 社会主义宏观经济分析 [M]. 上海：学林出版社，1986.

[72] 阿兰·G 格鲁奇 . 比较经济制度 [M]. 北京：中国社会科学出版社，1985.

[73] 顾宗桠 . 科技进步与工业发展战略 [M]. 成都：四川省社会科学院出版社，1984.

[74] 胡汝银 . 无果的"花"——政治经济学教科书存疑 [J]. 自学，1986（9）.

[75] 胡汝银 . 供给、所有制关系与短缺原因分析——科尔奈经济理论批判 [J]. 世界经济文汇，1987（2）：16-22.

[76] 胡汝银 . 短缺归因论 [J]. 经济研究，1987（7）.

[77] 黄佩华 . 中国地方政府在计划和市场中的作用 [J]. 经济社会体制比较，1987（1）：14-19.

[78] J 哈维 . 现代经济学 [M]. 上海：上海译文出版社，1985.

[79] 江天骥 . 当代西方科学哲学 [M]. 北京：中国社会科学出版社，1984.

[80] 金万堤 . 政府在经济发展中的作用——南朝鲜的经验教训 [J]. 经济社会体制比较，1987（4）：7-11.

[81] 日本中央大学经济研究 . 战后日本经济 [M]. 北京：中国社会科学出版社，1985.

[82] 列宁 . 帝国主义是资本主义的最高阶段 [M]// 列宁 . 列宁全集：第 22 卷 . 北京：人民出版社，1958.

[83] 列宁 . 苏维埃政权的当前任务 [M]// 列宁 . 列宁全集：第 27

卷 . 北京：人民出版社，1958.

[84] 李楚霖，林少宫 . 微观经济的数理分析导引 [M]. 武汉：华中工学院出版社，1985.

[85] 弗・李斯特 . 政治经济学的国民体系 [M]. 北京：商务印书馆，1961.

[86] 楼继伟 . 吸取南斯拉夫经验，避免强化地方分权 [J]. 经济社会体制比较，1986（1）：3-5.

[87] 楼继伟 . 借鉴和改造"分权制"——政治经济体制综合改革思路探索 [J]. 经济社会体制比较，1987（1）：10-13.

[88] 卢迈，戴小京 . 现阶段农户经济行为浅析 [J]. 经济研究，1987（7）：68-74.

[89] J 科尔内 . 短缺经济学 [M]. 北京：经济科学出版社，1986.

[90] J 科尔内 . 增长、短缺与效率 [M]. 成都：四川人民出版社，1986.

[91] 弗・E 卡斯特，詹・E 罗森茨韦克 . 组织与管理 [M]. 北京：中国社会科学出版社，1985.

[92] 马克思 . 资本论 [M]. 北京：人民出版社，1975.

[93] 马克思 . 剩余价值理论 [M]// 马克思，恩格斯 . 马克思恩格斯全集：第 26 卷 . 北京：人民出版社，1974.

[94] 马歇尔 . 经济学原理 [M]. 北京：商务印书馆，1965.

[95] 马尔塞尼奇 . 南斯拉夫经济制度 [M]. 北京：北京人民出版社，1981.

[96] 伊・马克西莫维奇 . 公有制的理论基础 [M]. 北京：中国社会科学出版社，1982.

[97] 恩格斯 . 政治经济学批判大纲 [M]// 马克思，恩格斯 . 马克思恩格斯全集：第 1 卷 . 北京：人民出版社，1956.

[98] 恩格斯 . 共产主义原理 [M]// 马克思，恩格斯 . 马克思恩格斯选集：第 1 卷 . 北京：人民出版社，1972.

[99] 恩格斯 . 反杜林论 [M]// 马克思，恩格斯 . 马克思恩格斯选集：第 3 卷 . 北京：人民出版社，1973.

参考文献

[100] 埃·纽伯格，等. 比较经济体制——从决策角度进行的比较 [M]. 北京：商务印书馆，1984.

[101] 伯·沃林. 地区间贸易和国际贸易 [M]. 北京：商务印书馆，1986.

[102] 大卫·李嘉图. 政治经济学及赋税原理 [M]. 北京：商务印书馆，1976.

[103] 琼·罗宾逊. 不完全竞争经济学 [M]. 北京：商务印书馆，1961.

[104] 琼·罗宾逊. 经济学论文集 [M]. 北京：商务印书馆，1984.

[105] 萨缪尔逊. 经济学 [M]. 北京：商务印书馆，1980.

[106] 威·格·谢佩德. 市场势力与经济福利导论 [M]. 北京：商务印书馆，1980.

[107] 熊彼特. 资本主义，社会主义和民主主义 [M]. 北京：商务印书馆，1979.

[108] 奥·锡克. 社会主义的计划和市场 [M]. 北京：中国社会科学出版社，1982.

[109] 奥·锡克. 论社会主义经济模式 [J]. 经济研究资料，1981（增刊）.

[110] 赫·A 西蒙. 管理决策新科学 [M]. 北京：中国社会科学出版社，1982.

[111] 亚当·斯密. 国民财富的性质和原因的研究 [M]. 北京：商务印书馆，1972.

[112] 苏联科学院经济研究所. 政治经济学教科书 [M]. 3 版. 北京：三联书店，1979.

[113] A C 萨顿. 西方技术与苏联经济的发展：1930—1945[M]. 北京：中国社会科学出版社，1980.

[114] L A 泰森. 南斯拉夫经济的结构与概况 [C]//《经济研究》编辑部. 国外经济学者论中国及发展中国家经济. 北京：中国财政经济出版社，1981.

[115] 世界银行 1984 年经济考察团. 中国：长期发展的问题和方案

竞争与垄断：中国微观经济分析（校订本）

（主报告）[R]. 北京：中国财政经济出版社，1985.

[116] D S 沃森，M A 霍夫曼. 价格理论及其应用 [M]. 北京：中国财政经济出版社，1983.

[117] 巫宁耕. 战后发展中国家经济（概论）[M]. 北京：北京大学出版社，1986.

[118] 吴仁洪，程晓农. 经济发展新阶段与产业结构改造 [J]. 经济发展与体制改革，1987（3）.

[119] P A Yotopoulos， J B Nugent. 发展经济学实证检定 [M]. 台北：台湾银行经济研究室，1979.

[120] 张培刚. 农业与工业化：农业国工业化问题初探 [M]. 武汉：华中工学院出版社，1984.

[121] 张阿妹. 产业结构变动中的地方政府行为 [J]. 中青年经济论坛，1987（1）.

[122] 佐藤经明. 现代社会主义经济 [M]. 北京：中国社会科学出版社，1986.

[123] 中国社会科学院经济研究所发展室. 中国的经济体制改革——巴山轮"宏观经济管理国际讨论会"文集 [C]. 北京：中国经济出版社，1987.

[124] 张少杰. 微观改革中的市场结构与企业制度 [J]. 中国社会科学，1987（4）：63-80.

参考文献